Jörgen Bracker

1622

EIN ERBÄRMLICHES UNGLÜCK

Was sich da am frühen Abend des 2. Juli 1622 auf der Elbe ereignet, wirkt
wie eine Szene aus einem Thriller: An Bord eines Handelsschiffes, das
vor Neumühlen auf Reede liegt und auf den zum Auslaufen notwendigen Wasserstand wartet, hat dessen Eigner, der zugleich Kapitän ist, zu
einem opulenten Abschiedsmahl geladen. Ziel der mit »allerhandt köstlichen Waren« beladenen etwa 30 Meter langen Kraweel soll der spanische Hafen Malaga sein. Die Stimmung an Bord ist ausgelassen, der
Wein fließt in Strömen, doch als sich das Fest seinem Höhepunkt nähert
und direkt vor dem Auslaufen noch Salut geschossen wird, kommt es
zur Katastrophe: Ein einziger Kanonenschuss löst eine Explosion aus.
Mit einem gewaltigen Knall fliegt das Schiff in die Luft. 16 Frauen und
28 Männer, darunter der Schiffseigner Peter Jansen, sind sofort tot.

So ist dieses Unglück in historischen Quellen überliefert, doch schon
die Zeitgenossen hatten Zweifel an der offiziellen Darstellung. Wie kann
ein Schiff, das mit Stärke, Messingschüsseln, Haushaltmessern und anderen zivilen Gütern beladen ist, durch einen Salutschuss nicht nur in
Brand geraten, sondern explodieren?

Ähnlich wie West-Berlin während des Kalten Krieges war Hamburg
zu Beginn des 17. Jahrhunderts eine »Frontstadt«, in der sich Diplomaten, Lobbyisten, aber auch Spione und Geschäftemacher aus allen am
Dreißigjährigen Krieg beteiligten und auch aus neutralen Staaten tum-
melten. Die günstige Lage als Hafenstadt mit ihren etablierten Handels-
wegen, die internationalen Verbindungen, die durch die zahlreichen in
Altona und Hamburg ansässigen Glaubensflüchtlinge gepflegt wurden,
und die vergleichsweise moderne Finanzwirtschaft machten die Hansestadt damals zu einer wirtschaftlichen Drehscheibe, die alle Kriegspar-
teien auf ihre Weise zu nutzen wussten. Und neben legalen Geschäften
entwickelte sich der Handel mit Rüstungsgütern, zu denen zwangsläufig
auch explosive Stoffe wie Schwarzpulver gehörte, zu einem äußerst ein-
träglichen Geschäft. Mehr noch, in den 1620er Jahren war Hamburg der
vermutlich größte Waffenmarkt Europas.

Vor diesem Hintergrund lag schon für die Menschen, die Augenzeugen der Katastrophe von 1622 waren, der Verdacht nahe, dass die Kra-

weel eben nicht nur, wie offiziell angegeben »allerhand köstlichen Waren« und die als Amidam bezeichnete Stärke, sondern vor allem Schwarzpulver und andere Kriegsgüter an Bord hatte. Diesen Verdacht konnte der Archäologe und Historiker Jörgen Bracker, der von 1976 bis 2001 als Direktor des Museums für Hamburgische Geschichte amtierte, schon Anfang der 1980er Jahre durch klare Indizien erhärten. Bei Baggerarbeiten in der Elbe waren nicht nur die Planken eines hölzernen Wracks aus jener Zeit gefunden worden, sondern dazu auch schussbereite Schiffskanonen, Musketen und Kupferbarren. Der Museumsdirektor und seine Kollegen waren davon überzeugt, die Überreste des explodierten Schiffs gefunden zu haben.

Dennoch blieben die genauen Umstände der Katastrophe im Dunkeln. Und genau hier setzt Jörgen Bracker, der sich seit seiner Emeritierung als Museumsdirektor als Autor spannender historischer Romane einen Namen gemacht hat, nun mit seiner Geschichte an. Auf der Grundlage archäologischer Befunde und historischer Fakten entwickelt er eine Handlung, in der er in genauer Kenntnis der historischen Situation Leerstellen durch Fiktion, Unbekanntes durch Denkbares ersetzt. Denkbar ist zum Beispiel, dass die Signalkanone, die die Explosion auslöste, manipuliert gewesen ist, es sich also nicht nur um eine Katastrophe, sondern um ein Verbrechen gehandelt hat. Neben historischen Persönlichkeiten wie dem renommierten niederländischen Ingenieur und Festungsbauer Johan van Valckenburgh oder dem Zeitungsverleger Johann Meyer führt er auch fiktive Figuren ein wie das Findelkind Jonas von Have, der als Assistent von Valckenburgh tätig ist und wesentlich zur Aufklärung des Falles beiträgt. Herausgekommen ist eine spannende Geschichte, in der es um europäische Machtkonstellationen, konfessionelle Gegensätze, um menschliche Schwächen, um Macht- und Geldgier, um Intrigen, aber auch um Menschen geht, die für ihre Überzeugungen einstehen.

Ist es Jörgen Bracker mit diesem historischen Thriller gelungen, das Geheimnis jener Katastrophe zu lüften, die sich am 2. Juli 2022 zum 400. Mal jährt? Literarisch auf jeden Fall.

Matthias Gretzschel ist Journalist und Autor historischer Sachbücher.

»Abbildung des Erbärmlichen Unglucks, so sich Anno 1622, den 2. July,
auff Marin Heimsuchungtag, des Abendts zwischen 6. und 7. Uhren,
eine halbe Meil von Hamburg, bey der Neuen Mühlen Auff der Elbe hat
zugetragen; dadurch ein Schiff, ungefehr von 70. Lasten, mit allerhandt
köstlichen Waren beladen (weil daß Pulver so alda in großer menge vor-
handen war, durch unachtsamkeit und viel … Schießens in Brandt ge-
rathen) sampt dem Schiffer mit nahmen Peter Jansen, desse Frau, und 2
seiner Söhne, Item 12 Botzgesellem und sonsten 30 Personen warunder
vil Fürnehme Kaufherren und Reeders deß Schiffe gewessen mit etzeli-
chen Jungfrue und Frue darunter 4 Schwäger gewesen auch kleine kinder
so alda sinde hiengefahren das Valet mit dem Schiffer zunehme. Alle
miteinander anzahl 46. jämmerlich fast im augenblick mit schrecklich
gethön zerschmettert und in luft ge… wie hier zu sehn.«
Kupferstich eines unbekannten Künstlers, vermutlich 1622.
Original im Museum für Hamburgische Geschichte, Einzelblattsammlung.
Der Titel des Romans orientiert sich an dieser Bilderklärung

Jörgen Bracker

1622
EIN ERBÄRMLICHES
UNGLÜCK

Valckenburgh und die
Waffenschmuggler

HISTORISCHER KRIMINALROMAN

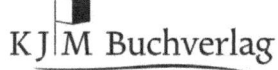

KJM Buchverlag

Juni 2022
Copyright © 2022 Klaas Jarchow Media Buchverlag GmbH & Co. KG
Simrockstr. 9a, 22587 Hamburg
www.kjm-buchverlag.de
ISBN 978-3-96194-180-3

Redaktion, Bildrecherche und -bearbeitung: Joachim Staugaard, Kiel
Lektorat: Thomas Pregel, Berlin, und Norbert Klugmann, Hamburg
Korrektorat: Rainer Kolbe, Hamburg
Herstellung, Satz und Gestaltung: Eberhard Delius, Berlin
Umschlaggestaltung: Rothfos & Gabler, Hamburg
Cover unter Verwendung des Kupferstiches von 1622 (s. S. 4),
Freistellung Joachim Staugaard, und von Kartenausschnitte aus
Mathias Dögen, Architectura militaris moderna, Amsterdam 1647
Druck & Bindung: CPI, Leck
Alle Rechte vorbehalten

Mehr zu unseren Büchern
www.kjm-buchverlag.de

Inhalt

»Ein schrecklicher Komet!«

*So beschrieb Johannes Kepler im November 1618 diesen
Kometen über Heidelberg, der auch über Hamburg gesichtet
wurde. Er sei ein »böses Vorzeichen für Gottesstrafen zum
Prager Fenstersturz«, worunter die Ausweitung des
Böhmischen Krieges zum Dreißigjährigen
Krieg verstanden wurde.
Matheus Merian hat ihn abgebildet.*

Matheus Merian, Theatrum Europaeum Bd. 1, 1635

FLIEGENDE MONSTER UND DER KOMET

Die Nacht auf Montag, 17. November 1618

Ein ungewöhnlich früher Winter wollte uns ans Fell. Ich spürte, ehe ich es hörte, anfangs nur ein leises Pfeifen und Knarren aus Richtung der Grotdoor, der Einfahrt. Erst raschelten, dann rappelten die Fensterläden und überboten sich in einem klöternden Hofkonzert. Der Wind wurde kräftiger. Das Ständerwerk des Hadeler Hofes bewegte sich, ächzte und krächzte. Zwischen den Sturmböen gaben in kürzeren Abständen rhythmische Elemente den Takt vor – es klang wie das Flutschen nass halsender Segel. Das riss mich aus dem Halbschlaf in die Gegenwart. Sachte, sachte hob ich den Kopf und witterte in den Sturm hinein. Ich, der Einfaltspinsel, wollte verstehen, was aus größerer Entfernung zu mir herüberwehte. Tak tak takterak und wieder Tak tak takterak – Feuerwaffen? Machte Angst! Wieso das? Bin ich im Krieg? Aus der Zeit gefallen? Alles erschien mir fremd.

Jede schwere Böe ließ mich zusammenzucken, die Nacht hielt manche Überraschung bereit. Und ich hing im Stall zwischen zwei Kühen auf einem Melkschemel und holte die Milch aus ihren Eutern, eine Tätigkeit, die mir sogar im Halbschlaf noch leicht von der Hand ging. Ich lehnte mich gegen den warmen Bauch der braven Meta und atmete ihren feinen Duft. Meta war immer da, Meta war zeitlos. Nach und nach fand meine aufgestörte Seele im wechselnden Takt mit dem Melken und dem ewigen Wiederkäuen des Muttertieres, wenn auch nur für Minuten, in die Gegenwart zurück.

Ich dämmerte noch einmal ein und glitt in Erinnerungen an Verfolgungsjagden hinüber. Mir, dem Unansehnlichen, hatten die Feinde, meine Mitscholaren, gemeinsam aufgelauert, mich fertigzumachen. Jedes Mal war ich, der Kleinste, den gleichaltrigen Bauernbengeln durch hohes Gras, dorniges Gebüsch, durch das dichte Unterholz der Auewälder, mich unter die Uferkanten kleiner Flüsse und Bäche duckend oder in der Elbe schwimmend, entkommen. Ich kannte jeden Maulwurfhaufen in den Vierlanden und bewegte mich in der Landschaft wie Biber, Kreuzotter oder Fuchs.

Empörend, wie sich die denkfaulen Hinterbänkler im Johanneum über meine – in ihren Augen – welsch missratene Erscheinung mokiert hatten! Der Ärger hatte mit meiner Einschulung anno 1615 begonnen. Die blauschwarze Mähne, meine olivfarbene Haut bewiesen es doch eindeutig! Meine Mutter hätte sich, so geiferten sie, einem Araber oder einem Afrikaner an den Hals geworfen! Aus hassverzerrten Visagen hatten sie Gift und Galle gespuckt, mich einen Katholiken geschimpft, mich überfallen und mir eine Tonsur verpasst. Ich verteidigte mich – je häufiger, umso wirkungsvoller – und übte meine Muskeln im Kampf. Bald wagten sich die Agrarlümmel nicht mehr an mich heran. In der Schule wollte ich's ihnen ebenfalls beweisen, als der Beste glänzen, als der kenntnisreichste Leser. Ich erregte zielbewusst Aufmerksamkeit mit meinem Wissen – beispielsweise über das, was der legendäre Paracelsus über gesunde Ernährung geschrieben hatte. Weniger Schlaue hatten daraufhin ihre Lehrer bedrängt, ihnen doch bitte gleich mehr über abartige Fehlentwicklungen bestimmter Menschen zu servieren, so die Unarten eines Homunculus. Alles klar! Der bronzene Teint und die schwarzen Haare verrieten es ja: Ich selbst sei der Homunculus, eine Ausgeburt der Zauberei! Angesichts meiner ehrgeizigen Entwicklung hatte das über die unsinnigsten Vorwürfe meiner Feinde entsetzte Lehrerkollegium des Johanneums zunächst keine Anhaltspunkte finden wollen.

Aber die entzückenden Klassenkameraden ließen nicht locker, schwärzten mich immer wieder aus nichtigstem Anlass bei der Schulleitung an. Am Ende schwemmte ihre brüllende Bugwelle den kaum mehr erkennbaren Widerstand ihrer Kontrahenten in der Schulleitung beiseite! Ein billiger Verweis wegen ständiger Prügeleien, die man mir zu Unrecht anlastete, krönte den Abschluss meiner Karriere als Schüler des Johanneums. Der Rauswurf traf mich schwer und zerstörte alle Wunschträume von einem Studium der Theologie an der Universität in Prag! Dass diese sich dort ohnehin nicht mehr erfüllen lassen sollten, ahnte damals noch niemand.

Wenn's nur das gewesen wäre! Beleidigende Zweifel anderer an meiner Provenienz vom Bauernhof derer von Have hatten sich tief in meiner Magengrube eingenistet. Wer war denn dieses ICH sonst? Wieder und wieder riskierte ich, in einem halbblinden Taschenspiegel mein kaum erkennbares Konterfei zu befragen. Irgendein Fremder, der mich daraus zweifelnd anglotzte! Ich verstand, was meine hinter den schnell nachwachsenden Strähnen hervorschießenden Blicke mir sagen wollten: Lass dich nicht länger durch das Geschwätz der Besserwisser ausbremsen – mach endlich was aus dir!

Zaghaft fragte ich ältere Menschen aus meiner Umgebung, ob sie sich noch an die Niederkunft meiner Mutter, der verstorbenen Altbäuerin, erinnerten oder gar von spektakulären Begleitumständen gehört hatten. Die es hätten wissen müssen, kniffen ihre Lippen dicht, versuchten ein neues Thema anzu-schlagen oder mich, was noch schlimmer war, mit boshaftem Geschnodder zu trösten: Es gehe mir doch blendend auf dem Hof! Nicht alle von Haves prangten in blondem Heimatge-strüpp oder hätten Grund, dem lieben Gott für erträgliche Gesichter zu danken.

Es gab auf dieser Welt nur ein einziges, ein blondes Men-schenkind, dem ich rückhaltlos vertraute: Klein-Anna. Sie war die Tochter der Großmagd des Nachbarhofes. Gemeinsam mit ihr, der Spielkameradin von Kindheit an, hatte ich die lustigsten Streiche erprobt. Einmal hatte sie die pechschwarzen Strähnen meines Gesichtsvorhangs und ihre blonden Zöpfe derart ge-schickt ineinandergeflochten, dass unsere Gesichter sich bei-nahe berührten und das gemeinsame Auslöffeln einer Schüs-sel Erbsensuppe in einer spiegelbildlichen Kriegsbemalung en-dete.

Klein-Anna hatte die Hetzkampagne verfolgt und mir aus der Phase der Selbstzerfleischung heraushelfen wollen. Wo immer es darum ging, mich zu verteidigen, war sie präsent.

Ich träumte noch, da fuhr mir die Meta mit dem begrünten Schwanzende sanft ins Antlitz, um mich daran zu erinnern, das nur halb entleerte Euter ganz auszumelken und endlich ihr Hinterteil zu säubern. Ich rieb mir den Schlaf aus den Augen und das Grün in die Stirn.

»Also gut, Meta! Du warst die Letzte. Für heute sind wir miteinander fertig. Was gäbe ich darum, wenn dieser Abschied hier und heute ein Abschied für immer vom Kuhstall sein dürfte!«

Wieder entschwand ich aus der Wirklichkeit. Schon grins-ten sie hochmütig aus dem Traum herüber, meine Klassen-kameraden. Sie wisperten bissig, dann immer lauter hechelnd:

»Der Jonas ist ein Homunculus, Jonas ist 'n Zauberer, kein Mensch, er passt nicht hierher und schon gar nicht zu uns!«

Kerzengerade an ihren Tischen sitzend, kurz vor Beginn der Pause, hämmerten sie immer wilder mit den Fäusten auf die Tische, dass ich mir die Ohren zuhalten musste.

Nur langsam begriff ich, was das Lärmen wirklich besagen wollte. Das Pochen in regelmäßigen Abständen setzte sich fort, hin und wieder vom Geheul der Sturmböen überlagert. Weiche Schläge jetzt – wie von Kinderfäusten – hauten gegen das schwere Holzportal. Ich erhob mich, schnallte mir im Gehen den Melkschemel vom Hintern, nahm die Handlaterne und schlurfte über die Tenne zum Tor. Noch einmal fuhr ich zusammen! Das furchterregende Knattern aus der Ferne …

Ich wartete einen Moment, vor Angst versagte mir fast die Stimme: »Wer seid ihr?«

Barsch, rau, atemlos fuhr es mir ins Ohr: »Mach schon auf, Detert, lass uns rein!«

»Hier ist nicht Detert, Detert ist …«

»Aufmachen – verdammt noch mal! Wir werden verfolgt – es geht um Leben und Tod! Auch wenn du nicht Detert, sondern Jonas, der Missratene, oder sonst wer bist. Mach schon auf! Sofort!«

Ich öffnete die kleine Schlupftür einen Spalt breit – sie flog mir aus der Hand! Eine Böe fegte herein, trieb eine Wolke Schnee vor sich her, die gleich darauf in sich zusammenfiel und fünf weiß verkrustete, bibbernde Gestalten freigab. Zwei Frauen, zwei Kinder, notdürftig bekleidet, mit blutigen Schrammen im Gesicht und an den Händen, Raureif in den Haaren. Die kleinere, ziemlich beleibte Frau zog einen Handschlitten hinter sich her. Die Kufen kreischten bitter auf, als das Gefährt über die steinerne Schwelle gerissen wurde. Auf dem Schlitten saß in einem Korbstuhl ein älterer Mann, stocksteif gefroren, der kahle Kopf lag im Nacken. Als ich mit der Laterne auf ihn zuging, sah ich das blutende Gesicht und den erfrorenen Schrei aus zahnlosem Mund, dem stoßweise Blut und grün Erbrochenes entquollen.

Heilige Jungfrau Maria! Was kommt da auf uns zu? Was ist zu tun, damit es uns in den nächsten Stunden nicht genauso ergeht? Ich ließ mir nichts anmerken. Eilig verriegelte ich die Schlupftür hinter den Flüchtlingen.

Wo denn mein älterer Bruder Detert bliebe, ging Margareta Hackmaus – die Frau am Schlitten und Wirtin vom Zollenspieker – mich ungeduldig an. Ich versuchte, wohl wenig überzeugend, die Ruhe zu bewahren. Darüber verlor sie die Beherrschung: »Steh nicht so blöd herum! Mein Vater stirbt. Sie haben uns … ach, ich kann es gar nicht ausdrücken. Sie kamen wie Geisterreiter übers Eis geflogen. Jetzt sind sie uns auf den Fersen – sie könnten gleich hier sein! Wir sind den Untieren gerade noch entkommen, mein Vater, meine Schwester, ich und die Kinder!«

Ich tappte hierhin und dorthin über die Tenne, blickte suchend in alle Ecken wie ein immer noch Schlaftrunkener, der zu begreifen bemüht ist, was trotz der störenden Quakerei der Hackmäuserin zum Wohl der Flüchtlinge als Nächstes zu tun sei. Ich gab mir einen Ruck und mühte mich – gleichwohl höflich –, die Hackmäuserin in Schranken zu halten. Bevor sie wieder zu brüllen begann, hielt ich ihr meine Hand vor den Mund und sagte: »Ist ja schon gut, Margareta! Kannst du uns alles später erzählen!«

Ich schaufelte die verstörten Menschen mit heftigen Armbewegungen tiefer in den Raum, hin zu dem großen Herd vor der Kachelwand.

»Kommt hier herüber, wärmt euch auf! Ich leg' Holz nach.«
Mit wachsender Unruhe beobachtete die Wirtin meinen Aktionismus, den eines verschlafenen jungen Mannes. Schon wieder begann sie besserwisserisch zu quaken:
»Denk ein klein wenig nach, Jonas! Du bist doch schon bald achtzehn, oder vielleicht nicht? Du musst uns erst einmal verstecken! Die suchen uns doch!«
Das böse Takterak aus der Ferne nahm zu. Ich gab mir Mühe, die Flüchtlinge zu beruhigen: »Ich weiß, ich weiß – immer der Reihe nach!«
Erst einmal kümmerte ich mich um ihren Vater. Den Übrigen empfahl ich, sich den Pulverschnee abzuklopfen und die nassen Sachen neben dem Herd aufzuhängen.
»… und dann schnell die Leiter hinauf! Steckt die Kinder ins Heu – vergesst nicht, sie mit trockenen Grasbüscheln kräftig abzurubbeln! Oh ja, hier, die Pferdedecken könnt ihr mit nach oben nehmen. Legt euch hin, deckt euch gut zu und versucht ein bisschen zu schlafen! Bei uns seid ihr sicher.«
»Du hast gut reden! Meine Schwester schafft die Leiter nicht«, lag mir die Hackmäuserin schon wieder in den Ohren, diesmal wohl begründet: »Sie haben ihr mit Flintenkolben die Unterarme zerschlagen.«
»Die Unterarme? Bitte nachher! Kann jetzt nicht! Begreif doch endlich: Erst einmal ist dein Vater dran! Bette deine Schwester, wenn sie die Leiter nicht schafft, zwischen den Kühen ins Stroh, da ist es auch warm. Für die Versorgung der Wunden verpass ich ihr nachher einen Verband mit frischen Kuhfladen – heilt wunderbar! Anschließend gibt's heiße Milch.«
Vom Lärm auf der Tenne geweckt, erschienen nach und nach die Mägde und Knechte, fassten mit an, wo Hilfe benötigt

wurde. Gemeinsam mit Carsten, dem Großknecht, hob ich den Vater der Hackmäuserin vorsichtig vom Schlitten. Wir lagerten ihn in der Nähe des Herdes auf Stroh, packten ihn auf die Seite, damit er an der Brühe, die ihm aus dem Mund lief, nicht ersticke.

Ich sah's mit an.

»Sag schnell, Margareta Hackmaus: Was können wir sonst noch für deinen Vater tun? Was haben die Ungeheuer nur mit ihm angestellt!«

Sie konnte es kaum herausbringen.

»Sie haben ihn der Länge nach auf eine Bank gefesselt, die Beine, die Arme, den Hals und den Kopf. Sie haben ihm ... einen Trichter ... durch den Mund in den Hals gestoßen, Jauche heiß gemacht und ...«

Sie bückte sich zur Seite und kotzte neben dem Vater ins Stroh. Mit dem verschmierten Ärmel fuhr sie sich über den Mund und gab nur noch Geflüstertes von sich: »Immer hinein in den Trichter! Gurgelnde und grunzende Geräusche hörte man, als sie den Trichter herauszogen. Er riss immerzu den Mund auf, aber es kam kein Schrei heraus – nur Jauche!«

Sie wurde von Zuckungen geschüttelt, krümmte sich vor Wut und Schmerz über das, was diese Untiere ihrem Vater angetan hatten. Nun warf sie sich über ihn, versuchte, ihm den Mund auszuwischen. Dann ließ sie ab, wurde ganz ruhig.

»Er atmet nicht mehr. Das ... war's!«

Die Ereignisse schienen sich zu überstürzen. Was hatten die Flüchtlinge in dieser Nacht sonst noch erlebt und gesehen – oder wenigstens geglaubt, gesehen zu haben? Horden von Teufeln? Wer also, um Gottes willen, hatte die Armen überfallen? Warum wurden sie verfolgt? Langsam kam ich wieder zu Verstand. Ob Geister oder Verbrecher – einerlei! Jetzt galt es, den

Hof und seine Bewohner vor ihnen zu schützen. Bruder Detert, der Bauer, musste augenblicklich von mir ins Bild gesetzt werden.

Detert hatte längst etwas von der Aufregung auf der Tenne mitbekommen, den Alkoven verlassen und eine Tranfunzel angezündet. Er stieg gerade in seine Hosen, als ich in die Kammer stürmte. Ich berichtete von den Flüchtlingen und in welchem Zustand sie angekommen waren: »Von Geistern oder Gespenstern hat die Hackmaus in ihrer Verwirrung gefaselt. Die seien über den Zollenspieker und das Wirtshaus hergefallen, sagt sie. Mehr habe ich bisher nicht aus ihr herausbekommen. Scheint sich um einen planmäßig vorbereiteten Angriff zu handeln.«

Detert griff nach meinem Arm: »Einen Moment! Hab ich das vorhin richtig mitgekriegt, was die Hackmaus laut über die Tenne schrie? Die Angreifer seien wie Geisterreiter in der Nacht zu Pferd übers Eis geflogen?«

»Ihre Worte! Wenigstens hat sie's so erzählt.«

»Das ist ja – ich weiß nicht …«, flüsterte Detert mit bebender Stimme. »Als wir im vorigen Jahr – es war Anfang Oktober – in gemütlicher Plauderei mit den Bauernvögten der Vier- und Marschlande bei Hauptmann von Eitzem auf Schloss Bergedorf zusammenhockten und die Reihe an ihm war, mit Döntjes zu unserer Erbauung beizutragen, tischte er uns eine uralte Sage auf. Sie gipfelte in der Ankündigung einer fliegenden Reiterei, die irgendwann einmal mit mörderischen Absichten zur Winterzeit die Elbe überqueren werde.«

»Lass gut sein, Detert! Ist jetzt nicht der geeignete Augenblick, die Schauergeschichte noch zu übertreiben.«

»Wie immer, lieber Jonas. Ich fühlte mich durch das Gezeter der Hackmaus daran erinnert. Gnade uns Gott, sollte es sich um die damals angedrohten Geisterreiter handeln! Wie könnten sich die Vierlande gegen sie wehren? Was wird aus unserem Billwerder? Vor allem aber: Was ist zu tun, um unseren Hof vor einem Angriff solcher Dämonen zu schützen? Denkst du, Weihrauchwolken könnten sie abhalten? Weihrauch soll gegen Geister helfen, haben die Alten gesagt. Ich fürchte, wir müssen mit dem Schlimmsten rechnen.«

»Du hast wohl recht. Mit dem Schlimmsten rechnen – gewiss! Na ja, aber mit Weihrauchwolken bekämpfen? Haben das die Alten geweissagt? Die katholischen Priester vielleicht! Wir sind jetzt evangelisch und glauben nicht mehr an den Mummenschanz! Du musst dir jetzt einen klaren Kopf bewahren. Weihrauch vernebelt das Hirn, bringt aber sonst nichts.«

»Sei nicht so naiv, Jonas!«

»Naiv? Was sind denn das für Geister, die erst die Vereisung des Flusses abwarten müssen, um trockenen Fußes über die Elbe zu schweben! Doch eher wohl Geister aus Fleisch und Blut, die sich zur gemeinsamen Durchführung eines Raubüberfalls zusammengerottet haben. Sollen sie nur kommen! Zum Empfang der angeblichen Geisterreiter fällt mir etwas ganz Besonderes ein. Die winterlichen Bedingungen ...«

»Meinst du, die helfen, die winterlichen ...?«

»Genau: die winterlichen Bedingungen! Wir könnten den Frost zur Verteidigung unserer Höfe einplanen. Zur Vorbereitung brauche ich ein paar helle Köpfe. Die müssen wir gut instruieren. Als Vogt von Billwerder hast du, wie ich weiß, doch immer noch acht amtlich bestellte Hilfskräfte zur Unterstützung deiner Tätigkeit, stimmt's?«

»Ja doch, die acht Höftleute, verteilt auf die acht Quartiere von Billwerder. Die stehen auf Abruf bereit. Einen von ihnen, den Matthias, behalte ich stets bei mir auf dem Hadeler Hof. Ein heller Kopf, wirklich.«

»Den hab' ihn gerade eben bei den Mägden und Knechten gesehen, die sich um die Flüchtlinge kümmern. Ich werd' ihm meinen Plan erklären. Danach soll er das Vorgehen seinen sieben Kollegen auf den anderen Höfen beschreiben. Zusammen müssen die Höftleute dafür sorgen, dass auf jedem Hof in allen Quartieren die gleichen Vorkehrungen getroffen werden. Lass uns gleich bei uns draußen anfangen.«

»Also dann, meinetwegen …«, seufzte Detert.

Ich eilte auf die Tenne.

»Nehmt alle Eimer und füllt sie mit dem Wasser aus dem großen Bottich neben dem Herd!«, rief ich den Mägden und Knechten zu.

Detert, der mir gefolgt war, schien überrascht: »Halt! Halt! Halt! Das geht jetzt aber zu weit! Unser letzter Vorrat nicht gefrorenen Wassers? Du bist wohl wahnsinnig! Was sollen wir den Tieren zu trinken geben?«

»Vertrau' mir, Detert! Ich weiß schon, was ich verantworten kann.«

Ich wandte mich wieder an das Gesinde: »Nun nehmt schon die Wassereimer auf und ein paar Schaufeln mit. Wir gehen nach vorn und treffen uns oben am Hofgatter.«

Unterwegs beschrieb ich meinem Bruder und Matthias, dem Höftmann, die waghalsige Idee. Detert begriff: »Nicht zu fassen! Das hast du bestimmt nicht auf dem Gymnasium gelernt!«

Es hatte aufgehört zu schneien. Detert, der Bauer, übernahm es jetzt, den Mägden und Knechten die besprochenen Schritte zur Abwehr der Feinde zu übermitteln: »Sobald wir das Gatter an der Toreinfahrt erreicht haben, gehen wir weiter zum Deich hinauf. Oben auf dem Deichweg klopft ihr den Schnee mit den Schaufeln platt. Genauso behandelt ihr die vom Deich abzweigende, abschüssige Rampe bis zum Torgatter! Dann gießt ihr Wasser über den Deichweg und die Rampe. Nicht vergessen: Immer sparsam mit dem Wasser umgehen! Anschließend glättet ihr alles noch einmal schön mit den Schaufeln nach. Der klirrende Frost wird sofort eine spiegelglatte Eisfläche erzeugen. Dann füllen wir unsere Eimer mit frischem Schnee, den wir für unseren Trinkwasserbedarf im großen Bottich auf der Tenne wieder auftauen lassen. Beeilt euch! Wir müssen schnell wieder ins Haus zurück.«

Die ganze Aktion dauerte kaum länger als eine halbe Stunde. Der Höftmann Matthias machte sich querfeldein zu Fuß auf den Weg, um die Nachbarhöfe zu instruieren. Der Wind blies einige Wellen Schneestaub über den Deich und verschleierte die gefährlich schimmernde Eisglätte. Detert und ich, die Mägde und Knechte gingen ins Haus zurück. Durch die halb geschlossene Schlupfpforte beobachteten wir den Binnendeich, die einzige Wegverbindung von Hof zu Hof. Die berittenen Krieger, die sich an der Wirtsfamilie vom Zollenspieker vergriffen hatten, würden nur auf dieser Linie hierhergelangen können. Waren sie bereits unterwegs, um die geflohenen Gefangenen wieder einzusammeln?

Wir warteten, schwiegen angespannt. Nichts regte sich. Die Zeit zog sich in die Länge. Schon dachten Detert und ich, unser Hof sei noch einmal davongekommen. Doch dann – das mussten sie sein! In der Ferne tauchten vier Reiter auf, die, wie vorhersehbar, den Weg über den Deich nahmen und in wenigen Augenblicken vor dem Hof eintreffen würden. Das frühe Zwielicht gab zu wenig her, um auszumachen, ob und wie sie bewaffnet waren. Sie kamen näher und näher, jetzt sah man schon mehr: Sie hielten kurz an und entzündeten Fackeln, mit denen sie, unschwer zu erraten, das Strohdach des Hadeler

Hofes im ersten Ansturm in Brand setzen wollten. Man hörte ein knappes Kommando, dann gaben sie den Pferden die Sporen und jagten in gestrecktem Galopp direkt auf das Gatter zu, um die Hofbewohner zu überraschen.

Just auf dem Deich erwischte es den ersten Reiter. Er glitt aus und stürzte nach der Außenseite des Binnendeiches kopfüber in den vereisten Graben. Die drei übrigen schossen im Galopp über den Deich hinaus und gerieten, wo die abschüssige Rampe zum Hof abzweigte, ins Schleudern. Die Hufe der Pferde grätschten auseinander, und die Reiter, die vor Schreck vergessen hatten, die Pechfackeln wegzuschmeißen, knallten in voller Montur auf die Eisfläche, verbrannten sich an Händen und im Gesicht, schrien vor Schmerzen, verursacht durch blutige Schrammen, Knochenbrüche oder das brennend aus den Fackeln tropfende Pech, und scheiterten kläglich bei den Versuchen, wieder auf die Beine zu kommen.

»Also doch wohl keine Geisterreiter!«, feixte ich boshaft.

Detert war schon mit anderem beschäftigt: »Nehmt die Schaufeln und versohlt den Unholden tüchtig den Hintern! Dafür, dass sie sich an wehrlosen Frauen und Kindern vergreifen wollten, haben sie sich zwei Wochen Bettruhe verdient. Aber schlagt sie nicht tot, lasst sie ruhig entkommen und gönnt ihnen die Chance, sich nach Rückkehr in ihren Stützpunkt vor ihren Mitstreitern lächerlich zu machen. Nur die Arkebusen ...«

»Was sind Arkebusen?«, wollte ich wissen.

»Das Neueste vom Neuen!«, tat Detert geheimnisvoll. »Das sind kleinere Musketen mit kürzeren Rohren, die eigens zum Gebrauch für die Reiterei entwickelt worden sind. Unglaublich, dass die Kerle über solche Waffen verfügen! Wer hat sie damit nur ausgestattet? Die sind ganz leicht, die Dinger! Man kann sie, ohne sie auf eine Stütze zu legen, auch aus der Hand abfeuern und mit solchen Waffen eine ganze Reiterei ausrüsten. Die müsst ihr den Jungs unbedingt abknöpfen. Wir werden sie noch brauchen. Um die verletzten Pferde werden wir uns später kümmern, ob sie nun gesund gepflegt oder geschlachtet werden müssen.«

Genauso, wie Detert alles vorgetragen hatte, geschah es. Humpelnd und stöhnend zog das Überfallkommando ab und kroch den Deich entlang seinem Quartier entgegen. Mit Sorge erwarteten Detert und ich Nachrichten von den Nachbarn. Nur zwei Höfe waren angegriffen worden, hatten sich aber ähnlich wie die Leute vom Hadeler Hof der Feinde erwehren können.

Jetzt war der Zeitpunkt gekommen, sich einer für mehrere Tage ausreichenden Unterbringung der obdachlosen Gäste zu widmen. Detert entschied, der Platz auf dem Heuboden reiche gerade, um neben der Kammer zwei weitere Verschläge und Bettkisten für die beiden Frauen und die Kinder aufzuzimmern. Die Knechte sollten sofort mit der Arbeit beginnen, anschließend die Schwester der Gastwirtin auf eine Trage betten und sie mit vereinten Kräften auf den Heuboden hieven. Dann trat er an mich heran und ließ mich wissen, was sonst noch zu geschehen habe:

»Sobald die Frauen sich auf dem Heuboden eingerichtet haben, bringst du die Margareta Hackmaus mit herunter und führst sie in die Döns. Sie kann uns vielleicht darauf bringen, welche Macht hinter diesen Überfällen steckt. Das Räuberzivil, in dem sich die Verfolger heute Morgen bis zu uns getraut haben, ließ jedenfalls nicht erkennen, ob sie zum Regiment eines Nachbarlandes gehören.«

Ich rief nach Margareta Hackmaus und hielt ihr die Leiter beim Abstieg. Sie stützte sich, immer noch zitternd, auf meinen

Arm, als sie die Döns betrat. Detert erwartete sie bereits. Margareta bedankte sich auch im Namen ihrer Schwester artig für die freundliche Aufnahme und umsichtige Betreuung. Sie setzte sich, und Detert begann:

»Beste Margareta Hackmaus, bisher haben wir nur einen Verdacht, möchten aber nun genauer wissen, wer euch beim Zollenspieker überfallen hat. Hast du eine Ahnung?«

Sie überlegte nicht lang, ehe sie sprach. »Ich glaube schon. Heute Morgen – ich denke, zwischen zwei und drei Uhr –, wir lagen noch im Bett, da fielen an die fünfzig Mann zur gleichen Zeit über unser Wirtshaus, den Zollenspieker, und die Nebengebäude her. Sie kamen aus dem Nichts, als seien sie über die Elbe geflogen. Ich erwachte von den Schreien meiner Schwester im Nebenzimmer, sprang auf, lief hin und bekam gerade noch mit, wie einer dieser Kerle mit dem Gewehrkolben auf ihre Arme eindrosch. Sie hatte sich über ihre Kleinen geworfen, um sie vor den wüsten Schlägern zu schützen. Die Angreifer waren liederlich gekleidet, abgerissen und stanken wie die Hölle. Ich fand, sie sahen aus, als seien sie gerade dem Arbeitshaus entlaufen. Keine Kennzeichen, die auf ihre Zugehörigkeit zu regulärem Militär hingewiesen hätten – nichts! Manche waren in Holzpantinen unterwegs. Vielleicht hatte man sie gerade auf der Straße oder in einer Kneipe aufgelesen. Immerhin – ihre unflätigen Sprüche, das schwöre ich, hatten sie in einer Lüneburger Gosse aufgelesen. Einer war dabei, dem sie aufs Wort gehorchten, ein Kreishauptmann Hodenberg.«

Detert dachte laut nach: »Ach wirklich, ein Kreishauptmann Hodenberg? Ich muss zugeben: Hab' von ihm noch nie gehört! Er also war einer der Anführer eines zweifellos von Menschen aus Fleisch und Blut geplanten Angriffs! – Weiter, beste Margareta: Was haben Hodenbergs Leute alles angestellt?«

»Zwölf unserer Übernachtungsgäste wurden von den Angreifern aus dem Schlaf geprügelt, ihres Geldes und der wertvollen Reisekleidung beraubt. Die Ärmsten mussten sich halbnackt in die Büsche schlagen. Dann haben sich die Verbrecher über die Einrichtung der Wirtsstube hergemacht, die Möbel auseinandergenommen, in der Küche alle Töpfe aus den Schränken gerissen. Sie suchten nach Geld und Wertgegenständen. Schließlich waren wir an der Reihe: Sie haben zuerst meinen Vater malträtiert, dann mich gewürgt, damit ich ihnen verrate, wo mein Geld versteckt lag. Das tat ich sofort, sonst hätten sie mir die Kehle durchgeschnitten. Eine andere Gruppe hat sich über das Zollkontor hergemacht, die Einnahmen eingesackt und mit den Zollakten ein Feuer angefüttert. In wenigen Augenblicken stand das Gebäude in Flammen.«

Deterts Miene hatte sich während des Berichtes zunehmend verfinstert. Mit bebender Stimme, mir zugewandt, sagte er: »Diesmal hattest du recht, Jonas. Die Angreifer waren zwar Unmenschen, aber doch Menschen aus Fleisch und Blut. Und ausgerechnet Lüneburger, die offensichtlich gegen unsere Vierlande Krieg führen! Aber warum nur, Jonas, warum nur?«

Ich versuchte, den Bruder zu beruhigen: »Die Streitkräfte des Hamburger Bürgermilitärs werden das verbrecherische Gesindel so schnell wie möglich über die Elbe zurückjagen!«

»Dazu wären sie allerdings verpflichtet. Nur glaube ich nicht daran, dass sie uns wirklich beschützen werden.«

Vom Turm der Peter-und-Paul-Kirche drang der Vier-Uhr-Glockenschlag herüber. Detert sprang auf.

»Was ist da draußen los! Durch alle Fenster und Öffnungen dringt ein unheimlich gleißendes Licht herein, das ist kein Tageslicht. Wir müssen vor die Tür, um zu wissen, was da draußen los ist.«

Wir sprangen gleichfalls auf und begleiteten ihn, warfen das Großtor auf und starrten auf das, was sich über uns am Himmel tat.

»Ein Komet!«, rief ich. »Das muss ein Komet sein, diese dunkle, vielzackige, von Flammenausbrüchen gekennzeichnete schwarze Kugel! Sie fliegt genau nach Nordosten!«

»Großer Gott! Wir sind verloren. Der Himmel stürzt über uns ein!«, rief Detert erschrocken und wies mit der Faust auf die schräg über uns vorbeifliegende, dunkelrot glühende Kugel. Auch die anderen kreischten und machten Anstalten wegzulaufen.

»Hör auf damit, Detert!«, schrie ich ihn an. »Sieh doch erst einmal, was sonst noch passiert!«

Hinter der schwarzen Kugel entwickelte sich ein weißer Schweif, der sich, von der Kugel ausgehend, gleich einem Krönungsmantel immer weiter ausbreitete und ein hell strahlend weißes Licht über die Landschaft warf. Nach einer Stunde war alles vorbei und es wurde wieder dunkel über Hof und Deich.

Leicht ironisch fragte ich meinen Bruder: »Na, Detert? War das unser Ende?«

Der Angesprochene stieß grollende Laute aus und schlich, zusammen mit allen anderen, von dannen.

Ich schloss mich den beiden Knechten an und half ihnen, die Ställe zu reinigen, den Mist abzufahren und den Kühen frisches Stroh aufzuschütten. Danach fütterte ich die Tiere, brachte ihnen Wasser und streichelte meiner Meta den Kopf. Zur Mittagszeit nahm Detert mich beiseite – offenkundig, um etwas Wichtiges mit mir abzusprechen. Er schien tief besorgt zu sein:

»Wir müssen dringend beim Amtmann auf Schloss Bergedorf vorsprechen, die augenblickliche Lage erkunden und fragen, ob uns militärischer Beistand zugesichert wird. Wir brauchen Hilfe, sonst ist es aus mit uns!«

»Nach Bergedorf? Ein nicht ungefährliches Wagnis, Bruderherz! Wir müssen auf der ganzen Strecke bis zum Schloss mit marodierenden Söldnern rechnen. Wann, meinst du, sollten wir das wohl riskieren?«

»Morgen! Am Vormittag, sofern das Wetter mitspielt. Wir nehmen den Schlitten und spannen den Rappen davor. Es muss alles sehr schnell gehen. Hoffentlich kommt uns diesmal ein heftiges Schneetreiben zu Hilfe!«

ALKOHOL STATT POLITIK

Dienstag, 18. September 1618

»VORSICHT, DETERT! Schneewehe!«

»Oh! Ent…schul…dige, Jonas! Ich seh' überhaupt nichts mehr. Keine Ahnung, wo wir gerade sind!«

»Wir werden langsamer! Pegasus versteht nicht, wohin er laufen soll, wenn du fortwährend an den Zügeln fummelst. Er spürt deine Unsicherheit. Lass mir die Zügel, gib schon her!«

Ich übernahm und spürte, die Zügel locker führend, den Bewegungen des Rappen nach. Der wusste genau, wo unter dem weißen Einerlei der Weg zu finden war. Pegasus verstand mich wie ich ihn und lief sich frei.

Der Schlitten nahm wieder Fahrt auf, und die wilde Jagd begann. Der staubtrockene Schnee fetzte im Gegenwind waagerecht am Schlitten vorbei. Das rasende Gefährt riss eine Wolke Pulverschnee hinter sich her. Nicht auszudenken, wenn wir jetzt auf eine feindliche Patrouille stoßen würden!

Endlich durften wir aufatmen. Rechts und links des Weges tauchten hinter den tanzenden Flocken kaum sichtbare, dunkle Schatten auf – die ersten Häuser des Städtchens Bergedorf.

»Wir rasen gerade auf die Bille zu!«, brüllte ich in den Wind. »Hinter dem Fluss rechter Hand erkenne ich die beiden Heudiemen, die zur Landwirtschaft des Amtmanns gehören.«

Ich war heilfroh, als der Torbogen vor der Billebrücke in

Sicht kam. Mehrere mit Möbeln hoch bepackte Transportschlitten zockelten auf den bewachten Übergang zu und wurden sofort eingelassen. Ich drängte mich dazwischen. Als der Torwächter verdutzt nach unserem Begehr fragte, rief ich ihm zu: »Lebensmittel für die Schlossküche!«

Als letztes Hindernis war nur noch die Zugbrücke über den Schlossgraben zu überwinden. Detert rutschte auf seinem Sitz hin und her: »Halt den Schlitten an, Jonas, und stell' ihn hier an der Seite ab! Die lassen uns nie und nimmer über die Zugbrücke. Man muss sich zuerst im Pfortenhaus anmelden, wenn man den Herrn Amtmann sprechen möchte.«

Meine Wenigkeit, immerhin der jüngere Bruder, ließ sich durch Deterts Bedenken nicht irremachen und lachte ihn aus: »Die Zügel führe ich. Hier anhalten? Das macht unser Pegasus nicht mit. Der ist doch kein Amtsschimmel! Der will mit den anderen Schlitten zusammen über die Zugbrücke.«

Ich schob mich mit meinem Gespann wieder in die Reihe, querte munter die Zugbrücke und hielt auf die verengte Durchfahrt unter dem Eckturm zu. Das Fallgitter war geöffnet.

Mit gutem Zureden gelang es, den dampfenden Rappen noch einmal anzutreiben und den Schlitten mit kreischenden Kufen über das Kopfsteinpflaster ins Innere des Schlosshofes zu schleifen.

Uns bot sich ein verheerendes Bild. Offensichtlich war hier schwer gefeiert worden. Betrunkene, verdreckte, halbwegs entkleidete Personen torkelten im Zustand der allein selig machenden Gnade über den Hof, kotzten sich aus oder pissten in die Ecken.

»Ihr bringt die Lebensmittel für die Schlossküche, nicht wahr?«, dienerte ein zu hübsch ausstaffierter, niedlicher Lakai heran. »Warum kommt ihr erst heute! Man bedarf doch eurer, wie ihr seht! Wir bekommen nämlich in den nächsten Tagen einen neuen Amtsverwalter – grauenvoll, sag ich …!«

»Einen neuen Amtsverwalter? So, so«, mischte Detert sich ein. »Der Hauptmann von Eitzem bleibt allerdings noch bis Michaelis im Amt, also bis zum 29. September nächsten Jahres!«

»Das ist es ja gerade! Über von Eitzems Nachfolge hat der Hamburger Senat in der letzten Nacht im Vorwege entschieden. Was meint ihr, was auf dem Hamburger Rathaus gefällig war! Petri Stuhlfeier, wie sie das sich jährlich am 22. Februar wiederholende Besäufnis nennen, wird sich daran messen lassen müssen. Nicht nur im Hinblick auf das Festessen, sondern vor allem auf die dargereichten Unmengen besten Weines.«

Detert flüsterte mir ins Ohr: »Da hat jemand besonders scharf nachgedacht, als er den Überfall auf die Vierlande genau in der Nacht vom 16. auf den 17. November steigen ließ! Das kann doch nur ein Mensch geplant haben, der die wenigen Abweichungen von Spitzengelagen im Hamburger Rathaus genau im Kopf hat. Trotz der Unruhe rund um Eitzems Nachfolge hätten einsichtigere Bergedorfer Schlossbewohner gern darauf verzichten sollen, die Leistungen der Hamburger Saufköppe an diesem Abend noch zu übertreffen.«

Der anhängliche Hausdiener hatte ein langes Ohr gemacht und unterbrach Deterts Geflüster: »Seid nicht so hartherzig mit euren Bergedorfer Schlossbewohnern. Die sollten sich einmal im Jahr richtig ausleben dürfen! Sie sind doch diesmal vor Freude ganz aus dem Häuschen: Ein kerniger Hamburger Ratsherr zieht als Amtmann in unser Städtchen ein. Er hat – nun ja, was Wunder! – seine Bestallung gar nicht abwarten können, gleich alle seine Möbel mitgebracht und hier schon mal auf dem Hof abgestellt. Schaut euch doch um! Ich weiß, bei Gott, nicht mehr, wohin damit! Was mach ich nur!«

»Schluss mit dem Palaver!«, fuhr Detert dem Kerl über das Plappermäulchen: »Wir haben den dringenden Wunsch, mit dem Herrn Amtshauptmann von Eitzem zu reden.«

»Dann müsst ihr mit eurem Schlitten wieder umkehren, die Schlossfestung verlassen, um euch noch einmal neu im Pfortenhaus anzumelden und zu warten, bis ihr …«

»Geschenkt, mein Bester! Dein Herr wird dir den Kopf abreißen, wenn er hört, dass du die Übermittlung wichtiger Staatsgeheimnisse hinauszögern möchtest«, machte Detert seiner Empörung Luft.

»Wie – Staatsgeheimnisse, wichtige Nachrichten, die sich auf Lebensmittel für die Küche beziehen?«

»Stell dich nicht dümmer, als du schon bist!«, hielt ich dagegen. »Anscheinend hat hier noch niemand begriffen, dass sich die ganze Schlossbesatzung in Lebensgefahr befindet! Das mit den Lebensmitteln hab' ich doch nur gesagt, um unbehindert an sämtlichen Wachtposten vorbei ins Schloss zu gelangen. Warum wohl! Weil anders das ganze Land in Flammen aufgehen könnte, während ihr euch hier um den Verstand sauft. Melde dem Hauptmann sofort den Vogt der Insel Billwerder, meinen Bruder Detert, der in der Tat eine streng geheime Nachricht zu überbringen hat.«

Der Hausdiener schrak zusammen und stotterte in Deterts Richtung: »Ihr – der Inselvogt? Mein Gott! Eine Geheimsache! Ja dann … weiß ich auch nicht. Es ist nämlich … der Herr von Eitzem ist überhaupt nicht …«

»Nicht da? – Ach!«

Detert gab sich gefährlich sarkastisch und der Hausdiener knickte schuldbewusst ein. Im gleichen Augenblick hörte man das Quietschen von Schlittenkufen und gleitenden Pferde-hufen in der Toreinfahrt.

»Da kommt er ja, unser Herr Amtshauptmann!«, stieß der Hausdiener erleichtert hervor und eilte den eintreffenden Ge-spannen entgegen. Zwei Schlitten kamen herein, dem ersten entstiegen offenkundig der Hauptmann und drei bewaffnete Männer, dem nächsten noch einmal fünf Bewaffnete. Von Eit-zem trug einen dicken Schafspelzmantel mit Kapuze, die das Gesicht eng umschloss.

Der Hausdiener schien dem Hauptmann etwas anzudeuten und führte ihn dann auf Detert und mich zu. Von Eitzem machte nicht den Eindruck, als sei er von diesem Besuch be-sonders begeistert, und begegnete uns beiden abweisend.

»Große Überraschung, Detert von Have! Wenn du dich hierherbemühst, muss es irgendwo brennen. Hab' nur wenig Zeit und kann dich gar nicht ins Amtszimmer bitten. Was gibt's?«

Detert begann: »Erst einmal: Ich bin in amtlicher Angele-genheit als Inselvogt von Billwerder hier. Um es kurz zu ma-chen: Eine Verbrecherbande kam in der vorigen Nacht aus dem Lüneburgischen übers Eis geflogen, hat den Zollenspieker ein-genommen und verwüstet. Die Schurken sind bereits auf allen Deichen unterwegs, es könnte dahin kommen, dass in Kürze alle Höfe in den Vierlanden geplündert und abgefackelt wer-den.«

»Hab davon läuten hören, von Have! Vielleicht handelt es sich um eine Räuberbande, die auf eigene Faust handelt. Der Herzog von Braunschweig-Lüneburg, der Tolle Christian, hat das Kommando. Er zieht nicht nur die Fäden im Hintergrund. Er soll – so wird behauptet – ein Kontingent wild zusammen-gewürfelter Lüneburger hierhergeschickt haben, um die Zoll-

stationen einzunehmen und das Flussbett der Elbe zu ver- la-
gern«, erklärte der Hauptmann. »Allerdings – das hätten seine
Leute, wenn es nur um die Verlagerung der Elbdeiche ginge,
auch haben können, ohne unsere Höfe zu berauben, das Vieh
wegzutreiben, wehrlose Männer, Frauen und Kinder zu quälen,
zu vergewaltigen, totzuschlagen. Das ganze Unternehmen ist
Herzog Christian allem Anschein nach aus den Händen geglit-
ten. An eine Strafexpedition hat er bestimmt nicht gedacht.«

»Vielleicht wollte er die Vierlande im Handstreich einneh-
men?«, wandte Detert ein.

»Um seinen Lüneburger Besitztümern auf der anderen
Seite der Elbe weitere Gebiete zuzuschlagen?«

Ich merkte, dass der Amtmann meinem Bruder nicht alles
glaubte. Der fuhr nun fort:

»So hätte ein vernünftiger Plan, wenn man ihn zu Ende
denkt, aussehen können. Der Herzog wäre in den Besitz der
Zollstationen gekommen, hätte in aller Ruhe den Verlauf des
Elbstroms ändern und den Güterverkehr auf dem Fluss nach
seinen Vorstellungen bestimmen können. Schon jetzt hat er
verloren. Die Übergriffe seiner Soldateska in der letzten Nacht
lösen die heftigsten Proteste unter der Landbevölkerung aus.
Der Hass wächst ins Unermessliche. Sie werden nie damit einverstanden sein, nach Lüneburg einverleibt zu werden.«

Detert wollte nun aber auch noch mehr wissen: »Und die
Änderung des Elbverlaufs? Warum hat sich der Herzog von
Braunschweig-Lüneburg diesen Unsinn für uns ausgedacht?
Nur, um seinem Spottnamen ›der Tolle Christian‹ gerecht zu
werden?«

Der Amtmann kraulte sich am Kopf. »Gott weiß allein, was
uns da noch blüht«, sagte er. Er komme gerade aus Hamburg
zurück, habe die Stadt um den Einsatz des Bürgermilitärs bit-

ten wollen. Was er dort erlebt habe, spotte jeder Beschreibung: Die Bürgermeister und Ratsherren würden zurzeit amtlich benebelt unter den Tischen liegen. Als Amtmann für Bergedorf und die Hamburger Vierlande zuständig, habe er im Rathaus keinen nüchternen Ansprechpartner gefunden. Der Oberkommandierende, Oberst Dodo zu Inn- und Knyphausen, sei ständig auf Reisen und verdiene sein Geld an vielen gegeneinander gerichteten Fronten gleichzeitig. Nur zufällig habe er vor ein paar Tagen für einen Kurzbesuch in Hamburg geweilt. Der scheinbar Ahnungslose sei beim Packen erwischt, festgehalten und vom Rat an seine Pflichten erinnert worden. Er selbst habe den Dodo auch persönlich angesprochen. Der gebrauche tausend Ausflüchte, bausche die Zahlen der gegnerischen Truppen auf und bestehe darauf, erst einmal neue Zusatzkräfte in den Niederlanden anzuwerben, ehe er sich dem Tollen Christian entgegenwerfen könne.

»Und die Lübecker, warum hört man von denen nichts?«, hakte Detert nach.

»Der Oberkommandierende der Lübecker hat sich krankgemeldet. Jawohl, krank-ge-mel-det! Ich fass' es zwar nicht, habe aber den Verdacht, dass auch er auf zwei Schultern trägt und viele Verpflichtungen hat.«

»Was werdet ihr also für uns tun, Amtmann?«

»Ich? Na was schon! Nichts! Ich habe acht wehrtüchtige Leute vom Dodo bewilligt bekommen. Die reichen gerade, um das Schloss zu verteidigen, aber nicht, um die Vierlande und alle Höfe gleichzeitig gegen eine Horde von mehreren hundert Söldnern zu verteidigen. Doch halt! Das hätt' ich fast vergessen!«, fiel ihm etwas anderes ein, damit wandte er sich an mich. »Ich hab' etwas für deinen Bruder Jonas! Lieber Jonas, du alte Leseratte! Du hattest dich bei deinem letzten Aufenthalt bei uns auf dem Schloss erkundigt, ob mir, dem Amtshauptmann, irgendwelche Unterlagen über die neuen Verteidigungsanlagen der Stadt Hamburg und der hamburgischen Landgebiete vorlägen, die hier eingesehen werden könnten. Ich habe Auszüge von Texten und der Pläne Johan van Valckenburghs durch unseren Schreiber fertigen lassen, soweit sie Bergedorf und die Vierlande betreffen. Du kannst das ganze Konvolut gern mitnehmen und es mir dann bei nächster Gelegenheit – und zwar möglichst bald – hier auf dem Schloss erläutern.«

Von Eitzem beauftragte den Hausdiener, dieses ziemlich unhandliche Konvolut sofort aus der Bibliothek herbeizuschaffen und mir zu überreichen. Der Amtshauptmann bedankte sich für unsere aufschlussreichen Informationen und warnte uns recht eindringlich:

»Fahrt wie der Wirbelwind heimwärts und seht zu, dass ihr euch irgendwie selber helft! So fahrt doch schon! Ihr werdet gebraucht! Sie werden eurem Hof sehr bald einen zweiten Besuch abstatten, um ihre Truppen zu furagieren. Das weiß ich aus sicherer Quelle.«

»Und was wird uns der Komet bringen, der kurz nach vier Uhr über Hamburg hinweg geflogen ist!«, fügte Detert in ängstlichem Ton an.

»Bisher hat uns der Komet links liegen lassen. Ja, den müsst ihr natürlich auch im Auge behalten«, brummte der Amtmann unwirsch, zuckte mit den Achseln und verschwand in der Tür zur Administration.

Mit nicht ganz leeren Händen und einer bösen Nachricht mehr kehrten wir auf den Hof zurück. Wir wurden erwartet. Die Bäuerin, die Mägde, die beiden Knechte hockten auf der Tenne. Die leidgeprüften Gäste aus dem Zollenspieker starrten uns mit fragenden Blicken vom Heuboden herunter an. Aber wir schwiegen. Kein Wort der Beruhigung kam von unseren Lippen. Ich kramte in meinem Kopf und warf verzweifelte Blicke auf Detert, ob dem nicht doch noch etwas einfiele, um sein Anwesen wenigstens gegen irdische Angreifer zu verteidigen.

Bruder Detert hing durch. Keines klaren Gedankens mehr fähig, verzog er sich grußlos in seinen Alkoven. Ich ließ mich erst später ins Bett fallen. Albträume rissen mich mit sich fort, ließen mich auf meiner Schulbank in der Gymnasialklasse Platz nehmen und zwangen mich, den Ausführungen des Geschichtslehrers bis zu einem bestimmten Punkt zu folgen. Mir kam eine Idee.

Ich sprang auf, klopfte und steckte noch einmal den Kopf durch Deterts Kammertür. Der aber schrie nur:

»Lass mich in Ruhe! Raus! Hier ist bald alles vorbei. Ich hab's begriffen! Uns sind nicht nur irdische Mächte auf den Fersen. Der Amtmann weiß es eigentlich auch und wird uns dennoch nicht helfen. Ich möchte wenigstens ausgeschlafen sein, wenn man uns den Hof überm Kopf anzündet. Wir stochern im Nebel und ahnen nicht einmal, was uns heute Nacht noch blüht. Wir sind wehrlos unserem Schicksal ausgeliefert. Keiner wird überleben. Begreif das endlich und lass mich jetzt ein bisschen schlafen!«

Sprach's und drehte sich zur Wand.

Ich ließ mich nicht abweisen und trat an sein Bett. Mutlosigkeit war das letzte, was ich gelten ließ. Tags zuvor hatte Detert noch meinen Plan zur Abwehr der Feinde zu seiner eigenen Sache gemacht und den Überblick behalten. Jetzt reagierte er wie zugenagelt und war nicht einmal bereit, mich anzuhören. Ich ahnte, warum: Weil Detert nur selten etwas gelten ließ, was ich, der kleine Bruder, ersonnen hatte. Ohne zu bedenken, was ich damit auslösen würde, schrie ich ihn an:

»Decke über den Kopf ziehen? Und abwarten, was kommt? Ich kenn' dich nicht wieder! Es geht um deinen Hof! Du bist der Bauer. Also nimm auch die Verantwortung! Wir haben die Verbrecher bereits einmal vertrieben. Warum sollten wir es nicht ein zweites Mal schaffen? Ich habe auf dem Gymnasium zugehört und mir bestimmte Dinge gemerkt. Ich habe in meinem Oberstübchen aufgeräumt, altes Bauholz wiedergefunden und daraus einen neuen Plan gezimmert, den wir mit eigenen Kräften spielend in einem unüberwindbaren Bollwerk realisieren könnten. Was sagst du dazu? Nichts? Kein Wort?«

Aus dem Alkoven kamen Spott und Hohn:

»Mit deinem Gymnasialwissen? Das taugt vielleicht in der Schule. Mit Griechisch, Latein und ähnlichem Mist ist den alltäglichen Problemen nicht beizukommen. Pass auf, dass du nicht noch den Verstand der Kühe durcheinanderbringst!«

Ich geriet in Rage:

»Du hast ja keine Ahnung, was ich sonst noch im Kopf habe, um es bei dir und den Kühen noch länger auszuhalten! Für dich bin und bleibe ich der kleine, dumme Nichtsnutz, der sich um das Ausmisten der Ställe und Melken der Kühe kümmern darf. Was soll der sich schon groß ausdenken! Schlaf ruhig weiter! Ich führe die Sache allein durch!«

Ich stampfte auf und verließ grimmig die Schlafkammer. Detert blieb wie gelähmt in seinem Bett liegen und gab den Hof und die Menschen verloren. Während der verbleibenden Nachtstunden werkelte ich rastlos auf der Diele, schnitt kleine Brettchen zu, hämmerte schiefe Nägel flach und rührte in alten Farbtöpfen. Hin und wieder hörte man die Schlupfpforte gehen und wahrscheinlich mich über den Hof hasten. Endlich wurde es still.

Neues Leben mit dem Baumeister

Mittwoch, 19. September 1618

DIE LÜNEBURGER SÖLDNER wollten den Hof, wie der Amtmann richtig vorhergesagt hatte, tatsächlich nicht in Ruhe lassen. Auch diesmal näherten sie sich uns mit einer kleinen Reiterei, bestehend aus 14 regulär angeheuerten Arkebusieren, dirigiert von einem Anführer, der große Vorsicht walten ließ, um den Angriff nicht ein zweites Mal in einer blamablen Rutschpartie enden zu lassen.

Unsere Hofbewohner lauerten ohne jede Hoffnung auf der Tenne und erwarteten gottergeben das Grausigste. Detert hatte, von Unruhe gepackt, den Alkoven verlassen, hielt sich aber im Hintergrund und ließ die Augen schweifen. Nicht auszudenken, welchen Blödsinn ich, sein dummes Brüderlein, mir wieder ausgedacht haben mochte! Neue Schutzvorrichtungen vermochte er anscheinend nirgends zu entdecken. Ich beobachtete zuversichtlich das Geschehen aus der spaltbreit geöffneten Schlupftür.

Der Feind hatte die zum Hof hinabführende Rampe noch nicht erreicht, da gellte ein schneidendes Kommando von dort herüber.

»Das Ganze kehrt marsch! Aber sofort! Haut ab! Hier herrscht die Pest!«, brüllte der Anführer und ruderte mit heftigen Armstößen die ihm folgende Reiterschaar rückwärts. Die Nichtsahnenden rissen ihre Pferde an der Kandare zurück, wendeten und sprengten ungeordnet über den Deich davon, als sei der Teufel hinter ihnen her! Das Ganze dauerte nur wenige Minuten.

Unsere Familie, das Hofgesinde, die einquartierten Gäste, alle jubelten vor Begeisterung und feierten die Vertreibung der Feinde als ein Wunder himmlischer Mächte, wollten daher auch gar nicht wissen, ob sonst noch jemand seine Hände im Spiel gehabt haben mochte. Ich verriet nichts.

Es blieb auch nicht die Zeit, sich über diesen Vorfall stundenlang aufzuhalten, zumal sich auf dem Deich mit Peitschenknall ein weiterer Besucher ankündigte – diesmal glücklicherweise ein friedliebender.

Der Bergedorfer Amtshauptmann von Eitzem war's! Er brachte seinen Pferdeschlitten dicht vor dem Hofgatter zum Stehen. Jetzt musste er eigentlich aussteigen, er blieb aber auf dem Schlitten sitzen! Umständlich nahm er die wärmende Decke von den Knien, erhob sich von seinem Sitz, legte die Hand über die Augen und ließ den Blick von links nach rechts und von rechts wieder nach links schweifen, als gelte es, sich jede Einzelheit auf dem Vorhof genau einzuprägen. Neben ihm schraubte sich jetzt, schlicht und doch elegant gekleidet, ein zweiter Herr von seinem Sitz in die Höhe und folgte mit seinen Augen verschiedenen Zielen, auf die ihn der Amtmann offensichtlich aufmerksam machte. Ein wenig hilflos schaute das unbekannte Gesicht unter der mächtigen Fellmütze hervor, die sich wohl nur deswegen über Augenhöhe behauptete, weil die großen, seitwärts ausgestellten Ohrmuscheln ein tieferes Absinken verhinderten. Die beiden setzten sich wieder und der Amtmann machte Anstalten, den Schlitten zu wenden. Ich, als einziger darüber im Bilde, was geschehen könnte, hatte rechtzeitig einen Knecht zum Gatter befohlen, um willkommene Gäste hereinzubitten. Detert folgte ihm unschlüssig. Von Eitzem erhob beide Hände, bildete ein Sprachrohr und brüllte herüber:

»Das ist ja furchtbar, ihr armen Leute! Eure Gesundheit geht vor. Wir werden uns erneut melden, sobald ihr alle wieder gesund seid.«

Der Knecht wurde energisch: »Nun kommt schon! Hier auf'm Hof sind alle putzmunter. Der Bauer freut sich, dass ihn der Herr Amtmann beehr'n tut.«

Die beiden im Schlitten sahen sich einen Moment um und entdeckten wohl irgendetwas, das sie zuvor übersehen haben mochten. Sie stiegen aus, der Amtmann übergab das Gefährt unserem Knecht. Grinsend liefen die beiden Herren auf Detert zu. Sie kamen über den Vorplatz, voran der Amtmann, ihm folgend der Gast, dessen Körperlänge sich erst beim Ausstieg richtig entfaltete. Wie er mit den langen, weit ausgebreiteten Armen vorwärts ruderte, indem die nicht minder auffälligen Beine eine luftige O-Form bildend, nach festem Halt auf dem eisglatten Boden suchten, wirkte er wie eine große Spinne.

Als sie meinen Bruder endlich erreicht hatten, schütteten sie sich aus, prusteten, juchzten und hatten Mühe, sich wieder zu beruhigen.

»Wie seid ihr nur darauf verfallen?«, brachte der Amtmann unter Mühen hervor.

»Auf was verfallen?«, fragte Detert verwundert.

»Ach, nun tu doch nicht so! Auf die Hinweise am Tor, über der Grotdoor und an jedem Zaunpfahl, vor jedwedem Besuch des Hadeler Hofes sei zu warnen.«

Detert warf mir einen irritierten Blick zu. Ich blickte angestrengt zu Boden, hatte ich doch während der Nacht rings um den Hof und auch am Gatter, welches den Weg zum Hof am unteren Ende der Rampe verschloss, Holzschindeln angenagelt, die ich zuvor mit einem weißen Kreuz auf schwarzem Grund bemalt hatte, was jedem Besucher sofort ins Auge fallen mussten. Eine größere Platte mit dem gleichen Motiv hatte ich über das Portal, das auf die Tenne führte, gehängt. Nachdem ich mir lange das Hirn zermartert hatte, mit welchen Mitteln man Feinden, die einen Überfall auf den Hof planten, den Spaß vergällen könnte, war mir wieder eingefallen, was ich Wochen zuvor einem schlauen Buch der Johanneums-Bibliothek hatte entnehmen können: Es war nämlich vor Zeiten in weiter südlich gelegenen Städten und Dörfern des Reiches Vorschrift gewesen, mit solchen Zeichen vor allen mit der Pest infizierten Häuser wegen der Ansteckungsgefahr zu warnen!

Wie hätten die Lüneburger Angreifer auch darauf kommen sollen, dass die schlauen Hofbewohner die Pestzeichen nur als Finte benutzt hatten! Vom Grauen geschüttelt, hatten sie das Weite gesucht. Von Eitzem und sein Gast wieherten vor Vergnügen.

»Solche Männer brauche ich, die sich in einer noch so aussichtslosen Lage zu helfen wissen«, gestand mit gewittertief rollendem Bass der Gast, den von Eitzem mitgebracht hatte. Jetzt stellte der Amtmann ihn vor.

Er habe Hamburgs Festungsbaumeister, Johan van Valckenburgh, zu einem Landausflug überredet. Das sei der Mann, der die Verantwortung für die Sicherung unserer Stadt Hamburg durch höhere Wälle und breitere Gräben trage, wie sie benötigt werden, um sich gegen die neuesten Waffensysteme, vor allem gegen Geschütze mit erheblich vergrößerten Reichweiten, und Arkebusen – Gewehre des neuesten Typs – erfolgreich zur

Wehr zu setzen. Erst jüngst habe er die Stadt Lüneburg mit neuen Festungsanlagen vor kommenden Kriegen gesichert.

Van Valckenburgh sei nicht nur der bedeutendste Festungsbaumeister Europas, sondern auch bekannt als ein tüchtiger Heerführer im Rang eines Oberstleutnants. Weil sich der feige Dodo nicht bewegen ließe, die Vierlande gegen den Einmarsch fremder Truppen zu verteidigen, und stattdessen die Feinde durch Nichtstun geradezu einlüde, die noch nicht fertiggestellte Stadtmauer von Südosten her zu überrennen, sehe sich Johan van Valckenburgh aufgerufen, auch hier übermütigen Angreifern die Suppe zu versalzen. Von Eitzem schloss:

»Herr van Valckenburgh bleibt allerdings auf unsere tätige Mithilfe angewiesen: Wir müssen ihm einen tüchtigen Späher zur Seite stellen, der ihn und seinen Stoßtrupp an den Gegner heranführt, ohne dass die Feinde es bemerken.«

Von Eitzem hielt für einen Augenblick inne, schaute sich um und blickte schließlich auf mich: »Ich glaube beinahe, dass unser Oberst ihn auf dem Hadeler Hof finden wird.«

Van Valckenburgh ließ die großen Augen fragend im Kreise wandern. Dann sprach er Detert an: »Hatte dein Bruder die glänzende Idee und hat er die gesamte Umsetzung alleine besorgt?«

Ich hoffte, Detert werde die richtigen Worte finden. Der aber schwieg beharrlich. Dafür platzte Matthias, einer der Höftleute, damit heraus: »Das war doch wieder unser Jonas! Er ist 'n wahrer Zauberkünstler. Wer denn sonst! Er hatte die Idee. Er hat heute Nacht alle Pestzeichen alleine hergestellt und selber angebracht. War doch so, Bauer Detert?«

Detert schien verärgert über die Hervorhebung meiner Person und murmelte abweisend vor sich hin, dazu könne er nichts sagen. Er habe tief und fest geschlafen!

Valckenburgh schien irritiert und äußerte sich ungewöhnlich klar. Er habe wohl richtig verstanden, dass der Hof durch die Initiative des Jungen zweimal hintereinander vor dem sicheren Untergang bewahrt worden sei. Dann betonte er mit Nachdruck, das sei der Mann, der im Zweifelsfall selbstständig handele und im richtigen Augenblick Verantwortung auf sich nehme. Er bat Detert darum, mich als Späher für sein Kommando freizugeben.

»Wollt Ihr das wirklich? Ich denke, wir beide sollten darüber noch einmal unter vier Augen reden«, erwiderte mein Bruder verstockt.

Mir blieb es ein Rätsel: Was war nur in meinen Bruder gefahren! Warum gönnte er mir nicht die Chance, mich als Späher zu beweisen? Ich wusste doch, was ich kann! Jetzt oder nie!

Ich trat einen Schritt nach vorn, strich mir die langen Haare aus dem Gesicht, warf mich in die Brust und redete darauf los:

»Verzeiht meine Keckheit, Oberst van Valckenburgh! Ihr werdet niemanden finden, der hier jeden Baum und jeden Strauch, jeden Pfad und jeden Graben besser kennt als ich. Ich empfinde es schon als große Auszeichnung, dass Ihr überhaupt darüber nachsinnt, jemanden wie mich bei der Verteidigung unserer Vierlande als Späher einzusetzen. Nicht eine Sekunde würde ich daran zweifeln, dieser Aufgabe sehr wohl gewachsen zu sein. Ich erlaube mir, Euch meine Dienste anzubieten.«

»Was nimmst du dir heraus? Ich bin immer noch dein Vormund!«, brüllte Detert dazwischen. Er dürfe das nicht zulassen. Sein Bruder, der tumbe Tor, wisse gar nicht, was er rede! Das Wohl seines Bruders wahrend, dürfe er einer Freigabe nicht zustimmen.

»Um meinetwillen? Weil du so sehr um mein Wohl besorgt bist?«, ätzte ich.

»Das überrascht nun auch mich, Bauer Detert«, reagierte Valckenburgh schroff. »Mit welcher Begründung widersprichst du seiner Freigabe?«

»Nicht hier, Herr Oberst! Ich kann das nicht vor allen Leuten ausbreiten. Wir beiden müssen uns vertraulich unterhalten«, erwiderte Detert und zog den Obersten beiseite.

»Ich möchte allerdings darum bitten, dass Jonas uns begleitet«, erwiderte der bestimmt, streckte seine unglaublich lange Pranke aus und nahm mich beim Arm.

»Das geht schon gar nicht, Herr Oberst! Jonas kennt die Gründe nicht, die gegen seine Beschäftigung als Späher für den großen Valckenburgh bedacht werden müssen.«

»Dann wird es höchste Zeit, dass er endlich erfährt, was sein Bruder ihm bisher offensichtlich verschwiegen hat«, beharrte Valckenburgh mit raumfüllendem Orgelbourdun auf seinem eigenen Vorschlag und schob eine Frage nach, die einem Befehl gleichkam: »Wohin führst du uns, Bauer Detert?«

Mit dürftigen Gesten komplimentierte Detert den Oberst und mich in die Döns. Unterwegs überlegte ich: Welch eine Chance sich mir hier bietet, der erniedrigenden Hofarbeit, der Degradierung zum Stallknecht und der kränkenden Bevormundung durch den Bruder zu entkommen! Dass Valckenburgh für mich Partei ergriffen hatte, machte mich stolz, aber für die Haltung meines Bruders fehlte mir jedes Verständnis. Ich beobachtete ihn genau. Er hieß uns Platz nehmen. Ein Schatten lief über sein Gesicht. Er schloss die Tür und sagte, zögernd bei jedem Wort:

»Dann lässt es sich eben nicht länger aufschieben, dass ich ein altes Geheimnis zur Herkunft unseres lieben Jonas lüften muss.«

»Wie! Was sagst du da?« Es traf mich wie ein Blitz aus heiterem Himmel, was er da sagte. »Ich bin doch dein Bruder! Das hast du mir oft genug bestätigt.«

Detert zog den Kopf ein. Zitternd und zagend bekannte er:»Ich habe dir nie mehr sagen dürfen, als unsere Mutter mir auf dem Totenbett aufgetragen hat. Aber ehrlich: Hast du dich nie gefragt, woher du diesen bronzefarbenen Teint hast? Du bist ein Findelkind und lagst, in saubere Tücher gehüllt, in einem so gut wie ein kleines Boot abgedichteten Korb. Fast wie Mose. Der Elbe warst du übergeben worden. Fast wie Mose. Bei deinem Namen hatte die Kindesmutter offenbar auch an das Alte Testament gedacht, als sie dich Jonas nannte. Jona, der von einem Walfisch verschlungen und dann wieder an Land ausgespien wurde. Der alten Grete, unserer kürzlich verstorbenen Magd, war es vom Schicksal bestimmt, dich zu entdecken, dich zu retten, in ihrer Schürze zu bergen und unseren Eltern zu übergeben. Angeblich hatte sie das Körbchen im Schilf beim Zollen- spieker entdeckt.«

»Hör' auf mit diesem Irrsinn! Ich will das nicht hören!«, rief ich, spürte aber, wenn auch ungern: Er sagte die Wahrheit. Langsam fuhr mein Bruder fort:»Was ich dir hier erzähle, ist Tatsache – kein Irrsinn. Kindesaussetzungen kommen heutzutage doch häufig vor! Den Korb gibt es noch. Er liegt wohlverwahrt in der großen Truhe auf der Diele. Finde dich damit ab und sei unseren Eltern ewig dafür dankbar, dass sie dir und mir eine von solchen Geschichten unbeschwerte, fröhliche Kindheit geschenkt haben! Sie wünschten sich, dass wir wie Brüder zusammen aufwachsen und leben sollten. So geschah es, und so geschieht es bis heute: Wir liebten uns wie selten zwei Brüder, doch Brüder von einem Fleisch und Blut sind wir nicht. Du, lieber Jonas, hattest sehr wohl deine Zweifel. Aber warum sollte ich das Versprechen, das ich der Mutter gegeben hatte, brechen? Noch einmal: Wir liebten uns, und das ist das Wichtigste.«

»Ich kann nicht …! Ich will das alles nicht glauben. Ob es für mich von Bedeutung gewesen wäre, die Wahrheit zu kennen, danach fragst du gar nicht! Was meinst du wohl, was ich habe durchstehen müssen, um meine Herkunft aus der Familie von Have zu verteidigen? Ganz zu Unrecht, wie sich jetzt zeigt!«

»Was ändert das?«, fragte Detert tonlos, den Tränen nahe.

»Sehr viel, Detert! Es bedeutet, dass ich mich hier nicht mehr geborgen fühle, mir der Boden unter den Füßen wegsackt. Wer bin ich denn ab heute? Das fünfte Rad am Wagen des Hadeler Hofes, ein Bankert nur, der aus christlicher Nächstenliebe mit durchgeschleppt wird, der sich anmaßt, von Have zu heißen. Ich kann mich doch nirgends mehr sehen lassen, wenn das herauskommt!«

»Genau deswegen versuche ich ja, dich vor Zusammenstößen mit der Hamburger Gesellschaft zu bewahren, die sich allzu gern schludernd darüber hergemacht hätte! Aus dem gleichen Grund wollte deine Mutter dich ins Studium nach Prag fortschicken. Aber in Prag ist ja jetzt der Teufel los und an ein Studium der lutherischen Theologie gar nicht mehr zu denken. Aus allen diesen Gründen müssen wir dich, solange es geht, hier auf dem Hadeler Hof behalten.«

Valckenburgh hatte bis jetzt still dabeigesessen, nun erklärte er: »Falsch, ganz falsch, Bauer Detert! Bei mir wird er am sichersten sein, weil ich ihn als Späher einsetzen werde. Diese Aufgabe wird ihm gegenüber den Spöttern ein hohes Maß an Ansehen bescheren. Der ist doch zehnmal gescheiter als all die anderen Rotzlöffel, die sonst unter mir dienen! Vermutungen, dass Jonas der Name eines aus dem Süden zugewanderten

Mannes sei, mögen gern ins Kraut schießen. Sie werden das Entstehen einer Ehrfurcht heischenden Aura um den mit geheimdienstlichen Aufgaben betrauten jungen Mann eher fördern. Wir wissen ja, hören es von allen Seiten, dass er viel gelesen hat, sogar kürzlich meine Vorarbeiten für die neue Stadtbefestigung zur Kenntnis genommen hat. Dass sein Lebensweg als Findelkind begonnen habe, wird man sich am Ende als eine von Gott gewollte, plausible Wundermär zuraunen. Jonas hat mir soeben seine Dienste angeboten. Er wird bald achtzehn und soll doch nicht ewig deine Kühe hüten! Ich bedarf seiner Dienste schon sehr bald und akzeptiere seine Bereitschaft guten Gewissens. – Jetzt zu dir, Jonas: Du wirst Späher in meinem Kommando. Zeig uns, was in dir steckt! Dann werden wir weitersehen.«

DER SCHWARZE REITER

WAS FÜR EIN VERRÜCKTER WINTERTAG! Gleißend stach
die Sonne vom Himmel und brach dem bereits kränkelnden,
schleimenden und heftig niesenden Frost endlich das Genick.
Sie half den Maulwürfen bei ihrer schweren Arbeit, mit den
Händchen schaufelnd und den Buckeln buckelnd die schwarzen
Häupter der im Vorjahr geschaffenen Haufen energisch durch
die schmelzende Schneedecke auf Wiesen und Deichen ans
Licht zu schieben. An Büschen und Bäumen wagte sich noch
kein grünes Blatt hervor. Die kahlgeschorenen Kopfweiden
grinsten fröstelnd, dass Gott erbarm! Aber der Himmel! Der
war knallig blau.

Kohlmeisen und Blaumeisen machten mit Liebestönen auf
sich aufmerksam. Die Stare waren da und hatten die ganze
Nacht verquasselt. Um die Mittagszeit schlich und glitschte
nicht ganz geräuschlos eine Gruppe von 30 bewaffneten Män-
nern stromaufwärts durch das verfallene Flusstal eines abge-
deichten Altarmes der Elbe, den sie Dove-Elbe nannten. Das
nur noch etwa 45 Fuß breite Rinnsal, inzwischen ein stehendes
Gewässer, war im Schatten der Uferkanten noch dick vereist.

Über ein Jahr hatte es noch gedauert, dass ich richtig Späher
wurde. Heute, wie mit Johan van Valckenburgh verabredet,
hatte ich, nachdem der Oberst auf dem Hadeler Hof eingetrof-

fen war, wieder einmal die Führung seiner Leute übernommen. Welch eine Auszeichnung, welch diebisches Vergnügen! Ich war wirklich nicht mehr der nach Kuhstall stinkende Tagelöhner!

Auf meinen Rat hin hatten sie die Pferde des Stoßtrupps in der Obhut des Hadeler Hofes zurückgelassen. Ich lenkte die Söldner auf einem zuvor ausgeklügelten und mehrfach überprüften Pfad stundenlang durch unwegsames Gelände. Die Gefährten meines Stoßtrupps machten sich, gebückt unterhalb bewaldeter Ufer, an Bächen entlang oder im Schatten langer Deiche der Neben-Elben, unsichtbar, bekamen in den tauenden Gräben nasskalte Füße und tarnten sich mit beschneiten Fichtenzweigen.

Unterwegs gelang es mir, die Truppe mit eindeutigen Handbewegungen aufzuhalten, sobald ungewöhnliche Geräusche zur Vorsicht mahnten. Ich lauschte und linste nach allen Seiten, hetzte die Uferkanten hinauf, untersuchte Fußspuren, schnüffelte wie ein Jagdhund an jedem Baumstumpf, trieb die Männer voran, brachte sie außer Atem und ließ sie kräftig stöhnen. Nur Valckenburgh, dieser lange Mensch, dünn wie eine Dachlatte, jammerte nicht und blieb mir, ohne zu klagen, auf den Hacken. Der holperige Pfad zwang ihn immer wieder, sich tief zu bücken, mit den Händen rechts und links nach Buschwerk zu greifen oder sich auf dem Erdreich abzustützen. Wie er sich da, mit den langen Armen rudernd, durch das Gestrüpp fädelte, glich er in allen seinen Bewegungen wieder der buckligen Riesenspinne mit mächtigem Kahlkopf, die unbeirrt ihre Opfer verfolgt.

Valckenburghs Leute hatten mittlerweile begriffen: Eile sei geboten. Es drohte eine Flutwelle, in der sie alle ertrinken würden, sobald die Feinde ihre Absicht, den Elbdeich bei Altengamme zu durchstechen, wahr machten. Ich behielt die höherliegende Uferkante stets im Auge, um die Truppe notfalls an sicheren Stellen aus dem Flussbett herauszuführen. Endlich durften wir das Tal verlassen und im Schutz eines von Ebbe und Flut zerzausten Auewaldes auf dem Strand weiter vordringen, wobei wir mit querliegenden Baumriesen, umgeworfenen Eschen, umgeknickten Weiden und aus dem Erdreich herausgebrochenen Baumwurzeln zu kämpfen hatten. Jeder Ast, jeder Zweig, das ganze Unterholz, alles taute und troff.

Schließlich gelangten wir an eine Lichtung. Noch einmal gebot ich Halt und versuchte, mit Hilfe entsprechender Gesten jedes unnötige Geräusch zu dämpfen.

»Wir sind beinahe am Ziel, Herr Oberst«, flüsterte ich, atmete tief durch und verschluckte mich vor Aufregung. Ich wies auf die durch die Bäume schimmernde Lichtung, eine von Pfützen durchtränkte Wiese. Schritt für Schritt bewegten wir uns auf diese Stelle zu, der Schnee dämpfte das Knistern zerbrechender Zweige.

Da! Wir trauten unseren Augen nicht. Vor uns stand mitten in all der Nässe auf einer trockenen Erhebung eine Pyramide sorgsam zusammengestellter Waffen: Hellebarden, Piken, Säbel, Dolche und Arkebusen – ein vollständiges Arsenal! Valckenburgh wollte nicht begreifen, dass die Lüneburger ihre militärische Ausrüstung ohne jede Bewachung hatten herumliegen lassen. Das sei doch wahnsinnig!

Aber das war noch nicht alles. Nicht weit davon entfernt entdeckten sie im Wald zehn Packpferde angeleint, schwere belgische Apfelschimmel, denen man Futtersäcke vors Maul gebunden hatte. Der Oberst richtete sich zu voller Größe auf, blickte sich um und meinte kopfschüttelnd:

»Die machen es uns ja leicht! Auch hier niemand, der Wache schiebt. Nicht zu fassen!«

Ich redete mich in Rage: »Die glauben, in den Vierlanden jeden Widerstand gebrochen zu haben.«

Der Oberst fügte hinzu: »In diesem Fall dürfen wir uns sogar darüber freuen, dass es ihnen schlicht an Disziplin gebricht.«

»Schon verstanden«, resümierte ich. »Die Lage der Bauern scheint sich neuerdings zu bessern. Die Lüneburger haben das Plündern der Bauernhöfe vorübergehend eingestellt. Sie benötigen jeden Mann, um den abtauenden Gammerdeich zu durchstechen. Der Frost verliert an Schärfe, die Erdoberfläche wird weicher. Noch leistet der Deich Widerstand, Herr Oberst. Es ist noch nicht zu spät, ihn zu retten.«

»Wir werden die Zerstörung des Deiches verhindern, Jonas. Verlass dich drauf! Die Pferde und Waffen hätten wir ja schon einmal … dank deiner Umsicht!« Der Oberst bestimmte fünf Leute, die Wache bei den Pferden und den Waffen zu übernehmen.

»Warum das? Die Pferde bewachen? Wir sollten sie einsetzen!«, widersprach ich. »Zum Beispiel in einem Überraschungsangriff – oder nicht?«

»Aha, junger Mann, bist du jetzt unser Stratege? Dann kann ich ja nach Hause gehen«, witzelte Valckenburgh bemüht, doch schien er einverstanden.

Wir befreiten die Tiere von ihren Futtersäcken, banden sie los und führten sie langsam in Richtung des Gammerdeiches. Valckenburgh fragte leise nach, wo genau man auf den Feind treffen werde.

»Hinter dem Wald, wo der neue Deich beginnt«, flüsterte ich und wies in südöstliche Richtung. »Seht Ihr da vorn über den Büschen den Kirchturm von Altengamme? Das ist unsere Richtung. Aber jetzt, bitte, wieder ganz leise!«

Nach wenigen Augenblicken hatten wir den Wald durchmessen. Vor uns lag der bis an den Außendeich heranführende, ausgetrocknete Elbarm, genannt die Dove-Elbe. An die 60 Männer waren da unten beschäftigt, den allen Lüneburgern verhassten Querdeich mit Hacken und Schaufeln zu beseitigen. Ihre Anstrengungen schienen nicht gerade von Erfolg gekrönt zu sein.

»Man gut, dass das Erdreich noch so tief vereist ist. Damit werden sie einige Mühe haben«, dachte Valckenburgh laut.

»Das schaffen die nie!«, bestätigte ich und fuhr grinsend fort: »Deswegen haben sie ja alles, was Füße hat, hier zusammengetrommelt. Und wir haben sie nun in der Falle.«

»Ich kann nicht umhin, dich endlich einmal zu loben, wie geschickt du uns hierhergelotst hast!«, sagte Valckenburgh anerkennend, kramte aus einer Geldbörse einen brandenburgischen Halbthaler hervor und überreichte ihn mir. Mein erstes Honorar brachte mich richtig in Verlegenheit.

»Und wie stellst du dir nun den Überraschungsangriff vor, junger Stratege?«

»Wir – das heißt, neun Eurer Leute – besteigen jetzt die Pferde, Herr Oberst, und als der zehnte werde ich …«

»… aber was wird aus mir? Bin ich zu gar nichts mehr nütze, Herr Adjutant?«, fragte Valckenburgh und kicherte.

»Zu nichts! Tatsächlich zu nichts! In diesem Gelände seid Ihr nicht mehr schnell genug, Herr Oberst«, fand ich. »Ihr werdet stattdessen hier auf der Feldherrnhöhe gebraucht, um dem Trompeter das Handzeichen für das Signal zum Angriff zu geben!«

Der Oberst ließ mich erstaunlicherweise gewähren. Die anderen neun setzten sich auf die unglaublich breiten Belgier. Die Oberschenkel wurden derart weit gespreizt, dass die Gesichter der Reiter Schmerz widerspiegelten. Ich dagegen war es gewohnt, auf den Sattel zu verzichten.

Wir standen bereit.

»Aber nun nichts wie ran an den Feind!«

Der Oberst brüllte und gab dem Trompeter das Zeichen. Der fetzte heftig und laut bitterböse Quarten mit zeterndem Stakkato in sein Horn. Die Zehnergruppe stürzte sich mit den Pferden von der Uferkante hinab auf den völlig überraschten Feind. Die Hamburger Musketiere hingegen blieben derweil in Reih' und Glied auf der Uferkante stehen. Sie hatten die schweren Luntenschloss-Musketen auf die mitgeführten Gabeln gelegt und zielten haarscharf über die Köpfe der Reiter, aber auch über die zu Fußsoldaten degradierten Lüneburger hinweg. Die Gegner versuchten, eine Phalanx zu bilden, und drohten mit allem, was sie bei sich hatten, mit Hacken, Spaten, Schaufeln. Langsam rückten sie näher. Das Nachladen der Luntenschloss-Musketen dauerte schon viel zu lange.

»Nehmt die Säbel in die Faust!«, schrie Valckenburgh.

Endlich! Das war ein Befehl, ganz nach meinem Herzen. Da ich der Schnellste war, setzte ich mich an die Spitze und galoppierte der Lüneburger Phalanx entgegen. Die Feinde schauten auf mich, den Anführer – und etwas Merkwürdiges geschah. Einer der Gegner, der wütend auf mich zurannte, ließ plötzlich die schon zum Schlag erhobene Schaufel fahren, fasste sich mit beiden Händen an den Kopf und brüllte seinen Mitstreitern zu:

»Da, seht nur: der Schwarze Reiter!«

Der Schreiende machte auf den Hacken kehrt und riss die anderen mit sich zurück. Sie humpelten und rannten, flohen und verschwanden im Auewald. Der Hamburger Stoßtrupp ließ sie entkommen. Nach einer halben Stunde war der Spuk vorbei. Es hatte keine Toten, nur Leichtverletzte gegeben. Ich fragte den Oberst: »War das so in Eurem Sinn? Eigentlich hätten die Lüneburger mehr Prügel verdient!«

Van Valckenburgh nahm den Hut ab und putzte mit dem Handschuh den Staub vom edlen Statussymbol. Seine Antwort glich eher einer Predigt:

»Verdient? Vielleicht! Aber jeder Tote weckt neuen Hass. Und je mehr Feinde man tötet, umso zahlreicher kehren sie irgendwann wieder, wollen Rache nehmen und bringen obendrein noch ihre Nachbarn mit. Ich kenne mich in dem Handwerk aus, mein Lieber, obwohl es nicht meinen Lebensinhalt bestimmt. Wir könnten noch weit Schlimmeres tun, nämlich über die Elbe gehen, das Lüneburger Land besetzen, auch drüben die Höfe niederbrennen und unsere Jungbauern dort ansiedeln. Eine derart ungerechte Siedlungspolitik würde den Hass des Gegners ins Unendliche steigern und irgendwann in der Zukunft einen Gegenschlag von kaum vorstellbaren Dimensionen provozieren. Hamburg würde in einen nie enden wollenden Krieg verwickelt, bevor die neue Stadtbefestigung steht. Die Stadt hat mich zum Festungsbaumeister bestellt, und ich möchte mein Werk abschließen, ohne noch einmal den Feldherrn spielen zu müssen. Die da heute in den Auewald entkommen sind, die sehen wir bestimmt nie wieder. Vielleicht schämen sie sich ja zu Tode, wenn du den lieben Gott recht artig darum bittest.«

Ich fragte: »Habt Ihr den Anführer erkannt? War das der Herzog persönlich, Herr Oberst?«

»Der Tolle Christian? Nein, oh nein! Das war heute irgendein Unterführer. Zu einer derart bescheidenen Operation gibt sich Christian nicht her. Außerdem hätte er mir bestimmt nicht gern begegnen mögen.«

»Ach ja? Und warum nicht?«

Valckenburgh sah keinen Anlass zu weiteren Erklärungen. Nur ein einziger Feind war übriggeblieben. Er hatte sich in die Nähe eines leichten Schlittens geschleppt und war dort zusammengekrümmt im nassen Schnee liegen geblieben. Valckenburgh wollte es genau wissen und stapfte zu dem Mann hinüber. Ich folgte ihm. Der Oberst beugte sich über den Verletzten. Er bemerkte sofort, dass die Verwundung ganz unbedeutend war und der Mann leicht hätte fliehen können. Warum war er zurückgeblieben? Van Valckenburgh half ihm beim Aufstehen und winkte zwei Männer heran, die den Simulanten abführen sollten.

Aber als der Oberst sich gerade von ihm abwandte, sprang der Kerl auf, hängte sich an ihn und lallte ihm unverständliches Zeug ins Ohr. Ich verfolgte das Geschehen aus der Nähe, war sofort zur Stelle und warf den Mann kurzerhand zu Boden. Es überkam mich, ich schlug auf ihn ein, trat ihm in den Bauch und gegen den Kopf, ja, ich wollte ihn für all die in den letzten Tagen an den Bauernfamilien in den Vierlanden verübten Verbrechen büßen lassen. Ich hätte ihn mit bloßen Händen erwürgt, da fühlte ich mich von Valckenburgh an den Schultern gepackt und zurückgerissen.

»Bist du noch bei Sinnen? Komm' wieder zu dir!«, rief er wütend. »Er wollte mir offensichtlich etwas Wichtiges mitteilen. Hoffentlich wird er sich schnell erholen, um seine Nachricht an mich loszuwerden! Du bleibst jetzt bei ihm, bis er wieder zu sich kommt, und sorgst mir dafür, dass ihm kein Leid geschieht. Lass ihn nicht aus den Augen und sag mir Bescheid, sobald er ansprechbar ist! Verstanden?«

Ich gehorchte missmutig. Das hatte ich nun davon, einen Angriff auf Oberst van Valckenburgh erfolgreich abgewehrt zu haben. Der Oberst und sein Stab kontrollierten noch einmal gründlich das Gelände. Sie stellten fest, dass der Feind geschlossen abgerückt war. Dennoch blieb Valckenburgh unruhig. Man spürte, dass er nicht rundum zufrieden war. Schließlich ordnete er den Rückzug an und ermahnte mich nochmals, dem bewusstlosen Simulanten beim Rücktransport auf einem leichten Schlitten meine ganze Fürsorge zu widmen.

*

AUF DEM HADELER HOF wurde es lebendig. Mägde und Knechte trugen Tische und Bänke aus dem Geräteschuppen und stellten sie im Hauptgebäude auf der Diele auf. Der große Herd wurde angeheizt und verströmte Wärme bis in die hintersten Ecken. Außerhalb der Schlupfpforte stand ein mächtiges Bierfass zum Anzapfen bereit, willkommene Erfrischungen verheißend. Holzteller und Holzlöffel, Bier- und Wasserbütten wurden ausgeteilt und den jeweiligen Sitzplätzen zugeordnet, eingelagertes Obst zur Dekoration auf die Tische gezaubert. Mehrere Ferkel hatten ihr Leben lassen müssen und schmurgelten – mit Rosmarin angereicherte Düfte verbreitend – an Spießen über gut versorgten Feuern auf dem Vorplatz. Die Gäste durften kommen.

Die Vorbereitungen waren noch in vollem Gange, als wir, die zehn Reiter, auf dem Hadeler Hof eintrafen. Kaum mehr gewohnt, ihre Füße als Gehwerkzeuge zu benutzen, schlurften 25 Söldner knochenlahm hinter uns her und nahmen jede Pfütze mit. Am Hofgatter stand der Melker, der Ausschau nach uns halten sollte. Auf der Tenne erwartete uns Detert. Fröstelnd stand er mit umgeschlagenen Armen da. Seine Gestalt erschien heute noch kleiner, schmächtiger und kränklicher als sonst. Die grauen Augen hatten jedoch alles im Blick. Wen sie trafen, der wusste, ohne dass es vieler Worte bedurfte, was zu tun war.

»Da sind wir, Detert«, rief ich ihm zu. »Dem Herrn Oberst van Valckenburgh ist es gelungen, mit nur 35 Leuten an die 60 Feinde daran zu hindern, den Deich weiter zu demolieren. Sie wurden in die Flucht geschlagen.«

Der Oberst unterbrach mich lachend: »Nu lass das mal! Ich habe dein Lob wahrlich nicht verdient. Ich muss schon sagen, von Have, dein kleiner Bruder, der Jonas – ein wahrer Stratege! Er hat den größten Anteil an unserem Erfolg. Er hat uns, vor den Augen des Gegners verborgen, geschickt und zügig nach Altengamme geführt und vor Ort die Lüneburger mit einem Trick so furchtbar erschreckt, dass die sich zur Flucht wandten und die Schlacht um den Deich deswegen ausfiel.«

Ich hatte mich den Tag über derart verausgabt, dass ich beinahe im Stehen einschlief. Ich schlich in die belebende frische Luft zurück, Valckenburgh eilte mir nach und packte mich an der Schulter.

»Ich bin todmüde, Herr Oberst. Was gibt es denn noch?«

Valckenburgh wurde streng: »Nimm dich zusammen, Jonas! Wir haben noch einiges von Dringlichkeit zu erledigen. Zunächst möchte ich wissen: Wo hast du unseren Gefangenen untergebracht?«

»Dem konnte ich doch schlecht einen Schlafplatz im Heu bei den anderen anbieten. Ich hab' ihm die freie Knechtekammer zurechtgemacht und ihn dort eingeschlossen«, erklärte ich schläfrig.

»Sehr gut. Hoffentlich erholt er sich schnell! Ich möchte, sobald dies möglich ist, ihn persönlich verhören. Ich hätte zu gern gewusst, was er mir sagen wollte, bevor du ihn zu Boden schlugst«, murmelte der Oberst.

Was sollte ich dazu sagen! Ich machte mir die schwersten Vorwürfe.

»Aus bestimmten Gründen hatte ich dich gebeten, ihn nicht aus den Augen zu lassen. Schläft er?«

»Ob jetzt noch, weiß ich nicht, Herr Oberst.«

Valckenburgh starrte ungeduldig in die Nacht.

»Dann sieh nach, Jonas!« Man sah es ihm an: Er witterte Ungemach. Dann wandte er sich abrupt nochmals an mich: »Ich darf nicht länger warten. Ich muss sofort mit dem Gefangenen reden. Führe mich zu ihm!«

Ich ging voraus, drückte am Eingang zur Tenne Valckenburgh eine Öllampe in die Hand. Ohne mich noch einmal umzudrehen, kroch ich die Leiter zum Heuboden über dem Kuhstall hinauf und erwartete dort den Oberst.

»Die Tür zur Knechtekammer steht ja offen. Was hat das zu bedeuten!«, wollte Valckenburgh wissen.

Langsam tastete ich mich in den Raum hinein und beleuchtete das Krankenlager. In diesem Augenblick zuckte ein Blitz übers Haus, dessen Lichtstrahl durch das Fenster in die Knechtekammer fuhr und sie grell ausleuchtete. Gleichzeitig krachte ein Donnerschlag und ließ das Gebäude erzittern. Wintergewitter! Der Oberst war hinter mich getreten und nahm das wahr, was mir gerade vor Augen stand, bevor sich mein Magen umdrehte. Ich schaffte es noch, kehrtzumachen und am Oberst vorbei aus dem Raum zu stürzen. Dann fiel ich ins Heu und übergab mich. Als ich wieder zu mir kam, stand Detert an meiner Seite, reinigte mir Mund und Gesicht und half mir die Leiter hinunter auf die Tenne.

Der grauenvolle Anblick, der mich niedergeworfen hatte, stand mir lange ins Gesicht geschrieben. Stotternd, immer wieder von Würgeanfällen überwältigt, versuchte ich, Detert das

Gesehene zu beschreiben: Der Körper des Gefangenen liege, zerfleischt von unzähligen Messerstichen, blutüberströmt auf dem Bett. Am schlimmsten sei der Anblick des kaum mehr erkennbaren Kopfes. Dem Gefangenen sei ein großer Hammer ins Gesicht gefahren, habe, soweit erkennbar, die Wangenknochen und das Nasenbein durchschlagen, sei tief vom Mund her in die Gehirnmasse eingedrungen und stecke noch immer darin!

Ein Häufchen Elend trat an Valckenburgh heran und versuchte, sich für den Tod des Gefangenen zu rechtfertigen: »Ich bitte um Verzeihung, Herr Oberst!«, setzte ich an und schluckte dabei. So etwas hätte ich in meinem Leben noch nie gesehen. Ich versprach, die Knechtekammer wieder in Ordnung zu bringen und den Toten …

Valckenburgh unterbrach mich: »Kein Wort mehr! Wir reden später darüber. Hier haben die Wände Ohren und die Feinde sind unter uns.«

Der Oberst zog mich in eine Ecke neben dem Herd, die zusammengepressten Lippen verrieten, dass er mir etwas Vertrauliches übermitteln wollte:

»Als du aus dem Verschlag gestürmt kamst, habe ich mich noch rechtzeitig zur Seite geworfen, um nicht vom Strahl deines Mageninhalts getroffen zu werden. Dabei fiel das Licht meiner Lampe auf die Bretterwand über dem Lager des Toten. Dort hat der Mörder ein Zeichen hinterlassen, ein mit frischem Blut geschriebenes riesengroßes X. Wir haben uns darauf einzustellen, dass uns ein kaum fassbarer Gegner auf Schritt und Tritt folgt und jederzeit zuschlagen kann. Genau das ist es, was er uns deutlich beweisen will, um uns Angst zu machen. Wenn wir ihm einen Schritt voraus sein wollen, müssen wir herausfinden, was der Ermordete uns mitteilen wollte. Um ihn daran zu hindern, musste er sterben. Vielleicht trug er etwas bei sich, das uns erklärt, worum es ging. Darum wird es wichtig sein, ihn auszuziehen und seine Kleidung und alle Taschen genauestens zu inspizieren. Verstehst du?«

Ich nickte und zwang mich, den Ekel zu unterdrücken, als ich an die bevorstehende Untersuchung dachte. Dann wagte ich mich erneut auf den Heuboden. Unterstützt von einem Hausknecht schaffte ich den Leichnam nach unten und wusch den Riesenhammer, das Tatwerkzeug, ab. Dabei stieß ich auf die Schmiedemarke, die an der Seite des Hammerkopfs angebracht war. Danach kroch ich die Leiter wieder hinauf, um die restlichen Arbeiten in der Knechtekammer zu erledigen.

Als ich noch einmal mit meinem Putzzeug an Valckenburgh vorbeikam, bekam ich mit, wie er meinen Bruder ansprach.

»Sag mir, Detert von Have! Könntest du dir vorstellen, den Jonas in Zukunft ganz zu entbehren? Du hast ja soeben miterlebt, von welchen Gefahren wir umgeben sind. Ich brauche einen Mann, der das Gras wachsen hört und die geringsten Anzeichen aufkommender Bedrohungen wahrnimmt. Das sind Fähigkeiten, die Jonas besitzt. Er lernt ständig hinzu, ist geschickt, umsichtig und hilfsbereit. Er ist talentiert für den Posten eines militärischen Beobachters, dabei immer höflich und umgänglich, sodass ich ihn gern als meinen Adjutanten anstellen würde – sowohl im Bereich meiner militärischen Aufgaben als auch im Hinblick auf eine Beaufsichtigung des noch nicht geschlossenen Bastionen-Ringes. Ich benötige einfach Hilfe und den besten Mann, der mich rechtzeitig vor denkbaren Angriffen auf die leicht verwundbare Großbaustelle in Hamburg warnt.«

»Und unser Jonas wäre dieser Mann?«, fragte mein Bruder ungläubig zurück. »Wie Ihr bereits von mir erfahren habt, hatten sich unsere Eltern etwas anderes für ihn vorgestellt. Jonas sollte nach Prag gehen, um dort zu studieren. Aber warum nicht? In der Landwirtschaft kann er nichts aus sich machen. Mein Sohn Peter wird nach mir den Hof übernehmen. Letztlich wird entscheidend sein, wie weit Jonas meine Äußerungen zu seiner Herkunft verkraftet hat.«

»Du bist also der Ansicht, Jonas würde einwilligen?«, fragte der Oberst.

»Nicht nur er – auch ich bin jetzt einverstanden. In diesem Augenblick kommt uns ein solches Angebot bestimmt nicht ungelegen, denn mehr als eine gute Anstellung bei Euch kann er unter den aktuellen Verhältnissen wohl kaum erreichen. Wenn Jonas gehen möchte, darf und will ich ihm nicht die Zukunft verbauen.«

In diesem Augenblick tauchte ich vor der Tür zur Knechtekammer wieder auf. Meine Verlegenheit wegen des Gehörten konnte ich leicht überspielen, weil ich etwas gefunden hatte, das den Oberst interessieren würde.

»Da Ihr doch sagtet, alles könne wichtig sein«, erzählte ich, »habe ich nicht nur die Kleider des Toten kontrolliert, sondern auch den schweren Bettkasten beiseite gewuchtet und den Fußboden abgesucht. Dabei habe ich etwas gefunden, wonach der Mörder offensichtlich vergeblich gesucht hat: Ein winziges Doppelgefäß aus Glas, es besteht aus zwei kleinen würfelförmigen, Rücken an Rücken miteinander verschmolzenen Fläschlein. Eine der beiden Phiolen enthält ein weißes Pulver, die andere eine ähnlich pulverige Substanz, nur pechschwarz. Beide Fläschlein sind mit einem umlaufenden Papierstreifen beklebt. Wenn ich es richtig lese, erkenne ich auf der Vorderseite zwei Buchstaben, ein großes C, dann einen Punkt. Es folgen ein B, ein Kreuzzeichen und ein N mit noch einem Punkt mehr. Die gegenüberliegende Seite zeigt ein schlossartiges Gebäude. Und unter dem Schloss sieht man mehrere Zahlen, offenbar ein Datum! Was mag das Ganze bedeuten?«

»Ein schlossartiges Gebäude?«, murmelte Valckenburgh, betrachtete die Darstellung auf dem gläsernen Behälter und konstatierte überrascht: »Das ist die vereinfachte Darstellung der Lüneburger Rathausfassade!«

»Und die Buchstaben?«, fragte Detert.

Valckenburgh zuckte mit den Brauen: »Sehr rätselhaft, aber wir werden es herausfinden.«

»Ich habe noch etwas auf dem Fußboden entdeckt, wahrscheinlich ist es unwichtig«, schaltete ich mich wieder ein und legte ein winziges rotes Bruchstück von wachsartiger Konsistenz auf den Tisch.

»Unwichtig? Sehr wichtig sogar, lieber Jonas«, korrigierte mich der Oberst. »Das ist Siegellack, der Rest eines erbrochenen Siegels! Der Erschlagene hatte also einen Brief bei sich, den er mir möglicherweise übergeben sollte. Der dürfte nun seinen Mördern in die Hände gefallen sein. Der Fall wird immer verzwickter.«

Valckenburgh nahm mich ein paar Schritte beiseite, damit uns niemand zuhören konnte, auch Detert nicht.

»Der Gefangene wollte mich, wenn ich seine Aktion richtig deute, auf neue, uns bisher nicht bekannte Gefahren aufmerksam machen. Es gibt Anzeichen dafür, dass in unserer Stadt der Geheimagent einer fremden Macht aus dem Hintergrund agiert und unsere Arbeit, die Stadt Hamburg gegen existenzbedrohende künftige Gefahren abzusichern, politisch hintertreibt. Ich kann mich nicht persönlich darum kümmern. Diesen Anzeichen nachzugehen liegt mir nicht. Du hast die richtige Spürnase, du witterst die Gefahren, bevor sie eintreten. Ich würde dich nunmehr gern als meinen Adjutanten einstellen, ohne den Geschäftsbereich öffentlich bekannt zu geben. Komm mit mir nach Hamburg! Eine Wohnung kann ich dir zur Verfügung stellen.«

»Und mein Bruder? Wie soll der ohne mich die Ernte …?«

»Ich habe mit ihm gesprochen. Er denkt vor allem an deine Zukunft und ist einverstanden.«

Ich fühlte mich geschmeichelt.

»Nun ja, wenn Ihr glaubt, dass Ihr mich brauchen könntet und mir sogar die Unachtsamkeit bei der Bewachung eines Gefangenen verzeiht, bin ich gerne dabei – jedoch erst gegen Ende des Sommers. Ich kann den Bruder zur Erntezeit nicht ganz im Stich lassen.«

Valckenburgh zog ein Kärtchen aus dem Ärmel, kritzelte einen Termin und seine Hamburger Anschrift darauf und drückte es mir in die Hand.

»Damit du nicht unnötig Zeit bei der Sucherei in Hamburg vertust, schau dir die Wegskizze auf der Rückseite an!«

Ich nahm das Kärtchen mit beiden Händen, schaute darüber hinweg und ließ mich von dem neuen Glück gefangennehmen. Das war eine Zukunft, mit der sich etwas anfangen ließ.

RIECKE – DIE VERFÜHRUNG

EIN MERKWÜRDIGES GEFÜHL im Hals, als müsse ich Tränen schlucken, stellte sich ein, als die Stunde nahte, den Hadeler Hof zu verlassen. Detert hatte den Rappen vor den kleinen Kastenwagen gespannt, mit dem er an Markttagen Gemüse und Grünzeug auf den Hamburger Hopfenmarkt lieferte. Heute lag nur ein Reisebündel auf der Pritsche, in dem ich meine Habe verstaut hatte. Ich hatte mich extra fein gemacht, trug knielange Bundhosen, dazu Halbschuhe, ein langärmeliges Leinenhemd mit breitem Kragen und darüber eine vorn durchgeknöpfte und oberhalb der Hüfte gegürtete Weste. Meine blauschwarze Mähne wurde durch eine kegelförmige Wollmütze, die am Unterrand einmal umgekrempelt war, nach den Schläfen hin gebändigt. Für die Jahreszeit war ich ausreichend warm gekleidet, aber die Aufregung machte mich schwitzen.

Wieder und wieder schaute ich während der Fahrt mit Detert auf das im Würgegriff meiner Finger zerknüllte Kärtchen mit der Lageskizze, einer Ansicht und der Anschrift des Stadtpalais, in dem der Festungsbaumeister residierte. Würde ich den Ansprüchen des großen Valckenburgh genügen? Noch konnte ich Detert bitten, mit mir gemeinsam nach Hause zurückzukehren. Aber nein! Das Schicksal riss mich mit sich.

Wir hatten soeben das Steintor passiert und näherten uns über die mit ihrem Namen Speersort an Kampfzeiten erinnernde Straße dem Ziel. Detert raffte die Zügel und brachte mit einem kräftigen »Brrr ...« Pferd und Wagen zum Stehen.

Ich zögerte, dann legte ich dem Bruder die Hand auf die Schulter: »Ich danke dir für die schöne gemeinsame Zeit auf dem Hof!« Im Absteigen fügte ich hinzu: »Verzeih, dass ich deine Fürsorglichkeit nicht immer verstanden habe!«

»Ach Jonas«, gab er zur Antwort, »du bist ja nicht aus der Welt. Der Hof ist dein Zuhause. Wir sind und bleiben doch zwei Brüder!«

Der Bauernwagen rumpelte davon, ich stand vor dem riesigen, düsteren Kasten, der sich Stadtpalais nannte! Darin konnte man wohnen – und auch frei atmen? Ehe ich mich hineintraute, wollte ich mich vergewissern, ob die auf dem Kärtchen skizzierte Ansicht mit der Wirklichkeit übereinstimmte. Wie gut, dass Valckenburgh mir kurz und knapp die Grundbegriffe für die Gliederung derartiger Gebäude erläutert hatte! Das Haus bestand aus einem Erdgeschoss und zwei weiteren Geschossen darüber, jeweils mit acht Fenstern ausgestattet. Im ersten Obergeschoss waren sie besonders hoch. Auf dieser Ebene, das wusste man, wohnten die ganz feinen Leute. Hinter den kleineren Fenstern weiter oben fände man dann die Bediensteten einsortiert. Bei genauerem Hinsehen bemerkte ich die vertikale Teilung des Hauses in drei Trakte, einen Mitteltrakt mit jeweils zwei Fenstern sowie zwei außen liegende Trakte mit drei Fenstern nebeneinander. Ganz rechts wohnte angeblich Vinzent Moller, der Hauseigentümer. Den linken Trakt habe Moller ihm, Valckenburgh, für mehrere Jahre zur Verfügung gestellt. Ganz, ganz oben würde nun ich, der Adjutant, in der Dachwohnung über dem Lebensbereich seines Dienstherrn Unterschlupf finden.

Also hinein in die Wohnschachtel der fein abgestuften Karrieren! Entschlossen nahm ich die Stufen zu dem mit Säulen prangenden Mittelportal in Angriff. Das kunstvoll geschmiedete und bemalte Eisengitter stand offen. Aber schon auf der Treppe zum ersten Obergeschoss sank mir der Mut in die Kniekehlen. Ich versuchte, leise aufzutreten, und erschrak. Das derbe Knarren der Stufen, verstärkt durch den Widerhall des kirchenhohen Treppenhauses, machte jede Vorsicht zunichte. Später kam die Erleuchtung, dass es die Sprache der Baukunst war, die mich eingeschüchtert und mein Selbstbewusstsein erschüttert hatte. Ich erreichte den Treppenabsatz des ersten Stocks und fand zur Linken die hohe Tür zur Wohnung des Festungsbaumeisters. Ich nahm allen Mut zusammen und klopfte energisch – keine Reaktion. Ich wartete, dann wiederholte ich meine Klopfzeichen. Stille.

Ich ließ mich auf der obersten Treppenstufe nieder, legte mein Bündel auf die Seite und übte mich in Geduld. Wie würde Valckenburgh mich empfangen? Herzlich? Freundlich? Dienstlich nüchtern? Im Haus rührte sich noch immer keine Seele – ich dämmerte allmählich ein.

Ich sehe die Kerle vor mir, ganz nah, wie sie sich mühen, mit der Spitzhacke die gefrorene Grasnarbe und die Erdkruste darunter aufzuschlagen, dann in die Tiefe graben und schließlich in einem Loch unter der Deichkrone verschwinden. Was wollen die da noch! Sie haben doch längst über die anderen gesiegt und sie … Aber aus der Tiefe hört man immer wieder die Spitzhacke in gefrorenem Erdreich rackern, Schaufel um Schaufel fliegen schwarze, bröckelnde Erdklumpen von da unten herauf. Ich geselle mich zu den Arbeitern, die mit aufgerissenen Augen in die Tiefe glotzen. Jetzt bücken sich die zwei in der Grube, sie scheinen etwas gefunden zu haben und graben wie die Wilden, graben mit vor Kälte geschwollenen

Fingern tiefer, fassen nach und lösen vorsichtig ein Brett aus dem frostigen Grund. Sie säubern es mit einem Lappen. Gleich sieht man mehr – den Teil eines unvollständigen Schnitzwerks, das in ovaler Form aus einem ursprünglich größeren Relief herausgeschnitten worden ist. Es zeigt einen Reiter im Harnisch, dessen Pferd vor einem Hindernis in die Höhe geht. Der Reiter wirft sich mit der Schulter und seinem ganzen Körpergewicht auf eine Lanze und stößt sie in die Tiefe. Beim Stoß wirft er den Kopf mit voller Wucht nach vorn, dass das Haupthaar wie ein Wasserfall herabfällt und den Kopf umströmt. Nur die schwarzen Augen durchdringen das Haardickicht und starren mich an. Erst später fällt mir die farbliche Gestaltung auf – Reste einer bunten Bemalung des römischen Feldherrnmantels und des Zaumzeugs. Aber das olivfarbene Inkarnat des Gesichts, des Halses und der Arme ist, wie es scheint, der naturbelassenen, ausschließlich polierten Oberfläche des Holzes abgewonnen.

Ich bin allein. Die Arbeiter sind fort. In der Ferne höre ich schwächer werdendes Hufgetrappel und das Rauschen des Elbwassers, das sich den Weg durch eine neue Schneise im Deich in das alte Flussbett der Gose-Elbe bahnt. Ist es das Rauschen vom Wasser oder das Rauschen eines Kleides, einer Schleppe? Ich spüre einen süßen Duft in meiner Nähe, dazwischen Trippelschritte auf hölzernen Dielen!

Eine zarte Hand streifte meine Stirn. Das fremde Gesicht wurde von goldblonden Spirallocken umrahmt. Die Frau, die deutlich älter war als ich, trug ein enganliegendes Ballkleid mit großem Dekolleté und weit geschnittenen Ärmeln aus rosig changierender, silberner Seide, das ihren Körper atemberaubend zur Geltung brachte.

»Hab ich dich geweckt?«, fragte sie so zart und anrührend

wie eine Mutter. »Der Herr Oberst und ich hatten dich nicht so früh erwartet. Ich heiße Riecke und bin seit langem mit Johan befreundet. Jetzt darf ich dich aber endlich in unsere Wohnung bitten!«

Sie half mir auf die Beine und führte mich durch die mächtige Etagentür in einen Festsaal, dessen hohe Fenster ich von der Straße bewundert hatte. Sie wies hinunter, wo in diesem Augenblick eine Kutsche eintraf.

»Da kommt er. Oh, oh! Ihm ist eine Laus über die Leber gelaufen. Wundere dich nicht, wenn er sich zuerst ziemlich barsch aufführt!«

Die Saaltür flog auf, Valckenburgh stürzte auf mich zu und packte meine Schultern.

»Es geht schon los, mein lieber Herr Adjutant! Der Tolle Christian hat die Feiglinge Dodo zu Inn- und Knyphausen sowie Blasius Eckenberger zu einem baldigen Geheimgespräch eingeladen!«

Was für eine Begrüßung! »Das verstehe ich nicht!«, erwiderte ich überrumpelt. »Ich denke, Freiherr Dodo ist immer noch Oberkommandierender des Hamburger Stadtmilitärs und Euer Vorgesetzter! Dieser Dodo trifft sich mit unserem Feind? Ich habe gehofft, dass Dodo mich zu sich kommandiert, damit ich mich ihm als Euer Adjutant präsentiere.«

»Deine Stelle zu meiner Unterstützung auszuweisen habe ich Dodo bereits vor 14 Tagen gedrängt und wollte ihn deswegen heute in seinem Sekretariat sprechen. Seine Mitarbeiter wussten gar nichts von meinem Gesuch. Angeblich habe nicht einmal eine Gesprächsnotiz vorgelegen. Auch die Hamburger Kämmerei, bei der ich gestern wegen deiner Entlohnung angeklopft habe, war nicht darüber im Bilde, mir einen Adjutanten zu finanzieren. Daraufhin verlangte ich, zu Dodo vorgelassen zu werden. Er wolle jetzt nicht mit mir sprechen, hieß es, und ohnehin werde aus Kostengründen mein Gesuch von seinem Sekretariat nicht weiter verfolgt. Im Übrigen habe er weder heute noch morgen Zeit für mich, da er einen wichtigen Termin in Lüneburg vorbereiten müsse«, sprudelte Valckenburgh hervor. »So geht man mit dem für Hamburg tätigen Festungsbaumeister um, lieber Jonas.«

»Das würde ja heißen«, erwiderte ich, »Dodo verhält sich seinem Arbeitgeber, der Stadt Hamburg, gegenüber ganz und gar nicht korrekt und behindert die Einstellung von Mitarbeitern, die ihm nicht aus der Hand fressen.«

»So ist es. Der Herr Oberkommandierende wird sich noch wundern. Ich durchkreuze seine Spielchen, indem ich dich, meinen Adjutanten, nunmehr auf eigene Kosten beschäftige. Das bedeutet: Du darfst den Dodo ab sofort gefahrlos beobachten, weil er nichts von dir weiß und sich bestimmt nicht vorstellen kann, dass jemand für mich arbeitet, der nicht aus seinem Budget bezahlt wird.«

Valckenburgh öffnete seinem Adjutanten die Augen für einen ersten Blick hinter das Gestrüpp von Intrigen und Korruption, das den Rat und die Behörden der schönen alten Stadt Hamburg zu überwuchern drohte.

»Wird er uns gefährlich?«, fragte ich immer noch ungläubig.

»Meine ganze Arbeit für die Verteidigung der Hansestadt stünde auf dem Spiel, wenn Dodo sich mit unseren Feinden zusammentäte. Nur ist es eben schwierig, ihm derartige Absichten nachzuweisen. Dodo hat überall im Rat seine Gönner sitzen, die er durch Beteiligung an seinen Einnahmen besticht und sich durch Verstrickung vieler Abhängiger unangreifbar macht. Niemand wird ihn wegen seines Versagens in den Vierlanden zur Rechenschaft ziehen. Im Gegenteil! Man würde mich, den Festungsbaumeister, wüst beschimpfen und es Dodo weitersagen, wenn bekannt würde, dass ich ihn der Illoyalität gegenüber Hamburg bezichtige. Ich sehe mich aber in meinem Verdacht bestärkt, weil ich durch Zufall Wind von einem Geheimtreffen in Lüneburg bekommen habe, an dem der Tolle Christian, Dodo für Hamburg und Blasius, der Oberkommandierende aus Lübeck, teilnehmen werden. Das macht mich einigermaßen ratlos, denn ich habe keine Idee, welchen Vorteil ich aus diesem Wissen ziehen soll!«

»So schwer kann das doch nicht sein«, bedeutete ich ihm forsch.

»Wieso nicht?«

»Ich könnte ja versuchen, bei diesem Geheimgespräch Mäuschen zu spielen. Wäre doch ab sofort sowieso meine Aufgabe – oder nicht?«

»Du bist wahnsinnig! Willst du dich umbringen? Die machen kurzen Prozess mit dir, wenn sie dich erwischen!«

»Dazu wird es nicht kommen, Herr Oberst«, verkündete ich. »In meinem Hinterkopf wird gerade ein Plan geboren. Nach den Schwächen des Tollen Christian hatte ich mich bereits erkundigt, als wir mit ihm am Gammerdeich rechnen mussten. Er trinkt jede Menge Bier und verliebt sich sofort in jede als solche erkennbare Frau. Wenn er mit den alten Strategen Dodo und dem Lübecker Blasius zusammenkommt, wird er sie zweifellos nicht ins Lüneburger Rathaus einladen, sondern dorthin, wo es das beste Bier gibt. Das werde ich herausfinden. Wählerischer ist er mit den Frauen auch nicht. Eigentlich liebt er nur eine Einzige, die ich aber nicht nach Lüneburg zaubern kann. Ich könnte … ja, ich könnte es vielleicht mit Mummerei versuchen.«

»Wie? Mummenschanz? Maskerade? Das klingt teuer!«

»Richtig, Herr Oberst! Tut mir leid, dass meine Gedanken so aufwendig sind. Wann soll die Begegnung stattfinden? Habe ich noch Zeit, eine Kostenaufstellung vorzubereiten, in der alles aufgeführt sein wird, was beschafft werden muss? Wohl sehr kurzfristig, wenn ich Euch richtig verstanden habe! Ob wir uns da rechtzeitig einig werden?«

Der Oberst war nicht aufzuhalten: »Verlass dich auf mich! Du hast freie Hand.«

»Dann bereite ich alles vor und werde meine Freundin Anna, die mir helfen muss, sofort ins Bild setzen, Herr Oberst.«

Das kam mir nicht mehr so selbstsicher über die Lippen. Ich hockte auf meinem Stuhl und kaute auf den Fingernägeln. Hoffentlich würde die kleine mutige Anna mitspielen! Ohne sie wäre mein Plan für die Katz.

»Jetzt reicht es aber, Jan!«, mischte sich die schöne Riecke ein, die uns zugehört hatte. »Unser Gast ist todmüde und hat noch nicht einmal sein Zimmer gesehen, da überfällst du ihn schon mit gefährlichen Aufträgen. Merkst du gar nicht, dass er gleich umfällt?«

Valckenburgh schaute erstaunt auf und murmelte »Verzeihung!« Dann ermunterte er Riecke, seinen Adjutanten in die Dachwohnung zu begleiten und ihn in die Räumlichkeiten einzuweisen. Ich verabschiedete mich und stiefelte hinter Riecke meiner künftigen Behausung entgegen. Unterwegs zweifelte ich an meinem Verstand. Was trieb mich dazu, den Mund so voll zu nehmen! Wenn mein waghalsiges Vorhaben nun in einer Katastrophe enden würde!

Riecke beließ es nicht bei der Einweisung in die Räume. Dass sie bei der Auswahl des weichen und geräuscharmen Himmelbetts alle erdenkliche Sorgfalt hatte walten lassen, wollte sie mir unverzüglich beweisen. Peinlich war, dass sie von mir erwartete, an ihrer Demonstration aktiv mitzuwirken. Für die mir zugedachte Rolle brachte ich nicht die geringsten Erfahrungen mit und schreckte davor zurück, Riecke diesen unmännlichen Mangel zu gestehen. Mit der Bemerkung, ich sei viel zu warm angezogen, löste sie meine vor der Brust gekreuzten Arme und entkleidete mich.

»Bitte nicht!«, flehte ich. »Was machen wir, wenn er gleich die Treppe heraufkommt!«

»Das wird er nicht, du Dummerchen! Ihm gefällt es, wenn ich mir ein wenig Abwechslung gönne.«

Sie entwand mir das Kleidungsstück, das meine Scham bedeckte und versuchte, mich zu küssen. Ich entzog mich, aber ich hätte fluchtartig die Wohnung verlassen müssen, um ihren Nachstellungen erfolgreich zu entkommen. Halb von Riecke angezogen, halb von ihr eingeschüchtert, zog ich die Haarsträhne vors Gesicht und quer über die Lippen, sodass sich ihre Zunge im Gewirr der Haare verhedderte. Aber sie fand ihren Weg und ich redete mir ein, das Geschehen aus der Distanz zu verfolgen, was ich mir zu diesem Zeitpunkt aber selbst nicht mehr abkaufte. Riecke wusste so viel und sie wollte so viel und sie wollte es gleich, und ich, ich war ihr Lehrjunge. Ich musste nicht mehr tun als standzuhalten, Riecke wusste, wie es ging. Sie hatte nicht übertrieben: Das Himmelbett gab keine Geräusche von sich, dafür waren wir zuständig. Beim zweiten Mal war ich hörbarer als zu Beginn.

Als die Sonne uns weckte, war mein erster Gedanke: Jetzt beginnt eine neue Zeitrechnung. Bis gestern war ich keiner Frau so nahegekommen. Küssen, das war passiert. Berührungen, die waren passiert. Aber immer hatte sich Stoff zwischen meiner Hand und dem Mädchen befunden. Stets waren wir scheu, sehr ungeschickt und viel zu hastig gewesen. Jedes Mal war mehr Angst als Begehren im Spiel gewesen. Angst und Riecke – das schloss sich aus. Unsicherheit und Riecke – das waren verschiedene Welten. Erschöpfung und Riecke – das konnte ich mir nach dieser Nacht nicht vorstellen. Und … alsobald krähete der Hahn!

Donnerstag, 17. September 1620
ZWEI TAGE brauchte ich, um wieder zu Kräften zu kommen – körperlich und nervlich. Beim ersten Hahnenschrei des dritten Tages kam ich flotter aus den Federn. Ich kramte meine älteste Arbeitskleidung hervor, die ich fast täglich auf dem Hof getragen hatte. In einer Seemannskiste war verstaut, was ich für wenig Geld aus dem Fundus des Thespiskarrens eines alternden Schauspielers auf dem Markt an Masken, Harnischteilen, königlichen Gewändern und Herrschersymbolen hatte ausborgen dürfen. Dazu kamen Pluderhose, Stulpenstiefel, Wams und ein Hemd mit breitem Kragen sowie bestimmte Accessoires, die Valckenburgh mir als Dienstkleidung für besondere Gelegenheiten verordnet hatte. Sein Leibkutscher holte mich und die Kiste ab. Der Wagen hielt vor einer Jolle, die ich tags zuvor in den Oberhafen verlegt hatte. Alle Schiffe wählten diesen Ausgangspunkt, wenn sie nach Lüneburg, Lauenburg oder noch weiter elbaufwärts reisen wollten. Anna erwartete mich, löste am Steg die Leinen und sprang nach mir ins Boot. Sie war die beste Hand an Bord, ihr musste ich nichts sagen. Beweglich, schnell und ausdauernd tat sie das Notwendige. Aus der Nähe nahm man sie als klein wahr, schlank war sie. Aus der Distanz machte sie einen nachhaltigeren Eindruck, ihr goldenes Haar überstrahlte dann die Umgebung. Das sehr Auffällige an ihrem Gesicht waren große blaue Augen, die dauernd

in Bewegung waren und nur stillstanden, wenn sie drohende Gefahr erspähten. Wenn Anna etwas nicht passte, schob sie die Unterlippe stramm über die Oberlippe und sagte: »Hmm!«

Im Augenblick war sie mit allem einverstanden und wie ich darauf erpicht, mit dem ersten Morgenlicht das auflaufende Wasser zu nutzen, um sich von der Flutwelle bis zum Zollenspieker die Elbe hinaufbefördern zu lassen.

Ein leichter Nordwestwind begünstigte unser Vorhaben, füllte das Sprietsegel mit Druck nach vorn und trieb es so dem angestrebten Ziel entgegen. Von den Stränden der Elbinseln grüßten bis zur Bunthäuser Spitze die dicht belaubten Auewälder mit ihrem Bestand an uralten Baumriesen, denen die Überflutung ihrer Wurzeln bei Hochwasser nichts anzuhaben schien. Dann ging es hinein in den von Deichen eingefassten Bogen des gewaltigen Oberelbestroms, herum um die Vierlande bis an den zerstörten Stützpunkt Zollenspieker heran. Die Kraft des Flutstroms nahm allmählich ab und Stauwasser trat ein. Wir mussten uns beeilen und suchten in der Bucht oberhalb des Zollenspiekers eine flache Stelle am Strand. Hier ließ sich die Jolle ohne großen Kraftaufwand ins hohe Schilf an der Uferkante schieben, gut verstecken und ordnungsgemäß verankern, denn es galt, noch einmal in Ruhe sechs Stunden ablaufendes Wasser abzuwarten, um dann mit Stillwasser aufs Südufer hinüberzugehen und mit Beginn des nächsten wieder auflaufenden Stroms die Ilmenau hinaufzuschieben – allerdings auf einem anderen Schiff, das noch gefunden werden musste.

Nachdem dies alles bedacht war, wagten wir uns auf den arg ramponierten Anlegesteg des Zollenspiekers, um die aus Lübeck am frühen Nachmittag zurückkehrenden Salzschiffer zu erwarten.

»Wie gut, dass wir rechtzeitig eingetroffen sind«, meinte Anna. Ich nickte und bestätigte: »Die aus Lübeck zurückkehrenden Salzschiffer werden schon bald am Horizont erscheinen und sofort wissen, warum wir hier auf sie lauern. Die brauchen allein sechs Trekker, die vom Ufer aus an langen Leinen das Schiff die Ilmenau aufwärts nach Lüneburg ziehen. Sie werden sich um uns reißen, ihnen an Bord behilflich zu sein. Wenn wir in Lüneburg ankommen, wird uns niemand beachten, weil alle denken, dass wir zum Schiffsvolk gehören.«

»Gut ausgedacht«, lobte Anna.

»Bist du dir sicher, Anna? Der eine oder andere Kämpfer von der Schlacht am Gammerdeich könnte mich wiedererkennen.«

»Hmhm«, summte sie. »Dann sollten wir ihm das erschweren. Um dich ein wenig zu verunstalten, habe ich eine Schere eingesteckt.« Anna lachte, nahm eine Holzschüssel und stülpte sie mir wie einen Helm über den Kopf.

»Du musst jetzt sehr mutig sein«, drohte sie vergnügt. »In fünf Minuten ist alles vorbei. Ich beginne damit, alles, was unter dem Topf herausschaut, abzuschneiden. Im zweiten Gang kommt noch eine Tonsur hinzu.«

»Und wer, bitte schön, bin ich dann?«

»Ein Mönch auf seiner Pilgerreise.«

Ich nahm meinen Handspiegel heraus, betrachtete ein letztes Mal meine blauschwarzen Strähnen, insbesondere den Strähnenvorhang vor der Stirn und wurde energisch: »Nein! Das kannst du von mir nicht verlangen! Dann bleibt ja nichts mehr von mir übrig. Das käme einer Hinrichtung gleich. Im Übrigen passt die Mönchsfrisur nicht zu der Verkleidung, die ich für mich ausgesucht habe. Unser Toller Christian hat doch auch lange Haare, die er sich vor jedem Auftritt als Feldherr von einem Haarputzmeister kunstvoll verwüsten lässt.«

»Willst du riskieren, sofort erkannt zu werden?«

»Das muss ich in Kauf nehmen! Ich trage das Risiko. Es wird schon nichts passieren.«

»Wenn dir etwas geschieht, geht es auch mir an den Kragen. Bist du dir dieser Verantwortung bewusst?« Sie sah mich streng an.

»Gewiss! Deswegen stelle ich anheim, das ganze Unternehmen wieder abzublasen. Wir können in unser Boot steigen und nach Hamburg zurückfahren. Der Oberst wird Verständnis haben – haben müssen.«

»Daran möchte ich nicht schuld sein. Also, in Gottes Namen – auf nach Lüneburg! Doch wie nun weiter? Was habe ich mir unter einer Mummerei vorzustellen, von der du sprachst?«

Ich grinste sie an, riss einen Prunkharnisch aus meiner See-kiste, kroch hinein und stolzierte damit, herrische Gebärden vollführend und den himmelwärts gerichteten Augenaufschlag übend, den löchrigen Steg entlang. Anna krümmte sich vor Lachen. Als ich einen Blick elbaufwärts riskierte und einen ersten Salz-Kahn entdeckte, der auf uns zukam, wurde es ernst.

»Wir kriegen Besuch«, warnte ich. »Hilf mir schnell aus dem Harnisch heraus! Sonst fliegen wir mit unserer Maske-rade in Lüneburg auf.«

Der Harnisch war gerade verstaut, da schwoite der Salz-Kahn auch schon auf den Steg zu. Ich beeilte mich, die Land-leinen, die der Schiffer mir zuwarf, anzunehmen und an den morschen Pfählen zu befestigen.

»Was habt ihr beiden denn vor?«, fragte der Schipper.

Ich begriff sofort, dass der Mann Leute brauchte, und spulte fröhlich ab, was ich mir zurechtgelegt hatte: »Wir warten auf ein Schiff, das uns zwei, Hand gegen Reise, als Trekker nach

Lüneburg annimmt. Ich hab' schon häufiger beim Treideln geholfen und Schiffe gezogen.«

»Das wird ein hartes Stück Arbeit, wenn der Wind ausbleibt.«

»Ich weiß mir zu helfen, Schipper. Ist, wie gesagt, nicht das erste Mal.«

»Und deine Freundin?«

»Die? Ich weiß nicht mal, wie sie richtig heißt, aber die ist bei der Arbeit zäher und ausdauernder als so mancher Kerl.«

»Denn kommt man an Bord, ihr beiden! Was ist mit der Kiste?«

»Ja, die muss mit!«

»Also an Bord damit! Wir müssen wieder los.«

Der Niedrigwasserpunkt war neuerlich überschritten, und die Flut schwappte von Hamburg herauf. Die Zeit drängte, wieder abzulegen. Wir querten die Elbe und mussten schon hier kräftig rudern helfen. Dann schob die steigende Flut den kleinen Lastensegler in die Mündung der Ilmenau hinein. Das hohe Sprietsegel baumelte weiterhin schlapp wie ein nasses Handtuch vom Mast. Ich schickte Stoßgebete gen Himmel, als ich an das Treideln dachte, denn außer mir und Anna war nur noch ein einziger Schifferknecht an Bord. Der saß nahe beim Ruder mit gekreuzten Beinen auf der Frachtluke, ein gespenstisch magerer Kerl, den Blick starr nach innen gekehrt. Er würde wohl die gesamte Fahrt über bis Lüneburg dem Schipper an der Seite bleiben. Das Trekken, das Ziehen des schweren Kahns, würde allein Anna und mir zufallen. Meine Gebete wurden erhört, der Wind legte wieder so stark zu, dass man zwischendurch auf der Ilmenau segeln konnte und nur in wenigen Fällen, bei Ein- und Ausfahrt aus den Schleusen, von Land aus das Schiff ziehen musste.

WIR LEGTEN IN LÜNEBURG sehr spät an und waren dem Schiffseigner noch behilflich, die Vor- und die Achterleine sowie die einander überkreuzenden Achter- und Vorsprings zur Befestigung des Schiffes zu legen und die Segel zu bergen. Es schlug gerade Mitternacht, als wir fertig waren. Der freundliche Schiffer bemerkte unsere Müdigkeit und bot uns an, die Nacht über an Bord zu bleiben. Es wäre ihm sogar lieb, wenn wir uns auch noch am Morgen des nächsten Tages an Bord aufhielten, zumal er sich frühestens ab Mittag um sein Schiff kümmern könne.

*

Freitag, 18. September 1620
DIE MORGENKÜHLE KRIBBELTE mir in der Nase und verlockte mich nicht, die Augen früher als unbedingt nötig zu öffnen. Doch als die Sonne höher und höher stieg, fand ich es mehr als schicklich, mich endlich zu erheben. Ich kroch aus meinem Versteck und stellte fest: Die Luft war rein. In der Nähe des Schiffes ließ sich keine Menschenseele blicken. Eine Pütz kalten Wassers, über den Kopf gegossen, weckte die Lebensgeister. Ich setzte mich auf die Schanz, freute mich am Anblick von alten Ziegelbauten, Hafenspeichern und der stabilen »Eichen«, wie die Salz-Kähne genannt werden. Zusammen mit den vielen kleinen und größeren Seglern bildeten sie ein wunderbares Hafenpanorama. Ich brütete über der Durchführung der Tagesordnungspunkte und ließ in entsprechendem Rhythmus die nach außen drängende Notdurft rückwärts in den Hafen plumpsen. Mit ein wenig Frischwasser von einer anderen Stelle wusch ich mich gründlich, kämmte meine Mähne und legte die mir vom Oberst empfohlene Dienstkleidung an.

Anna kam aus ihrer Ecke hervor und baute sich, die Handflächen an den herabhängenden Armen nach vorn geöffnet, herausfordernd vor mir auf: »Denk an deine Haare! Du siehst schrecklich aus, lieber Jonas«, knöterte sie.

»Wasch du dich erst mal selbst, meine Süße, und mach, dass du in die Kleider kommst«, entgegnete ich, »aber zieh die guten Sachen an, die ich für dich mitgebracht habe. Wir müssen gleich in die Stadt und die Menschheit mit unserem künstlerischen Anliegen beeindrucken.«

»Hoffentlich geht das nicht schief!«, unkte sie, als sie sich den eng taillierten Traum der bürgerlichen Damenwelt aus dem Fundus einer Freundin des holländischen Herrn Festungsbaumeisters über ihren mageren Leib zerrte. »Ein bisschen zu weit«, fand sie und zuckte mit den Schultern. »Was fehlt, wird durch Ausstopfen vervollkommnet.«

Sie schlüpfte in ihre hübschen, hoch besohlten Trippen, mit denen sie trockenen Fußes durch jede Pfütze hätte stapfen können, und war abmarschbereit. Wir wagten uns in den lebhaften Morgenverkehr, benahmen uns auffällig und fragten hier und da nach der Heiligengeiststraße. Man gab uns stets die gleiche Auskunft, die wir längst nicht mehr benötigten, und gelangten geschwinder als vorgesehen an unser Ziel.

Um die Mittagszeit betraten wir den von Fenstern an zwei Seiten lichtdurchfluteten Gastraum der Kronenbrauerei, ließen uns auf einer Bank in Fensternähe nieder und wurden wenig später durch den Gastwirt persönlich angesprochen. Wir folgten seiner Empfehlung und ich bestellte:

»Zweimal den saftigen Schweinebraten mit Sauerkohl, dazu frisch gebackenes Brot und Kronenbier – einen kleinen und einen größeren Krug!«

Der Wirt zeigte sich nicht gerade zurückhaltend, eher leutselig und neugierig. Gustav Poggensee war sehr gespannt zu erfahren, woher des Wegs und warum wir in Lüneburg abgestiegen seien. Vorsichtig steuerte ich auf mein Thema zu:

»Eigentlich hatten wir uns nichts Besonderes vorgenommen. Wir sind, wenn ich das so sagen darf, auf der Durchreise nach Braunschweig, Schauspieler eben. Keine gewöhnlichen – Gott behüte! Wir nehmen für uns in Anspruch, einer vornehmeren Welt anzugehören. Oh ja, wir sind es gewohnt, in köstliche Gewänder gehüllt fürstliche Mummereien zu vollführen, wie sie zum Ergötzen des Publikums auf Ritterspiele und Turniere folgen – und zwar pantomimisch! Ohne ein Wort zu sprechen, sind wir in der Lage, allein durch Gestik und Körperbewegungen die Inhalte aller Stücke zu vermitteln.«

Für diese Kunst gebe es ausschließlich in den fürstlichen Residenzen Bedarf. Darum seien wir augenblicklich nach Braunschweig unterwegs.

Der Wirt reagierte positiver, als man sich hätte erhoffen dürfen. Aufgeregt fuhr er sich mit den Fingern durch den Bart und exkulpierte sich einige Minuten mit dem Bemerken, er wolle für die Ausführung unserer Wünsche sorgen. Mit zitternder Stimme erklärte er, ihm stehe eine höchst bedeutsame Veranstaltung ins Haus. Der Allergnädigste Herzog Christian von Braunschweig-Lüneburg gedenke am Sonntag, dem 20. September, die Kronenbrauerei mit einer inoffiziellen Sitzung zu beehren. Der Herzog werde mit zwei alten Freunden, richtigen Haudegen, hier aufschlagen, die seine Vorliebe für frisch gezapftes Bier uneingeschränkt teilten. Da wäre es doch eine naheliegende Idee, in den leider jeglichen herrschaftlichen Glanzes entratenden Mauern der Brauerei mit dem Spektakel einer fürstlichen Mummerei für höfische Atmosphäre zu sorgen. Sollten wir auf diese seine Zumutung eingehen, dürfe man mit einem fürstlichen Honorar und einer ansprechenden Unterbringung bis zum Dienstag hier im Hause rechnen.

Es lässt sich denken, dass wir, die tüchtigen Ermittler, gern auf dieses Angebot eingingen. Wir baten darum, in dem großen Gastraum nahe bei den Hohen Gästen ein unauffälliges Kompartiment für das schnelle Wechseln der Kostüme abzuteilen. Außerdem müsse eine Art Thronsessel beim besten Tischler der Stadt gezaubert werden, beschwor ich den Wirt. Und eine Standarte mit dem Wappen des Herzogs müsse ebenfalls her. Der Wirt bewilligte alles und lud uns ein, bis zum Abschluss der bedeutsamen Veranstaltung seine Gäste zu sein.

Kaum hatten wir diese Vereinbarungen getroffen, begannen die Handwerker mit den Vorbereitungen. Anna und ich lebten aufgeregt dem großen Ereignis entgegen. Wir probten in unseren Gewändern und wiederholten so lange die fürstlichen Gesten der Pantomime, bis alles genau saß.

Mummerei im Meer aus Bier

DANN WAR DER TAG DA – Wir verzogen uns rechtzeitig in unsere Garderobe, die derart geschickt in das tragende Balkengerüst des Gastraumes eingefügt worden war, dass auch ein kritischer Blick kaum mehr als ein originales Detail der Raumarchitektur vermutet hätte. Wir warfen uns in die Kostüme, um anschließend mucksmäuschenstill den Auftritt abzuwarten. Von der Straße drang das aufgeregte Geschwätz der vielköpfigen Entourage in unsere Garderobe. Dann betraten, angeführt vom Gastwirt Poggensee, der Herzog und seine geladenen Gäste den Saal. Polternd und in aufgeräumter Stimmung ließ der Tolle Christian den Hausherrn wissen, er habe mit seinen Freunden wichtige Gespräche zu führen. Störungen seien bei Strafe nicht erlaubt, es sei denn, dass – aber bitte geräuschlos – für Nachschub an Getränken gesorgt werde. Poggensee bat um Erlaubnis, das Symposium der drei Herren mit einer köstlichen Überraschung würzen zu dürfen. Angesichts der ersten überschäumenden Humpen, die gerade hereingetragen und kredenzt wurden, stimmte der Herzog huldvoll zu. Die drei ließen sich an einer für sie recht üppig eingedeckten Tafel nieder, tauschten Komplimente und Trinksprüche aus und ließen das Bier laufen. Es mochten wohl drei oder vier Runden in den durstigen Kehlen versenkt worden sein, als Herzog Christian die Hand hob und mit völlig veränderter Stimme erklärte:

»Meine Herren! Ich habe euch hierhergebeten, um größeres Aufsehen, wie wir es mit einer Veranstaltung im Rathaus erregen würden, zu vermeiden.« Dann brüllte er den Freiherrn Dodo von Inn- und zu Knyphausen in einer Lautstärke seines Bierbasses an, dass diesem Hören und Sehen verging: »Du bist ein feiger Hund, bester Dodo! Was steht hier vor euch mitten auf dem Tisch?«

Dodo, der nicht damit gerechnet hatte, ausgerechnet hier examiniert zu werden, duckte sich zur Seite. Christian hieb mit seiner riesigen Pranke auf den Tisch und fuhr fort: »Erkennst du es nicht? Das corpus delicti, vor dem ihr euch in die Hosen gemacht habt?«

»Ja schon, Eure Durchlaucht. Mir fallen alle Sünden ein, wenn ich nur daran denke!«

»Versuch doch einmal, diesen Gegenstand zu beschreiben!«

»Ich hoffe, es wird mir zu Eurer Durchlaucht Zufriedenheit gelingen«, stammelte Dodo. »Es handelt sich um das oval ausgeschnittene Fragment eines ursprünglich größeren Reliefs aus Holz. Ich glaube, es handelt sich um das Bruchstück einer Heiligenfigur, vielleicht des Heiligen Georg, jedenfalls um einen geharnischten Kämpfer zu Pferde. Das Pferd geht in die Höhe, vielleicht scheut es vor einem Hindernis oder vor einem Feind, der schon zu Boden gestürzt ist. Genau das wird es sein, weil der Geharnischte sich zur Seite wirft und eine Lanze, mit beiden Armen an ihrem oberen Ende zupackend, in die Tiefe stößt.«

»Richtig, Dodo! Wenigstens das hast du verstanden. Und wie wirkt die Szene auf dich?«

»Unheimlich – sehr unheimlich!«, flüsterte Dodo. »Besonders schrecken mich die langen schwarzen Haare und das von Strähnen fast vollständig bedeckte, dunkle Gesicht. Schließlich die Augen, wie sie hinter dem Vorhang der Haarsträhne, gleichsam aus dem Hinterhalt hervorstechen, jagen mir Angst ein. Man meint, dem durchdringenden Blick des hierzulande beheimateten Schwarzen Reiters schon irgendwo einmal begegnet zu sein.«

»Na also, Dodo! Das hast du doch zutreffend beschrieben. Nun lass den Oberkommandierenden der Lübecker Streitkräfte ran, unseren Blasius Eckenberger! Also Blasius, geh du jetzt einmal ganz dicht mit deinen Augen an das Relief heran! Was ist mit dem Kopf?«

Blasius zögerte, schaute und begann: »Wie konnten wir das nur übersehen, Großmächtiger Herr Herzog! Ich erkenne jetzt erst deutlich einen Bruch am Hals des Dargestellten. Die Heiligenfigur besteht aus uraltem, natürlich nachgedunkeltem Eichenholz, der Kopf allerdings ist aus frischer Eiche gefertigt und beim Halsansatz geschickt in den älteren Teil, aus Erle bestehend, eingesetzt worden – das heißt: Kopf und Gesicht sind ganz neu und mit Farbe nachträglich eingeschwärzt.«

»Man muss schon sagen, der Bildhauer hat sich viel Mühe gegeben, ein verstümmeltes Heiligenbild mit dem Gesicht eines Menschen aus unserer Zeit zu ergänzen, einem Gesicht, das man zu kennen glaubt und nie wieder vergisst«, fügte Christian hinzu und wollte außerdem wissen: »Wo und wann ist das Relief gefunden worden, Blasius?«

»Aber recht gern, Eure Hoheit: Bei den ersten Streifzügen unserer Leute ganz in der Nähe des Zollenspiekers. Einer der Söldner hatte sich zur Darmentleerung ins Schilf am Elbufer verzogen und war dort rückwärts auf das Relief gestoßen.«

Ein Relief? Aus dem Schilf beim Zollenspieker? Ich überlegte. Dort hatte doch die Magd, die alte Grete, das Körbchen mit einem gewissen Findelkind darin gefunden, schoss es mir durch den Kopf. Am Ende hat das Relief mit meiner eigenen Geschichte zu tun ... Ich hörte noch genauer zu als ohnehin schon.

»Die im Schilf zutage geförderte Entdeckung hatte unsere Soldaten sehr erschreckt, weil sie einen Schwarzen Reiter zeigt, der mit seiner Lanze und ganzer Kraft einem unsichtbaren Gegner tief unter ihm den Todesstoß versetzt. Als unsere Leute sich am Gammerdeich den Hamburgern entgegenwarfen, gerieten sie beinahe unter die Hufe des gegnerischen Anführers, eben eines Schwarzen Reiters, der hoch zu Ross über die Kämpfenden hinweg stürmte und mit seiner Lanze auf einen der Unsrigen zielte. Das dunkle Gesicht und die lange schwarze Mähne kannten sie doch bereits von der Abbildung auf dem Relief und identifizierten ihn sofort mit dem Heiligen Georg höchstselbst – wie von Sinnen traten die feigen Hunde den Rückzug an.«

»Das gibt es doch nicht! Ihr pflichtvergessenen Anführer habt den Sieg vergeigt, weil ihr rein zufällig abwesend wart und eure Leute einfach im Stich gelassen habt!«, schäumte der Tolle Christian vor Wut. »Wie hieß denn der gegnerische Kämpfer, der dem Schwarzen Reiter auf dem Relief so sehr glich? Habt ihr später wenigstens versucht, seinen Namen festzustellen?«

»Soweit hat niemand von uns gedacht«, gab Blasius beschämt zu. »Denn alle glaubten nichts anderes zu wissen, als dass es der Heilige persönlich sei, der für die Hamburger in den Kampf eingegriffen habe. Es gibt Geschichten vom Heiligen Georg, der in Gestalt eines Schwarzen Reiters über die Deiche fegt, um für Gerechtigkeit zu sorgen, wo immer ...«

Mir fiel es wie Schuppen von den Augen: Nicht der Heilige, nein! Der unausrottbare alte Glaube an die Heiligen der Katholischen Kirche hatte das Wunder vom Gammerdeich vollbracht! Nun, dachte ich, der Tolle Christian werde die Reaktion seiner Soldaten mit Sicherheit als Torheit abtun. Und so kam es.

»Nun gut – ich rekapituliere: Unsere tapferen Lüneburger haben dann auf dem Absatz kehrtgemacht und sind vor den Hamburgern getürmt. War doch so, oder? Warum wohl? Weil ihnen ihre teuren Strategen abhandengekommen waren, die auf die Scharade der Hamburger Kämpfer natürlich nie – oder vielleicht doch? – hereingefallen wären und für die Fortführung der Abrissarbeiten am Deich besser hätten Sorge tragen können. Wozu habe ich euch eigentlich eingekauft, ihr denkfaulen Schlappschwänze!?«

Der Herzog schnaubte und fuhr fort: »Aber es ging ja noch so ähnlich weiter! Für den kleinen Feldzug habt ihr Wegelagerer und Verbrecher in Lüneburger Absteigen angeheuert, ohne sie an die Kandare zu nehmen. Sie haben sich in den Vierlanden wie die Teufel benommen, Frauen und Kinder geschändet. Ich musste mich dafür vor aller Welt beschimpfen lassen. Nein, ihr feigen Hunde, ihr hättet das verhindern und den armen Landbewohnern durch straffe Führung der Truppen dieses Elend ersparen können.«

Anna packte mich beim Arm und flüsterte: »Langsam kannst du den Mund wieder zumachen.«

Mit allem hatte ich gerechnet, nur nicht mit einer logischen Erklärung des Wunders vom Gammerdeich!

»Hast du das gehört, Anna?«, zischte ich der Freundin ins Ohr. Nun bereute ich doch, nicht auf ihren Vorschlag, mir die Haare abzuschneiden, eingegangen zu sein. »Du musst mir helfen, meine lange Mähne mit einem Bindfaden zu einem Zopf zusammenzubinden!«

Anna fand in ihrem Utensilienbeutel ein breites, silberfarbenes Band, raffte mir die Haare zu einem Pferdeschwanz im Nacken zusammen, umschlang diesen mit dem Silberband und krönte ihre Improvisation mit einer prachtvollen Schleife, um das wertvolle Band nicht halbieren zu müssen.

Im Schankraum tönte derweil der Bierbass des Herzogs: »Ich möchte diese moralische Katastrophe, der ich viele neue Feinde verdanke, um euretwillen, liebe Freunde, so schnell wie möglich vergessen. Und so gestatte ich allergnädigst euch beiden, sich heute mit mir zu besaufen. Lasst uns trinken, bis der Herr Jesus vom Kreuz steigt! – Wirt, wo bleibt das nächste Bier?«

Wieder wurden mehrere Runden hinuntergeschüttet, um die Schmach und den Durst zu betäuben. Kurz bevor sie alle ihr Gedächtnis an den Rausch der allein selig machenden Gnade verloren, lallte der Herzog nicht mehr ganz so laut:

»Unn wann kommpie Ü-era-schnung, die Überrasch-ng, Poggensee?«

Anna und ich waren am Zuge. Vom Haupteingang her rollte ein vergoldeter und mit goldenem Damast bezogener Thronsessel in die Mitte des Raumes. Die zwei Akteure verließen in gewissem Zeitabstand nacheinander durch eine kleine Tür unsere Garderobe. Zunächst passierte Anna den Tisch mit den drei betrunkenen Feldherren. Gehüllt in königliches Gewand und mit der Nachbildung der böhmischen Krone auf dem Haupt, schritt sie langsam voran, tiefer in den Saal hinein und nahm auf dem Thronsessel Platz. Ich folgte ihr in einem braunschweigischen Prunkharnisch, der ziemlich genau dem des Tollen Christian, wie man ihn von offiziellen Gemälden kannte, nachempfunden war.

Mich traf beinahe der Schlag, als ich am Tisch der drei Strategen vorüberschritt und das Relieffragment mit dem Kopf aus nachgedunkelter Eiche darauf stehen sah. Mein erster Gedanke: Das bin doch ich! Meine ganz und gar ungewöhnliche Ähnlichkeit mit dem darauf abgebildeten Schwarzen Reiter musste den hier versammelten Herren jetzt auffallen. Wie gut, dass ich mit veränderter Frisur und unter einem theatralisch aufgedonnerten Helm vor den Betrunkenen erschien!

Anna winkte huldvoll herüber und erlaubte ihrem Helden mit einladender Geste, sich ihrem Thron zu nähern. Fuß vor Fuß setzend, erreichte ich den Thron, blieb vor ihm stehen, verneigte mich, sank vor der von Anna verkörperten Königin in die Knie. Anna beugte sich über mich, nahm mir den Helm ab. Da löste sich die silberne Schleife! Die so geschickt nach hinten frisierten Haare fielen mir wieder ins Gesicht. Anna sah es – zu spät, um noch irgendetwas daran zu ändern. Sie lächelte, was das Zeug hielt, und fuhr, als sei nichts geschehen, fort. Sie segnete das Haupt des durch mich verkörperten Feldherrn – natürlich sollte man jetzt in ihm den Tollen Christian erkennen –, der hernach, gestärkt durch den Segen, sich anschicken würde, wieder auf das Schlachtfeld zu den Waffen zu eilen. Doch zuvor streifte Anna einen ihrer Handschuhe ab, befestigte ihn an dem Helm auf ihrem Schoß und drückte mir die dermaßen geschmückte Kopfbedeckung wieder aufs Haupt. Unter dem hochgeklappten Visier regneten mir die Strähnen des Haupthaars in die Stirn. Anna erhob sich, bot mir die entblößte Rechte. Ich hauchte kunstgerecht einen zarten Kuss auf den Handrücken. Für die Länge eines Herzschlags ließ sie mir die Hand. Anna blieb auf der Stufe zum Thron stehen und ließ die nackte Rechte auf meiner Schulter ruhen. Wir warteten gefasst auf das, was da kommen musste. Und es kam!

»Genauso stelle ich mir meinen Kniefall vor Königin Elisabeth Stuart vor, nach einem Sieg über Tilly und seine Katholische Liga! Die Königin wird mich in die Pflicht nehmen, und ich bleibe ihr Paladin, solange ich auf Erden wandele! Es lebe die Königin von Böhmen! Sehr zum Wohl, meine Königin!«

Er stand auf, rülpste nachhaltig und schlingerte auf den Thron zu, um Anna in seinem wirren Kopf als der vermeintlich wahren Königin seine Reverenz zu erweisen. Schwankend machte er zunächst vor mir Halt, schaute über meine Schulter hinweg auf Anna. Als besäße ich, der neben ihm Stehende, eine magische Anziehungskraft auf ihn, wandte er mir plötzlich seinen Blick zu und kam dabei dem Strähnenvorhang gefährlich nahe.

Er riss die Augen zum Hoch-Oval auf und glotzte mich mit offenem Mund an. Die Augäpfel traten, rot geäderten Achaten gleich, aus den Höhlen. In ihnen spiegelten sich Trunkenheit, Wahnsinn und Entsetzen! Das Wunder vom Gammerdeich tat noch einmal seine schreckliche Wirkung! Wie vom Schlag getroffen, sackte der Tolle Christian wortlos in sich zusammen. Er hatte ohne Zweifel in mir den Schwarzen Reiter vom Relief wiedererkannt.

Helle Aufregung! Sogleich wurden die zwölf mit Christian angereisten Hofdiener sichtbar, sie wieselten herbei und versuchten, den sturzbetrunkenen Herzog mit Riechwässerchen und Tätscheln der Wangen in die Gegenwart zurückzuholen. Aber der schnarchte nur und ließ sich davon auch nicht abbringen, als sie ihn hinlegten. Dodo und Blasius hatten sich aus Angst vor neuen Wutanfällen des Herzogs verdünnisiert.

Anna und ich nutzten die Verwirrung. Ich riss das Relief vom Tisch. Wenn es wirklich mich zeigte, dann gehörte es ja mir! Schleunigst packten wir unsere Utensilien zusammen und verschwanden, ohne den Wirt um das vereinbarte Honorar anzugehen. Nur weg von diesem Ort der Erkenntnis! Sobald der Durchlauchtigste wieder bei Verstand wäre, würde er uns in der ganzen Stadt jagen. Auf Umwegen liefen wir zum Hafen hinunter, prüften immer wieder, ob man uns vielleicht folgte, fanden auch unser Schiff, mit neuen Salzfässern beladen und zum Auslaufen nach Lübeck bereit, an der Kaje liegen. Schnell schlüpften wir in die alten Arbeitskleider und waren nicht mehr vom Rest der Mannschaft, der bei Eintritt des Hochwassers an Bord kam, zu unterscheiden. Der Kapitän verlor keine Minute. Er ließ die Landleinen einholen und befahl, sich in die Riemen zu legen.

Als der Wind den Vortrieb des Ilmenau-Kahns in dieser Richtung sogar freiwillig übernahm, umschlang ich die kleine Anna mit beiden Armen und küsste sie zu ihrem Erschrecken mitten auf den Mund.

»Siehst du, meine Süße! Man kann jeden Schritt vorher mehrfach durchspielen und darf dann auch mutig zu Werke gehen. Freilich muss man darauf gefasst sein, dass alles völlig anders abläuft. Wenn man Überraschungen einplant und improvisieren kann, gelingt einem alles zehnmal besser!«

Sie entzog sich mir scheu und teilte meine triumphale Stimmung nicht: »Wirklich alles gelungen, Jonas? Es ist uns nicht gelungen, deine Identität zu wahren.«

»Oh doch, Anna! Wie wollen die mich ohne das Relief identifizieren? Ich hab's deswegen ja geklaut für Hamburg und für Valckenburgh.«

Anders als befürchtet, blieb uns eine Verfolgung erspart. Da Dodo und Blasius längst über alle Berge verschwunden waren, hatte niemand den Raub des Reliefs bemerkt – auch nicht der Gastwirt, weil er in dem Relief immerhin eine Requisite der

Mummerei hätte vermuten dürfen. Und der Tolle Christian? Ihn hatte der Rausch überwältigt.

Nach der Fahrt mit den Salzschiffern über die Ilmenau abwärts und nach Überquerung der Elbe am Zollenspieker fanden wir unsere kleine Jolle vor, wie wir sie zurückgelassen hatten. Wir setzten den Mast, schlugen das Segel an und langten sehr spät, aber hochzufrieden und todmüde in Hamburg an. Wir verabredeten uns für die erste Gelegenheit, um Oberst van Valckenburgh Bericht zu erstatten.

Freitag, 25. September 1620
DIE IDEENREICHEN ERMITTLER wurden vorgelassen. Das Relief trug ich, eingeschlagen in ein Leinentuch, unterm Arm. Zunächst erläuterten wir, dass die Kampagne des Herzogs in den Vierlanden nicht als Strafaktion gegen Hamburg gemeint gewesen sei, sondern ausschließlich der Unterstützung der Bauern in den Lüneburger Marschen hatte dienen sollen. Andererseits konnten wir Valckenburghs Verdacht sowohl gegen Dodo von Inn- und zu Knyphausen als auch gegen Blasius Eckenberger mit ihrer Zeugenaussage endlich erhärten. Schließlich erzählte ich noch von dem Relief-Fragment des reitenden Heiligen und wie der Herzog in Ohnmacht gefallen war, als er die Ähnlichkeit des dort dargestellten Porträts mit meinen Zügen bemerkt hatte.

Valckenburgh lachte schallend und sagte: »Mich wundert nur, dass so viele Menschen auf das blöde Relief hereingefallen sind!«

Ich zog das Leinentuch vom ›blöden Relief‹ und stellte es auf den Tisch. Dem Oberst blieb das Lachen im Hals stecken. Er riss die Augen auf, schaute darauf, dann auf mich und hauchte kleinlaut: »Ich muss es frei bekennen: Darauf wäre auch ich hereingefallen.«

Er senkte den Kopf und fasste sich an die Stirn.

»Lieber Jonas! Wer – außer euch beiden – weiß sonst noch von dieser Wechselwirkung, die auf der Ähnlichkeit deiner Züge mit denen des Heiligen auf dem Relief beruht? Du musst das Relief sehr gut vor Angehörigen des katholischen Klerus verstecken und sein Geheimnis wahren. Erst einmal in den Händen von Reliquienräubern, die dein Geheimnis kennen, würde das Relief zu einer kampferprobten Geheimwaffe mutieren und dich verraten! Weil niemandem das Relief allein von Nutzen wäre, würden sie versuchen, auch dich in ihre Gewalt zu bringen, um dich als den geheimnisumwobenen Schwarzen Reiter zu missbrauchen! Andererseits könnte die Zweideutigkeit des Reliefs auch ein zweites Mal von Nutzen sein. Da die Dinge so liegen, geschähe es nicht einmal im wohlverstandenen Interesse der Stadt, mit derartigen Wahnvorstellungen der hier ansässigen Altkatholiken gänzlich aufzuräumen, dass vielleicht, wie manche gern glauben wollten, doch noch einmal Magie und Hexerei den Sieg am Gammerdeich herbeigeführt haben könnten! – Nun, es ist spät geworden, ihr Tüchtigen. Ich muss mich jetzt entschuldigen, ich habe noch einen anderen Termin wahrzunehmen.« Mit überschwänglichem Dank verabschiedete Valckenburgh seine erfolgreichen Ermittler und bat Anna lächelnd: »Pass gut auf ihn auf!«

Ich begleitete Klein-Anna eben bis zum Treppenabsatz vor seiner Haustür, wünschte ihr einen guten Heimweg und stürmte die Treppe zur Dachwohnung hinauf, wo mich Riecke sehnlichst erwartete.

Ringelreihen der Religionen

DIE HAMBURGER WÖCHENTLICHE schonte ihre Leser nicht. Ich hatte sie von vorne bis hinten gelesen. Verwirrende Nachrichten waren seit Anfang November des Vorjahres aus Prag nach Norden gedrungen. Ich musste mir Mühe geben, den mit kriegerischen Ereignissen verbundenen ständigen Wechsel der jeweils Herrschenden nachzuvollziehen:

Die böhmischen Stände hätten im Jahr 1618 das ihnen aufgezwungene katholische Joch König Ferdinands abgeschüttelt und dessen Statthalter aus dem Fenster der Burg auf den Misthaufen der Geschichte geworfen. Die seien aber, weil weich gefallen – welch wegweisendes Gotteswunder! –, gesund und munter nach Bayern entkommen. Aus der Pfalz habe sich der böhmische Landtag einen protestantischen Herrscher besorgt, den Kurfürsten Friedrich V., und mit ihm erstmals im Prager Veitsdom einen Calvinisten zum König gewählt. Tags darauf sei seine ehrgeizige Gemahlin, die englische Prinzessin Elisabeth Stuart, mit gleichem Pomp als Königin inthronisiert worden. Friedrich gelte ab sofort allen deutschen Protestanten, den Evangelischen so gut wie allen Calvinisten, als Vorkämpfer und Anführer einer Protestantischen Union. Es hieß, danach sei vorübergehend Ruhe im Lande eingekehrt.

Nun aber habe sich das Blatt rasch gewendet: Ausgerechnet der zuvor aus Böhmen verjagte, durch einen Calvinisten schwer gedemütigte katholische König Ferdinand habe kurz darauf den Kaiserthron des Heiligen Römischen Reiches Deutscher Nation erklommen. Dessen sofort ins Auge gefasstes Ziel sei es gewesen, Rache an dem Schuft Friedrich zu nehmen und ihn durch Verurteilung zur Reichsacht für vogelfrei zu erklären. Er habe ein Heer von 39.000 Kriegern auf Prag marschieren lassen, das in einer Schlacht am Weißen Berg vor den Toren der Stadt am 8. November 1620 das Aufgebot der Protestanten überrannte. König Friedrich, nur erst ein Jahr im Besitz der böhmischen Krone, habe leicht entfliehen können, zumal er, dieser Weichling, sich zum Zeitpunkt der Schlacht in der Stadt herumgetrieben habe. Rechtzeitig gewarnt, habe er Reißaus nach Norden genommen und unterwegs versucht, Unterstützer für eine Rückgewinnung seiner böhmischen Herrschaft zu mobilisieren.

Ich wollte die neueste Ausgabe der *Wöchentlichen* schon beiseitelegen, da fiel mein Auge auf eine unscheinbar aufgemachte Nachricht: König Friedrich werde demnächst in Hamburg aufschlagen. Ziemlich rücksichtslos, ein solcher Besuch des Geächteten in unserer Stadt unter den obwaltenden Umständen, dachte ich und sah schon voraus, wie sich die katholischen Heere und gedungene Mörder nach Hamburg in Bewegung setzten, um Friedrich dort gefangenzunehmen oder gleich auszulöschen.

Ich nahm umgehend Verbindung mit Oberst van Valckenburgh auf und erfuhr von diesem, der Stadtrat sei bereits in heller Aufregung. Man habe sich unverzüglich an ihn, den Niederländer, gewandt und ihn gebeten, seine persönlichen Kontakte zu Prinz Moritz von Oranien spielen zu lassen, um für den Winterkönig, wie seine Feinde ihn nunmehr verspotteten, und dessen Gemahlin ein sicheres Asyl in den protestantischen Niederlanden zu erwirken. Jetzt gelte es, Vorbereitungen zu treffen, um die Anreise, den Aufenthalt und eine schnelle Verabschiedung des Hohen Paars – möglichst frei von unangenehmen Nebenwirkungen für Hamburg – zu organisieren.

Nur wenige Tage vor Ankunft des Königs auf dem Harburger Ufer wurde ich von Valckenburgh zum Rapport bestellt. Der Oberst war kaum in der Lage, seine Erregung zu verbergen. Er kam sofort zur Sache: »Nun haben wir die Schererei! König Friedrich von Böhmen wird schon in den nächsten Tagen bei uns Zuflucht suchen. Sein Erzfeind Ferdinand hat ihn vor wenigen Tagen in die Reichsacht getan, also für vogelfrei erklärt, und ein Heer von Verfolgern auf ihn angesetzt.«

Ich kommentierte sarkastisch: »Da muss der Bürgermeister doch vor Stolz platzen! Friedrich, Anführer der Protestantischen Union, bei ihm zu Gast in Hamburg! Das zählt doch.«

»Spotte nur! Die Situation ist ziemlich verfahren. Der Kaiser, die katholischen Majestäten des Reichs und ihre Heerführer, besonders der blutrünstige Tilly, wetzen schon die Messer. Sie werden Hamburg angreifen und schwer bestrafen, falls wir dem Flüchtling Friedrich bei uns einen offiziellen Empfang bereiten. Lassen wir ihn unbeachtet, wird König Jakob von England beleidigt sein. Schließlich ist Friedrich mit Jakobs Tochter verheiratet.«

Bürgermeister Voegeler habe ihn für vier Uhr nachmittags ins Rathaus bestellt. Voegeler werde wahrscheinlich versuchen, alle unangenehmen Kleinigkeiten, die mit König Friedrichs Aufenthalt verbunden sein könnten, ausgerechnet ihm, dem Festungsbaumeister, aufzuhalsen.

»Du kannst mir, lieber Jonas, bestimmt viele Dinge abneh-

men, die ich unmöglich allein bewältigen werde. Sei also rechtzeitig zur Stelle, um mich ins Rathaus begleiten.«

Ich betrachtete Valckenburghs Aufforderung keineswegs als
Zumutung. Vielmehr sah ich die Chance eines weiteren gesellschaftlichen Aufstiegs voraus und zeigte mich mit allem einverstanden. Ich kleidete mich extra fein und fühlte mich kanni-
balisch wohl, diesem mir persönlich sehr sympathischen Burschen im großen Ankleidespiegel zu begegnen. Es war nicht
sehr lange her, dass ich als Zigeunerbrut geschmäht worden
war – nicht zuletzt von diversen Zeitgenossen, die nun mit
meinem von ihnen nie und nimmer erwarteten Aufstieg fer-
tigwerden mussten. Jetzt durften sie zusehen, wie die Zigeunerbrut Seit' an Seit' mit dem bedeutenden Festungsbaumeister am Rathaus vorfuhr.

Man empfing uns höflich und höflich geleitete uns in die
Ratsstube. Ich hielt mich im Hintergrund. Der Bürgermeister
wirkte ziemlich beunruhigt, als der Oberst vor ihm stand.

»Verehrter Valckenburgh! Wie gut, dass Sie sogleich gekommen sind! Sie wissen, es geht um König Friedrich von
Böhmen und seine Gemahlin. In ruhigeren Zeiten hätten wir
das Hohe Paar gern in unseren Mauern begrüßt, aber jetzt müssen wir ihren Aufenthalt mit Sorgen und Bangen betrachten.
Beide sind Calvinisten, gewiss auch Protestanten, wenn man
ihren religiösen Status unbedingt so benennen will.«

»Was haben Sie gegen Calvinisten?«, fragte Valckenburgh.

»Spielt doch jetzt keine Rolle, Valckenburgh! Die Herrschaften sind nun mal auf der Flucht vor den Katholiken und
dem Tilly! Am liebsten würde ich sie gleich in die Generalstaaten weiterreisen lassen.«

Valckenburgh schwoll der Kamm. Sein bourdunfarbenes,
tiefsten Orgelpfeifen klanglich verschwistertes Knurren

vibrierte im Raum: »Was sagt Ihr da, Magnifizenz? Einerlei sei
es, ob sie Calvinisten seien oder auch nicht? Spüre ich ein Vor-
urteil gegen eine Religion, der ich persönlich angehöre? Erst
einmal werden durch Religionsführer die Angehörigen einer
anderen Religion diffamiert, man versagt ihnen den Respekt!
Dadurch wird unnötiger Hass erzeugt, den man zur Bekämp-
fung der Diffamierten schürt und einen schließlich zu den
Waffen greifen lässt, sofern man sich stark genug fühlt. Ich
bitte mir den gleichen Respekt aus, den ich bereit bin, den Katholiken und den Lutheranern zu zollen. Ich hoffe, wir haben
uns verstanden. Anders würde ich meine Tätigkeit für Hamburg noch heute beenden.«

»Um Gottes willen, ich muss doch bitten! Bester Valckenburgh! Ich weiß, ich habe mich in der Wortwahl vergriffen und
es keineswegs bös' gemeint. Ich brauche Sie doch! Streng beobachtet durch König Jakob von England und militärisch bedrängt durch Kaiser Ferdinand, werden wir nur mit Ihrer Hilfe,
Herr Oberst, einen wehrtechnisch abgesicherten Weg finden,
um unser Staatsschiff zwischen den Klippen hindurchzusteu-
ern – ähnlich wie weiland der sagenhafte Odysseus sein Boot
mitsamt seiner Gefährten durch Skylla und Charybdis zu ma-
növrieren wusste. Wird uns das auch gelingen?«

Valckenburgh entgegnete: »Ich würde, wie schon angedeutet, Euch unter keinen Umständen empfehlen, den von Land
zu Land flüchtenden Majestäten einen offiziellen Staatsemp-
fang zu bereiten und ihnen ebenso wenig eine staatliche Un-
terkunft der Stadt Hamburg zu gewähren. Stattdessen solltet
Ihr unsere Hamburger Gäste den englischen Geschäftsfreun-
den, den Merchant Adventurers, ans Herz legen. Die würden
sich durch die Anwesenheit des Königspaars geehrt fühlen und
die Herrschaften für eine begrenzte Zeit in ihrem riesigen Eng-

lish House in der Gröninger Straße – sozusagen auf internationalem Terrain – verwöhnen. Da wären sie vor Anschlägen sogar des Kaisers sicher. Den König und sein Gefolge sollte man aber dann sehr bald, kurz nach Wiedereröffnung der Schifffahrt, weit, weit weg von Hamburg ins Exil abschieben.«

»Hört sich vernünftig an, lieber Valckenburgh! Nutzen Sie Ihr taktisches Geschick und behalten Sie vor allem die königliche Familie während ihres Aufenthaltes im Auge. Wir müssen jeden Eklat vermeiden und dafür sorgen, dass sie Hamburg gesund und wohlbehalten wieder verlassen.«

Der Bürgermeister holte tief Luft und fuhr fort: »Noch etwas, bester Valckenburgh! Ganz abgesehen von den denkbaren diplomatischen Verwicklungen sehen wir uns einem naturbedingten Problem gegenüber. Die Elbe steht mal wieder, wie man hier sagt. Die Eisdecke scheint jetzt betretbar zu sein. Friedrich kann nicht mit dem Schiff herüberkommen, aber auch nicht drüben in Harburg bleiben. Nicht auszudenken, was mit ihm geschähe, wenn ein Vorauskommando der Katholischen Liga ihn schnappte, noch bevor er das Harburger Elbufer in Richtung Hamburg hinter sich ließe! Friedrich will, wie Boten uns angezeigt haben, am zweiten Februar die Elbe in Richtung Hamburg überqueren. Die Harburger werden ihm und seinem Tross dabei behilflich sein, bitten aber um praktische Hilfe für den Weg übers Eis, damit die Hohen Gäste unversehrt das Hamburger Ufer erreichen. Wem, so frage ich mich, könnte man eine derart riskante Aufgabe anvertrauen?«

Valckenburgh hatte mich schon vorgewarnt und war deshalb imstande, einen Vorschlag zu wagen: »Ich habe Euch meinen persönlichen Adjutanten, Jonas von Have, einen umsichtigen, gebildeten und integren Mann, mitgebracht. Ich könnte Euch niemanden nennen, der für eine solche Aufgabe eher geeignet wäre. – Jonas? Wo steckst du? Du brauchst dich hier nicht im Hintergrund herumzudrücken. Komm zu uns, damit wir die nächsten Schritte mit dem Herrn Bürgermeister abstimmen!«

Ich wagte mich aus meiner Nische hervor.

»Hast du alles mitbekommen, was wir besprochen haben, und traust du dir zu, den König und sein Gefolge sicher übers Eis zu führen?«, fragte mich der Oberst direkt.

»Warum nicht?«, gab ich tapfer zur Antwort. »Wenn der Herr Bürgermeister es möchte! Ich kenne mich mit dem Eisgang auf der Elbe ganz gut aus. Ich werde Eure Magnifizenz gewiss nicht enttäuschen.«

»Wir haben schon eine Skizze entwickelt«, sagte der erleichtert, »die den einzig möglichen Weg des Königs über den Fluss darstellt. Er wird – so der Plan – mit Unterstützung der Harburger bis auf die Elbinsel Veddel gebracht. Dort solltest du ihn und die Seinen in Empfang nehmen und über die Norderelbe in die Stadt begleiten.«

»Ich hab's begriffen«, sagte ich und verließ gemeinsam mit dem Festungsbaumeister einen nun etwas beruhigter dreinblickenden Bürgermeister von Hamburg.

Die Zeit war knapp. Ich musste mich um verschiedene Aufträge an den Schmied, den Tischler und den Reepschläger kümmern, damit sie das notwendige hochherrschaftliche Repräsentationsmobiliar samt allen ornamentalen Beschlägen, dazu neue Leinen für mein Boot, bis zum nächsten Montag fertigen und anliefern konnten.

*

Die Dunkelheit leugnete den Beginn des Tages. Eine Wolken-
decke bis zum Horizont drückte jeden Tatendrang zu Boden.
Der schneidende Nordostwind fegte durch die Straßen, ließ die
Fenster klirren, die Türen rappeln. Und ich, ich musste hinaus
zum Oberhafen und auf die Elbe!

Ich verließ das Haus und zog einen kleinen Schlitten, be-
packt mit unerlässlichen Utensilien, hinter mir her. Sofort war
ein leises Grollen und Kullern aus der Ferne zu vernehmen,
das an Heftigkeit noch zunahm, sobald ich das Winsertor passiert hatte. Ach, und der Eiswind, der auf die linke Gesichts-
hälfte traf und sich in den Rand meiner Ohrmuschel verbiss!
Der Weg führte mich über den Palisadendamm am Oberhafen
entlang und weiter bis zur Ostspitze der Grasbrook-Insel. Da
stand ich nun unmittelbar am Ufer der Norderelbe.

Vor mir bildete das Eis eine Riesenbarriere aus Schollen, die
sich hin und her krachend übereinanderschoben, zu Gebirgen
auftürmten und wieder in sich zusammenfielen. Die aufkommende Flut drückte das Eis die Elbe hinauf, gegen die von der
Oberelbe heruntertreibenden Eisschollen, sodass sich jede
Lücke schloss und das Eis hier zum Stehen kam – der richtige
Zeitpunkt, um die breite Norderelbe sofort zu überqueren. Es
krachte von allen Seiten, wann immer Eisdruck die Fläche auf-
platzen ließ. Vorwärts! Du musst jetzt da durch, sagte ich mir,
wenn du den König und seine Familie noch rechtzeitig von der
Veddel nach Hamburg herüberholen willst!

Ich brauchte zwei Stunden für den Hinweg und traf drüben
auf dem Strand die ungeduldig ausharrenden königlichen Gäste
und ihre Entourage, etwa 30 Personen. Die winterliche Kleidung, Pelze, Pelzmützen und Kapuzen, verdeckte alle indivi-
duellen Unterschiede. Höhergestellte ließen sich immerhin

anhand der ihnen gezollten Unterwürfigkeitsgesten erkennen. Schnell hatte ich herausgefunden, wen ich als König Friedrich und wen als seine Gemahlin anzusprechen hatte. Und da war noch jemand, den ich sofort an seinem Hut wiedererkannte: Herzog Christian von Braunschweig-Lüneburg. Auf einer nach hinten gebogenen Weidengerte trug er den darübergezogenen, ziemlich zerfetzten Handschuh seiner Angebeteten, der Königin Elisabeth Stuart von Böhmen!

Es war nicht die Zeit und – Gott sei Dank! – auch nicht erwünscht, sich mit langen Begrüßungen aufzuhalten. Ich teilte mittellange Peekhaken und Leinen aus.

Immer sechs Personen sollten ein Seil nehmen und sich damit aneinander anleinen. Die Peekhaken, versehen mit starken Eisenspitzen und -haken, sollte man, um ein Ausrutschen zu vermeiden, als Gehhilfe gebrauchen und nur im äußersten Notfall benutzen, um hinderliche Eisschollen beiseitezuschieben sowie ins Eis einbrechende Personen aus dem Wasser zu fischen. Danach ordnete ich an, dass die fünf Sechsergruppen mir in einer Reihe folgten, sie dürften sich keine Pausen gönnen. Das bedrohliche Lärmen des Eises nahm ab, denn der Druck durch die auflaufende Flut ließ nach. Bald würde die Ebbe einsetzen und die Eisschollen auseinanderziehen. Eile war geboten!

Wir hatten die Mitte des Stroms erreicht, als vom Ostwind zerfetzte Zeilen eines in langen Bögen auf- und absteigenden Liedes über die Elbe flatterten – so seltsam traurig und schön, dass es mir ans Herz griff. Ich dachte an den Chor der Scholaren in St. Jakobi zurück, an die Heiligen Messen, die Hymnen der Gottesverehrung, Choräle zur Erhebung der Gemeinde. Hier ging es um etwas anderes, um Liebe und Liebesleid. Ich verstand nur wenige, durch Tonlängen natürlich bemessene Wort-

gruppen. Es begann mit einer schrittweise aufsteigenden Ton-
folge: *Come again! Sweet love doth …*

Der Rest erstarb im Wind. Noch nie in meinem Leben – ich
war mir sicher – hatte ich so etwas Schönes gehört wie dieses
von fünf Wörtern getragene Bruchstück einer Melodie! Zu
gern hätte ich gewusst, wer da sang und was gesungen wurde.
Ich wandte mich um, konnte aber niemanden unter den mir
folgenden Menschen ausmachen, dem ich dieses nur Sekunden
währende, unvergleichliche Erlebnis zu verdanken hatte.

Zu meiner Beunruhigung stellte ich durch das Umschauen
aber auch fest, dass nicht alle der mir anvertrauten Gäste sich
diszipliniert verhielten. Zu spät bemerkte ich den jungen
Mann, der sich vom Seil der letzten Sechsergruppe gelöst hatte
und nun versuchte, auf eigenen Wegen den Fluss zu überqueren, um hin und wieder hinter turmhoch übereinander-
geschichteten Eisplatten unsichtbar zu werden. Ich rief ihn an
und warnte ihn. Der junge Mann reagierte nicht, war plötzlich
verschwunden und tauchte nie wieder auf.

Alle anderen erreichten ermattet, aber glücklich die weit in
die Elbe vorspringende Mole des Hamburger Oberhafens.
Schlittenfuhrwerke standen bereit, um die Gäste wohlverpackt
zum English House zu befördern. Valckenburgh, wie immer
besorgt um mich, war eigens mit seinem Schlitten gekommen,
mich abzuholen.

Die Anführer der Eiswanderung versammelten sich beim
Schlitten des Festungsbaumeisters, sie gaben Leinen und Peekhaken zurück. Erstaunlicherweise drängte sich auch Herzog
Christian zur Gruppe um den Festungsbaumeister und bat
darum, in dessen Schlitten mitfahren zu dürfen. Es gebe da einiges, das sich auf dem Wege nach Hamburg besprechen ließe,
begründete er seine Bitte.

»Da steht wohl einiges zwischen uns!«, erwiderte Oberst Valckenburgh in feindseligem Ton, ohne den Herzog einsteigen zu lassen. Der blickte Valckenburgh verwundert an und sagte: »Geht es dir immer noch um unseren Einmarsch in die Vierlande? Mir scheint, du kennst nur Bruchstücke der Wahrheit. Also lass mich einsteigen, sonst erfährst du's nie!«

»Warum sollte ich jemanden mitfahren lassen, der es für angemessen hält, unsere Landbevölkerung zu überfallen, zu bestehlen, zu ermorden, die Frauen, ob alt oder jung, und die Kinder zu vergewaltigen? Und dann die Ermordung eines hilflosen Gefangenen, der sich in meinem Gewahrsam befand! Ich verstehe es bis heute nicht und glaubte doch lange Zeit, dich besser zu kennen. Wir waren einmal Freunde, Christian! Schon vergessen?« Valckenburgh, freundlicher, milder im Ton, fuhr fort: »Das mit der Absicht, den Gammerdeich wieder zu beseitigen – das war für mich noch unschwer zu begreifen, weil es vermutlich die Exekution eines Reichskammergerichtsurteils zu vollstrecken galt.«

»Richtig, Jan! Doch hatte ich nie im Traum die Absicht, der Landbevölkerung derartige Exzesse zuzumuten! Ist aber so schiefgelaufen, dass ich mich dafür vor aller Welt schäme. Ich trage persönlich die Schuld dafür, weil ich die Truppenführer falsch ausgewählt habe.«

Valckenburgh sah Tränen in des Herzogs Augen. Das überraschte ihn, er trat beiseite und ließ den Tollen Christian einsteigen. Valckenburgh nahm neben ihm Platz. Ich setzte mich auf die Bank ihnen gegenüber. Um nicht noch einmal wiedererkannt zu werden, hatte ich mir eine Fellkapuze tief ins Gesicht gezogen. Der Diener auf dem Kutschbock schnalzte kurz und das Gefährt setzte sich in Bewegung.

Christian kam sofort zur Sache: »Zur Nachhut der am Gammerdeich Kämpfenden gehörte einer meiner Boten, den ich beauftragt hatte, sich an dich heranzumachen, um dir einen Brief zu übergeben.«

»Nun wird mir einiges klar! Der Mann lebt leider nicht mehr. War der Brief versiegelt?", fragte Valckenburgh.

»Aber ja! Und außerdem hatte ich ihm ein kleines Doppelfläschlein zugesteckt, zu dem er Erläuterungen abgeben sollte.«

»Ich ahne, wovon du sprichst«, stöhnte Valckenburgh. »Der Mann hatte keine Möglichkeit, mir eine Botschaft zu übermitteln. Als alle anderen Lüneburger flohen, blieb er zurück. Er ließ mich glauben, er sei schwer verwundet. Als ich mir seine Verletzung anschauen wollte, sprang er plötzlich auf …«

Um Valckenburgh die Peinlichkeit zu ersparen, sich vor dem Herzog als Schuldigen zu markieren, unterbrach ich ihn und erklärte: »Ich vermutete einen Angriff auf Oberst Valckenburgh, schaffte ihm den Kerl vom Hals und schlug den Angreifer bewusstlos. Wir nahmen ihn in Gewahrsam und transportierten ihn in unser Quartier auf einem Bauernhof.«

»Wären wir nur etwas vorsichtiger gewesen!«, sinnierte Valckenburgh. »Als ich nach ihm sehen wollte, um ihn zu befragen, fanden wir ihn auf seiner Ruhestatt erschlagen. Bruchstücke eines Siegels und das Doppelfläschlein mit einem weißem und einem schwarzen Pulver haben wir unter dem Bett gefunden, konnten uns aber keinen Reim darauf machen. Welche Nachrichten hatte der Bote für mich?«

»Er sollte dich darüber informieren, dass unsere Absicht, den Deich mit Gewalt zu öffnen, die Vollstreckung nach Recht und gültigem Urteil des Reichskammergerichts bedeute, und zwar wegen der durch den Deich jährlich auf Lüneburger Gebiet verursachten Überschwemmungen. Die Initiative dazu, das Urteil gewaltsam zu vollstrecken, war nicht meine Idee. Mein berühmter Onkel, König Christian IV. von Dänemark, hat die Vollstreckung von mir verlangt, weil anders ein Aufruhr der Lüneburger Bauern zu erwarten stünde. Solche Unruhen könnten sogar die Handelsschifffahrt auf unserer Elbe empfindlich schädigen. Dass aber die Lüneburger darüber hinaus den Zollenspieker und alle übrigen hamburgischen Zolleinrichtungen verwüstet haben, geschah nicht mit meinem Willen, sondern aufgrund der Unfähigkeit der Truppenführung vor Ort. Ich schäme mich dafür. Ich hatte die vier Hamburger Bürgermeister in diesem versiegelten Geheimschreiben zu Beginn unseres Angriffs auf die Vierlande wissen lassen, dass ich es nicht zum Äußersten kommen lassen würde, sofern Hamburg das Urteil des Reichskammergerichts, den Gammerdeich wieder zu öffnen, endlich akzeptierte und ausführte. Dir als einem verlässlichen Freund aus alten Zeiten sollte der Brief ausgehändigt werden, damit du ihn an den Rat der Stadt Hamburg weiterleitest.«

Der Oberst regierte stockend: »Das also wurde durch die feige Ermordung des bewusstlosen Boten verhindert? Das leuchtet ein. Nun fragt sich, wer könnte davon gewusst beziehungsweise ein Interesse daran gehabt haben, die Übergabe deines freundlichen Angebotes zu verhindern? Das müssen wir unbedingt herausfinden! – Entschuldige, Christian, beinahe hätte ich das Wichtigste vergessen: Der Mörder hat mit dem Blut des Ermordeten ein großes X auf eine Holzwand gepinselt, wohl um uns seine Allmacht fühlen zu lassen.«

Herzog Christian zögerte einen Augenblick, dann antwortete er: »Sieh einer an: Der gleiche Verbrecher war auch bei uns im Lüneburgischen unterwegs. Ich nehme beinahe an, dass er uns gegeneinander aufbringen wollte, wie ja Dodo und Blasius ...«

Valckenburgh stutzte, fuhr sich mit der Hand über die Augen, als erwache er plötzlich aus einem Traum, und fragte den Tollen Christian: »Wäre es für dich nicht viel leichter, ja ungefährlicher gewesen, Dodo zu bitten, das gesiegelte Schreiben im Hamburger Rathaus abzugeben? Sie waren doch schließlich bei dir!«

»Wie?« Der Herzog wurde aschfahl. »Du weißt davon, dass Dodo und Blasius …«?

»Ich musste doch nachprüfen, aus welchem Grund sich die beiden Herren weigerten, unser Landgebiet gegen deine Truppen zu verteidigen.«

Ich zog die Kapuze noch tiefer, um zu vermeiden, dass mir die langen Haare ins Gesicht fielen.

Christian sprach jetzt ganz leise:

»Es war in Lüneburg. Ich hatte den Dodo und den Blasius zu einem ernsten Gespräch eingeladen. Wir hatten viel getrunken, und ich glaubte mich plötzlich an den Hof der böhmischen Königin Maria Stuart versetzt. Ob du's glaubst oder nicht: Plötzlich stand der auf einem Relief abgebildete Schwarze Reiter, dem wir die Niederlage am Gammerdeich zu verdanken hatten, mir von Angesicht zu Angesicht gegenüber!«

Inzwischen waren die Schlitten in die Gröninger Straße eingefahren und hielten vor dem English House. Der Housekeeper und seine Gehilfen nahmen sich der Hohen Gäste an, um sie auf ihre Zimmer zu begleiten. Der Herzog verabschiedete sich freundlich. Valckenburgh und ich fuhren weiter und suchten unser Quartier auf.

WINTERKÖNIG
IM ENGLISH HOUSE

ZUM WARMEN BETT hatte es mich in der jüngeren Vergangenheit immer wieder und immer gern hingezogen. Aber in gewissen Momenten gab es einen Grund, Rieckes Verlockungen zu widerstehen. In diesem Moment forderte der Anblick des großen Couverts, das halb unter der Kammertür hervorlugte, meine komplette Aufmerksamkeit. Ich angelte es mit den Zehenspitzen zu mir heran, drehte und wendete den Umschlag aus kostbarem Papier und las mit Andacht meinen in schwungvollen Lettern geschriebenen Namen. Darüber prangte das Wappen des Königs von Böhmen.

Gerade wollte ich den Umschlag öffnen, als mich zwei Hände in die Liebeshöhle zurückzogen. Soviel Zeit musste sein, ich ließ die arme Riecke nicht darben und lernte in den folgenden Minuten eine weitere Liebeslektion.

Meine hingebungsvolle Gastgeberin schlief wieder ein. Ich zog das lädierte Couvert unter ihrem Körper hervor und öffnete es. Noch einmal streckte Riecke im Schlaf eine Hand nach mir aus und ließ sie auf meinem Oberschenkel ruhen. Zum ersten Mal nahm ich die kleinen Runzeln auf dem Handrücken wahr. Ich betrachtete meine Riecke genauer und schaute in ein Gesicht, das sich unter verlaufener Schminke in ein anderes

Gesicht verwandelt hatte. Ich hob die Hand von meinem Schenkel und schob sie unter die Bettdecke.

Wenige Atemzüge später öffnete sie die Augen, studierte mein Gesicht, erkannte meine neue Skepsis und stellte die zutreffenden Verbindungen her. Entsetzen und Enttäuschung waren in ihrem Gesicht zu lesen. Tränen liefen über ihre Wangen. Sie raffte ihre Kleider zusammen, presste sie an den Körper und huschte zur Kammertür. Noch einmal drehte sie sich um, verstört und verletzt. Nie hatte ich so viele Lebensjahre in Rieckes Gesicht gesehen, nie so viel Traurigkeit. Es zerriss mir das Herz. Aber mir fiel kein Mittel ein, um ihr den Abschied zu erleichtern. Leise schloss sich die Tür.

Lange saß ich auf der Bettkante, den Umschlag in Händen, und starrte auf die kunstvoll verschnörkelte Einladung zu einer Festlichkeit am heutigen Abend im English House. Eine willkommene Gelegenheit, die Entzauberung meiner ersten Liebeserfahrung für einige Stunden zu verdrängen.

Zum ersten Mal würde ich in die Festtagstracht schlüpfen, die Valckenburgh mir verordnet hatte. Sein Adjutant sei ich ja nun und damit ein ranghoher Soldat. Als solcher solle ich mich um die einschränkenden Kleiderordnungen, die nur die Bürger beträfen, nicht mehr scheren.

Ich hatte Anna, die inzwischen zusammen mit den Gemüsefrauen im Zippelhaus lebte, für fünf Uhr nachmittags zu mir gebeten. Sie wusch mir gründlich die Haare und schnitt den Wildwuchs meiner Strähnen zurück. Sie sollten sich wieder in einer Innenrolle über die Schultern breiten. All dies versah Anna zu meiner Zufriedenheit, ich schaute sie dabei mit Empfindungen an, die sich nicht mehr nur mit der kameradschaftlichen Vertrautheit seit Kindertagen erklären ließen. Danach warf ich mich in das weiße Hemd, dessen Kragen als schmaler, gekräuselter Streifen aus dem hoch geschlossenen Wams hervorlugen sollte. Anna half mir, was sonst niemand hätte tun dürfen, die eng wie eine zweite Haut anliegenden Beinlinge überzustreifen und über dem Schritt die Schamkapsel korrekt zu platzieren. Sie wurde rot dabei, als sie spürte, welche Wirkung ihre Manipulationen bei mir verursachten. Schnell zog sie mir die braun und rot quergestreifte Puffhose darüber, die oberhalb der Kniekehlen mit Stoffbändern fest zusammengezurrt wurde. Ausladende Stulpenstiefel und ein grünes Wams vervollständigten die Garderobe des Herrn Adjutanten. In einem Manöver des letzten Augenblicks steuerte Valckenburgh aus seiner Kleiderkiste einen breitkrempigen Hut bei, der einem Herold wohl angestanden hätte. Derart fantasievoll nach neuester Landsknechtmode ausstaffiert, wollte ich auf dem Fest im English House vor den kritischen Augen der böhmischen Höflinge bestehen.

Valckenburgh hatte darauf gedrungen, mich auf seinem Schlitten zu der abendlichen Festveranstaltung mitzunehmen. Wir trafen wenige Minuten vor sieben Uhr ein, zahlreiche Ehrengäste fuhren im gleichen Augenblick vor. Um den nachfolgenden Gespannen Platz zu machen, hüpfte der Hausdiener vom Kutschbock und half uns aus dem Schlitten.

Die Giebelfront und das Portal waren von Fackeln erleuchtet. Über dem Eingang lud das Wappen des Königs von Böhmen ausgewählte Honoratioren der Bürgerstadt in die geschmückten Räume des English House ein. Zu beiden Seiten des breiten Flurs paradierten Diener, die mit Fackeln den Gästen den Weg zum Prunksaal, dem Court-Room of the Merchant Adventurers, leuchteten. Ihren Schritt beschwingte eine muntere Intrade, die aus dem Inneren des Saales drang. Zwar hatte das Stadtregiment die offizielle Präsenz möglichst gering gehalten, sich aber im letzten Augenblick doch entschlossen, ein wenig Ratsmusik zum Gelingen des königlichen Festabends einzubringen.

Über den Köpfen der voranschreitenden Gäste bestaunte man drei hintereinander angeordnete, mächtige Kronleuchter, die von der Decke des Prunksaales hingen. Beim Betreten geriet der Einzug ins Stocken. Der *Court-Master* ließ es sich nicht nehmen, die Ehrengäste dem Vertreter des Hamburger Rates persönlich vorzustellen. Sie erkannten ihn sofort, den schlanken, beinahe kleinwüchsigen Herrn, den sie hier zum ersten Mal im dunklen Aufzug seiner spanischen Hoftracht zu Gesicht bekamen: ihren Hauseigentümer, den Syndikus Vinzent Moller, Doktor beider Rechte, der die auswärtigen Interessen Hamburgs in aller Welt vertrat. Heute musste er, von den anderen drei Bürgermeistern und den meisten Ratsherren im Stich gelassen, die Stadt allein verkörpern. Als der hünenhafte Festungsbaumeister auf ihn zukam, fasste Moller seine Hand, stellte sich auf die Zehenspitzen und schraubte sich zu seinem Ohr hinauf, um ihm eine Nachricht zuzuraunen. Leider verstand ich kein Wort, aber Valckenburghs Mienenspiel verhieß nichts Gutes.

Der Saal füllte sich, die Herren nahmen an langen Tischen Platz. Der Zeremonienmeister betrat die Bühne und kündigte die Ankunft König Friedrichs von Böhmen und seiner Gemahlin, Königin Elisabeth Stuart, an. Die Gäste erhoben sich noch einmal und erlebten den Einzug der Majestäten in vollem Ornat, versehen mit allen Symbolen ihrer königlichen Würde. Das höfische Personal, reduziert auf eine kümmerliche Begleitung, ließ dann doch deutlich werden, wie karg es zu diesem Zeitpunkt tatsächlich um den König, Haupt der Protestantischen Union, und seinen Anhang bestellt war. Die Anwesenden begannen zu tuscheln – eine Reaktion, die hier und da Enttäuschung und Betroffenheit ob der dürftigen Erscheinung deutlich werden ließ. Ein Einziger schien die Differenz zwischen Vorstellung und Wirklichkeit der Machtverhältnisse nicht begreifen zu wollen: König Friedrich höchstselbst! Mit großartiger Geste gebot er Schweigen.

Seine Rede eröffnete er mit überzogenem Dank an den Rat der Stadt Hamburg für den würdevollen Empfang und vergaß ebenso absichtlich die eigentlichen Gastgeber, den Court-Master und die Merchant Adventurers, zu erwähnen. Valckenburgh quittierte den Lapsus ironisch zustimmend mit Kopfnicken. Der König beabsichtigte offensichtlich, *in such a manouver of the last moment* die Stadt für den Beitritt zu der vom Zerfall bedrohten Protestantischen Union in Anspruch zu nehmen.

Friedrich räusperte sich und begann:

»Vor Euch steht Friedrich V. Kurfürst von der Pfalz, zugleich König von Böhmen, ein König ohne Land, aber der erwählte Anführer der Protestantischen Union, ein stolzer Calvinist. Zu allen Zeiten haben wir die aus den noch spanisch besetzten Provinzen der Niederlande nach Norddeutschland geflohenen Calvinisten bei der Ausübung ihres Glaubens unterstützt. Wir haben ihnen geholfen, geheime Gemeinden unter dem Kreuz zu bilden, weil sie von den lutherischen Pfaffen daran gehindert wurden, Gottesdienste, Taufen, Heiraten, Beerdigungen nach eigenem Ritus auf dem Boden der Stadt Hamburg zu vollziehen.

Niemand darf ungestraft gegen den Geist der von Lutheranern und Calvinisten gemeinsam gebildeten Union verstoßen, gleichgültig, ob er schon dazu gehört oder einen Beitritt nur in Erwägung zieht. Wir erwarten, zumal die Union in diesem Augenblick dringend der Unterstützung bedarf, dass die mächtige

Stadt Hamburg, Leuchte des Protestantismus, sich endlich ohne Wenn und Aber unserem Kampf gegen die Katholische Liga und ihren blutrünstigen Anführer Tilly anschließen wird. Zumindest sollte sich der Hamburger Rat etwas einfallen lassen, um die radikalen Vertreter des lutherischen Klerus, die unsere calvinistischen Glaubensbrüder in Hamburg auf manche harte Probe stellen, besser im Zaum zu halten.

Die Königin und ich strapazieren uns zurzeit mit einer Reise, um die protestantischen Stände im Norden des Reiches in ihrem Glauben und im Kampf für die gerechte Sache zu bestärken. Auch sie hoffen auf die Rückendeckung durch Hamburg. In wenigen Tagen werden wir nach Lübeck und Segeberg weiterreisen und zusammen mit König Christian IV. von Dänemark eine neue Allianz zum Schutz der protestantischen Territorien schmieden, ehe wir unseren tapferen Freund, den Prinzen Moritz von Oranien, zu Schiff in Den Haag aufsuchen werden.«

Valckenburgh flüsterte mir zu: »Um sein Asyl brauchen wir uns schon mal nicht mehr zu kümmern.«

»Nach Gottes Willen und seinem ewigen Ratschluss wird die Sache des Protestantismus am Ende obsiegen!«, beschloss der König seine Rede.

»Wer's glaubt, wird selig!«, murmelte der Tolle Christian und senkte traurig das Haupt.

Niemand riskierte eine Gegenrede, auch nicht der wortgewandte Vierte Hamburger Bürgermeister Moller. Um eine Verlegenheitspause zu vermeiden, schwebten sogleich köstliche Speisen auf Riesentabletts aus der Küche herein, so zauberhaft arrangiert, dass die Gebildeteren sich an das von den Alten oft zitierte *Gastmahl des Trimalchio* erinnert fühlten. Dann die Weine! Nicht einmal das Rathaus verfügte über einen Keller, der es mit dem im English House verwahrten Vorrat an erlesenen Jahrgängen aufnehmen konnte! Eine Herausforderung für Herzog Christian, fand ich. Schon sah man den Tollen zwischen den Tischen unterwegs, um Bekannten und Unbekannten zuzuprosten. Ihm bereitete es offensichtlich ein diebisches Vergnügen, den Vertreter des Hamburger Rates, Vinzent Moller, durch Trinksprüche zum Mithalten zu zwingen und zügig unter den Tisch sinkend zu erleben. Doch das Opfer wehrte sich, knabberte, den dargebotenen Pokal abwehrend, an einem Hühnerbeinchen oder beschäftigte seine Hände, die aus Brotbrocken kleine Würfel kneteten.

Valckenburgh hatte es beobachtet und rettete den Armen vor dem Verderben: »Verzeih, mein lieber Christian«, wandte er sich an den Herzog: »Ich muss dir deinen liebsten Trinkgenossen für einen Augenblick entführen!«

Die unwilligen Blicke des Herzogs in Kauf nehmend, flüchtete er mit Moller über die Treppe vom Festsaal ins erste Stockwerk und winkte mir zu, ihm zu folgen. Auf der obersten Treppenstufe wurden wir erwartet.

Ein englischer Capellan führte uns an den vor Lauschern sichersten Ort des Hauses, in eine kleine, spärlich durch vier Leuchter auf der Mensa in zuckendes Licht getauchte Hauskapelle. Moller schaffte es bis in die Nähe des Altars, ließ sich auf eine Bank fallen und krallte sich an der Lehne fest. Ihm stand Schweiß auf der Stirn.

»Ich danke Ihnen, dass Sie mich errettet haben, Valckenburgh! Mein Arzt hat mir den Genuss von Wein strikt verboten! Dieser elende Kerl, der Herzog! Er will mich wohl umbringen!«, brach es aus ihm heraus. »Mir geht es nicht gut. Ich muss unbedingt nach Hause, um mich auszukurieren.«

»Ich biete Eurer Magnifizenz gern meine Hilfe an«, erbot

sich der Oberst, setzte sich neben Moller und legte ihm beruhigend seine Hand auf die Schulter. »Mein Pferdeknecht wird Euch in meinem Schlitten nach Hause fahren.«

»Das akzeptiere ich gern, verehrter Oberst! Zuvor möchte ich Sie noch etwas wissen lassen: In letzter Zeit musste ich manchen Umweg in Kauf nehmen, um gefährliche Angriffe auf meine geliebte Vaterstadt abzuwehren. Heute geht es mir ganz entschieden um noch mehr: Vorhin am Saaleingang hatte ich Ihnen etwas von einer bevorstehenden Gefahr angedeutet. In der Tat muss sich das Heilige Römische Reich Deutscher Nation auf die Übernahme durch eine grausame Besatzungsmacht gefasst machen. Mit dem Reich zusammen würde auch Hamburg das gleiche Schicksal ereilen, sollte es Ihnen, Verehrtester, nicht gelingen, den neuen Stadtmauerring rechtzeitig zu schließen.«

Valckenburgh wurde ernst und hörte angespannt zu.

Ihm sei daran gelegen, begann Moller, die allerneuesten, privat übermittelten Nachrichten erschreckenden Inhalts nur ihm, Valckenburgh, als dem verlässlichsten Verteidiger der Hamburger Sicherheit mitzuteilen. Man müsse Kaiser Ferdinand II. dazu bringen, seinen Hass auf alle Protestanten, seien sie Lutheraner oder Calvinisten, zu begraben und ihnen die freie Ausübung ihres Glaubens, wo immer sie leben, zu belassen. Noch bringe der Kaiser leider mit seiner Privatrache an Friedrich von Böhmen das Reich in Gefahr. Es dürfe Hamburg schon nicht gleichgültig sein, sofern der Kaiser dem spanischen König noch einmal helfen würde, die vom katholischen Glauben abgefallenen Niederlande zurückzuerobern. Aber dass er ihn jetzt ermuntere, nach Norddeutschland einzumarschieren, könne dazu führen, das ganze Reich in einem riesigen Krieg zu zermalmen. Dem Kaiser scheine es zu genügen, alle deutschen Lande wieder unter das Joch des Papstes in Rom zu zwingen –

gleichgültig, zu welchem Preis! So lasse er die Spanier hoffen, sich das ganze Reich untertan zu machen. Er dürfe dann nach Belieben unsere Herzöge und Fürsten absetzen, sie zu Bischöfen, Prälaten, Messnern, Glöcknern oder schlechten Chorsängern umerziehen und die Landbevölkerung zu Leibeigenen erniedrigen. Mit diesen Worten habe er, immerhin Alt-Katholik, Kaiser Ferdinand brieflich vor der gegenwärtigen Bedrohung gewarnt.

»Sie schauen mich so zweifelnd an, verehrter Herr Oberst«, bemerkte Moller dessen Reaktion. »Ich fantasiere nicht! General Spinola hat den Niederrhein bereits überschritten und ist dort seit einigen Wochen mordend und brandschatzend unterwegs. Die bei uns im Norden ausgebrochenen kleinlichen Rechthabereien zwischen Lutheranern und Calvinisten sind absolut unangebracht und müssen sofort aufhören. Sie schaden allen Deutschen und nützen einzig Spanien …«

»… oder doch eher der deutschen Gegenreformation als gerade dem Spanier?«, fragte Valckenburgh ungläubig zurück.

»Nein, nein! Wie ich schon sagte, die Streitereien zwischen den protestantischen Fraktionen sind die richtige Nahrung für spanische Expansionsgelüste. Mich bekümmert, was gegenwärtig in Hamburg läuft. Der vom lutherischen Klerus geschürte und vom Rat nicht ausreichend bekämpfte Hass auf die Calvinisten bringt die Protestantische Union zum Platzen, und die Anführer der Katholischen Liga lachen sich ins Fäustchen. Besonders schlimm ist es, dass unser Erster Bürgermeister, Kollege Voegeler, keinen Wert mehr auf meine Beratung legt. Was ich Ihnen jetzt erzähle, muss unter uns bleiben!«

»Sagt mir genau, was Ihr befürchtet, verehrter Doktor Moller!«, forderte Valckenburgh ihn auf.

»Voegeler hatte im Namen unserer Stadt – welch ein Irrsinn! – 1607 einen Bündnisvertrag mit Spanien geschlossen, das sich in einen Krieg gegen die aufständischen Niederlande gestürzt hatte. Dieser Bündnisvertrag blieb de facto – Gott sei Dank! – lange Zeit ohne Bedeutung, weil kurz darauf, schon 1609, Spanien mit den Generalstaaten einen Waffenstillstand schloss, der bis heute hält. Nun kommt es! Das alte, schon beinahe vergessene Bündnis könnte in unseren Tagen ganz unerwartet auf die Probe gestellt werden, weil die Spanier den Waffenstillstand jederzeit aufkündigen könnten und von ihren alten Hamburger Bündnispartnern erwarten dürften, das zu liefern, was die am besten liefern können: Waffen, Waffen und nochmals Waffen. Dem Himmel sei Dank, dass Philipp III. alt und krank ist und keine Lust verspürt, sich mit breiter Brust in einen nächsten Waffengang mit den Niederländern zu werfen.«

»Ich nehme doch an, Hamburg würde sich weigern, den neu entbrannten Glaubenskrieg mit todbringenden Kriegsmaterialien anzufeuern«, erwiderte Valckenburgh dem ermattet in sich zusammensinkenden Ratsherrn. Aber Moller bäumte sich noch einmal auf:

»Da sind Sie im Irrtum, verehrter Oberst! Wenn die Stadt, die weltweit den bedeutendsten Tummelplatz für Waffenhändler in ihren Mauern birgt, es wirklich wollte, könnte sie den wieder aufflammenden Weltenbrand löschen, indem sie durch ein Verbot der Ausfuhr gegenüber allen miteinander Krieg führenden Parteien dem Feuer die Nahrung entzöge. Aber die Geldgier vernebelt den edlen Hanseaten den Verstand! Liebend gern sehen sie sich zu Waffenlieferungen an alle miteinander verfeindeten Mächte genötigt. In unserer Stadt treiben sich zurzeit viele Agenten fremder Mächte und Spitzel herum, die …«

Moller hielt inne, er hatte das leise Knarren der Kapellentür gehört und versuchte, die Düsternis zu durchdringen. Aber wahrzunehmen war allein die schnarrende Stimme des Eintretenden: »So hab' ich Euch doch gefunden! Ich habe überall nach Euch gesucht, Magnifizenz!«

»Wenn man vom Teufel spricht!«, hauchte Moller gerade noch vernehmlich.

Man sah die Schuhe, die in langen schwarzen Strümpfen steckenden dürren Beine, dann den unteren Teil des schwarzen Umhangs mit dem Wappen der Schwarz-Weißen. Wieder schnarrte die Stimme:

»Hoffentlich störe ich nicht. Mir liegt daran, Euch meinen Informationsdienst anzutragen. Ich bin …«

»… ach, ich weiß doch längst, dass Sie es sind, Herr Kleinhanns, der mich stören will. Ich habe Sie an Ihrer unverwechselbaren Stimme erkannt, die mich immer wieder – ich weiß gar nicht warum – an eine Feuerratsche erinnert«, spottete Moller sanft.

Jetzt wurde auch der Kopf des Störenfrieds sichtbar, der wie der Abschnitt eines Rohrs mit davor geklebtem Gesicht aus dem Kragen herausragte. Das Rohr öffnete den Mund und schnarrte: »Es wäre der Reichspost von Thurn und Taxis eine Genugtuung, Euch an unseren reichsweit eingezogenen und verbreiteten Nachrichten teilhaben zu lassen.«

»Ohne Gegenleistung?«, fragte Moller kühl zurück.

»Das versteht sich von allein, Magnifizenz. Allerdings warten wir immer noch auf die Bewilligung unseres Gesuchs durch den Stadtrat, neben der Reichspost möglichst bald auch eine Postzeitung in Hamburg einrichten und drucken zu dürfen.«

Moller wurde schneidend scharf: »Verzeihen Sie, Herr Kleinhanns, unser Zögern wird schon seine Gründe haben. Sie glauben doch nicht im Ernst, dass ich willens sein könnte, mich hier und heute in einem Schnellverfahren über die Vorstellungen meiner Ratskollegen hinwegzusetzen! Außerdem befinde ich mich in einer wichtigen Besprechung, die wir einem Thema von Dringlichkeit widmen und noch heute abschließen wollen. Ich darf Sie daher bitten, uns umgehend zu verlassen.«

»Also wieder nichts!« Auch der ungebetene Gast reagierte jetzt mit Schärfe. »Ich warne Euch, Magnifizenz! Irgendwann werden wir Euch und auch den Herrn Meyer mit seiner *Wöchentlichen* von unserem Informationsdienst abschneiden und dem Kaiser nahelegen, gegen Hamburgs einseitige Pressepolitik ein Exempel zu statuieren. Sie werden noch von mir hören!«

Mit diesen erpresserischen Bemerkungen ließ Kleinhanns es bewenden. Dann trat er den Rückzug an.

Bürgermeister Moller nutzte den Vorfall, um Valckenburgh und mich darüber aufzuklären, was der Herr Generalpostmeister im Schilde führte:

»Vor ihm müsst Ihr Euch besonders vorsehen, weil er nicht einmal davor zurückschreckt, Briefe unserer Ratsherren zu öffnen und darin enthaltene Nachrichten willkürlich zu verfälschen und, bedrohlich entstellt, an zuständige Adressen der kaiserlichen Verwaltung weiterzugeben. Er ist Hamburger und sowohl in als auch auf allen Schreibtischen der Hamburger Behörden unterwegs. Gerade seinetwegen versuche ich ja, den Kaiser, der mich gut kennt, persönlich anzusprechen, um die negativen Auswirkungen solcher Machenschaften ins Leere laufen zu lassen.«

»Was kann man denn überhaupt noch tun, um den Wahnsinn aufzuhalten?«, fragte Valckenburgh besorgt.

»Kümmern Sie sich nur darum, durch Fertigstellung der Stadtbefestigung jede Invasion der Katholischen Liga und der Spanier zu verhindern! Und versuchen Sie, mit welchen Mitteln immer, dem Waffenschmuggel nach Spanien einen Riegel vorzuschieben. – Aber nun, Herr Oberst, verzeihen Sie! Ich kann nicht mehr. Die Schmerzen, wissen Sie. Ich würde Ihr Angebot, mich nach Hause bringen zu lassen, jetzt liebend gern annehmen.«

Valckenburgh und ich halfen dem kaum mehr gehfähigen Ratsherrn die Treppe hinunter, passierten das muntere Gelage im Festsaal, erreichten mit dem Kranken den Eingang und begleiteten ihn bis an den Schlitten. Im letzten Augenblick fasste ich mir ein Herz:

»Verehrtester Herr Bürgermeister, ich bitte, mich mit einer Frage an Eure Magnifizenz wenden zu dürfen, weil nur Ihr sie beantworten könnt. Mir ist bekannt, dass Euer Hochwohlgeboren das fürs ganze Reich geltende Prozessrecht Kaiser Karls V., die Carolina, den Grundsätzen der Hamburger Rechtsprechung angepasst haben und menschlich kaum verständliche Urteile unseres Niedergerichts abmildern konntet. Es gibt da einen Fall, in den Ihr eingegriffen habt. Er betrifft meine Familie. Ich wäre Eurer Magnifizenz zu großem Dank verpflichtet, wenn Ihr mir erlaubtet, Euch wegen dieser lang zurückliegenden Geschichte um eine Auskunft zu ersuchen.«

Moller war inzwischen derart schlecht zuwege, dass ich daran zweifelte, ob er mir diesen Wunsch erfüllen würde. Umso mehr überraschte mich seine Zusage:

»Ich freue mich, dich als einen unserer artigsten Mitbewohner demnächst in meiner Kanzlei begrüßen zu dürfen. Wie sollte ich dir, nachdem du dich heute so sehr um mein Wohl gekümmert hast, einen leicht erfüllbaren Wunsch abschlagen. Also besuch mich recht bald!«

Der Oberst und ich winkten ihm nach und kehrten in den Prunksaal zurück. Das Fest näherte sich seinem Höhepunkt.

Der Tolle Christian erhob sich und stellte den Gästen einen jungen Mann vor. Der weißblonde Unbekannte wirkte in seiner dunklen spanischen Hoftracht besonders vornehm. Er war hochgewachsen, schlank von Gestalt, schmal der Kopf, blass und ernst das Gesicht. Die großen blauen Augen verrieten verhaltene Traurigkeit. Er hielt ein großes Saiteninstrument im Arm – eine Theorbe.

Herzog Christian ließ die Gäste wissen, König Friedrich habe diesen jungen Mann auf Wunsch seines Vaters, des Rektors der Universität Prag, unmittelbar nach der verlorenen Schlacht am Weißen Berg aus der belagerten Stadt gerettet und nach Wolfenbüttel mitgebracht. Dort habe er sich seiner angenommen und ihm auch die große Bibliothek gezeigt. Václav Jessenius, so sein voller Name, sei trotz seiner Jugend schon jetzt ein begnadeter Lautenist und Theorben-Spieler und besitze eine wohlklingende Naturstimme. Durch Zufall sei Václav in der Bibliothek auf Liederhefte gestoßen, die ein berühmter Komponist aus England, der Heimat der böhmischen Königin Elisabeth, nach einem Konzert in Wolfenbüttel hinterlassen habe. Fasziniert von dem Material, habe Václav keinen Augenblick gezögert, die Noten und Texte einiger Lieder abzuschreiben und zu studieren.

Herzog Christian trat nun auf das königliche Paar zu, verneigte sich vor der Königin mit einem eleganten Kratzfuß und schloss mit den Worten:

»Es sei mir erlaubt, am heutigen Festabend eines dieser wunderbaren Lieder Königin Elisabeth, der die Herzen der Protestanten in aller Welt und so auch das meine zufliegen, zu widmen. Es singt und musiziert für Sie der Spielmann Václav Jessenius, den ich nunmehr bitte, das ausgewählte Lied zu Gehör zu bringen.«

Der Spielmann betrat das flache Podest und verbeugte sich tief vor den Majestäten und ihren Gästen. Das flackernde Licht der Kronleuchter ließ die sorgfältig geschnittenen Lockenspitzen in tausend goldenen Flämmchen glühen. Als er sich wieder aufrichtete, blickte er stolz über die Köpfe der versammelten Gesellschaft hinweg, als flöge ihm aus der Weite ein Lied zu, das er jetzt wiedergeben werde. Mit ruhiger Hand stimmte er die Saiten nach, hielt einen Augenblick inne und schloss die Augen.

Dann schlug er einen heiter klingenden Akkord an, ließ ihn ruhen und darüber in tenoralem Bariton, in ganz natürlichem Sprachrhythmus, eine zärtliche Einladung folgen:

»*Come again – sweet love doth now invite …*«

Drei Strophen hatten dem Komponisten genügt, eine unglückliche Liebesgeschichte in einem schlichten und doch an Stimmungen reichen Lied zu entwickeln. Zuerst war nur die Hoffnung auf ein Wiedersehen da, ein Glück, das mit unruhigen Auftakten die Aussicht darauf steigerte, die Angebetete »*to see! … to hear! … to touch! … to kiss! … to die with thee again in sweetest sympathy.*«

Die Geliebte aber ließ ihn warten und jetzt nach gleichen Auftaktnoten klagen:

»*I sit! … I sigh! … I weep! … I faint! … I die in deadly pain and endless misery.*«

Der Vernachlässigung des Liebenden folgte die Erleuchtung des zu Tode Gekränkten auf dem Fuße:

»*Thou canst not pierce her heart! For I that too approve …*«

Oh, ja! Er hatte alles probiert, alle Versuche schlugen fehl. Und sie! Sie lachte noch darüber:

»*… by sighs … and tears … more hot than are thy shafts, did tempt while she for mighty triumph laughs!*«

Unglaublich, was der Sänger an Stimmungsbildern herbeizauberte, indem er die gleichen Notenfolgen der drei Strophen bald mit Liebe, mit leidenschaftlicher Erwartung, mit Enttäuschung oder Bitterkeit allein durch seinen an Registern reichen Gesang und sein abwechslungsreiches Lautenspiel einzufärben verstand! Ich bewunderte den Einklang von Musik und Körpergestik im Ganzen, das Liebesspiel der schlanken Hände mit dem Instrument. Ich sah, wie die Finger der Linken über das Griffbrett huschten und mit zärtlichem Druck auf die Saiten die zauberhaftesten Klänge vorbereiteten, während die der Rechten den gleichen Saiten die unterschiedlichsten Klangfarben abforderten – durch weiches Streicheln, energisches Zupfen, wildes Schlagen bald das leichte Wetter, bald den strahlenden Sonnenschein oder auch das krachende Gewitter – abforderten.

Der stand da vorn, ein strahlender Orpheus in schwarzem Gewand, der die Musik aus dem Totenreich der Noten zu neuem Leben auferstehen ließ. Alle anderen Ereignisse des Abends verblassten dahinter. Das Publikum dankte ihm mit Jubelstürmen. Die Königin rief den Sänger zu sich und schenkte ihm eine Rose aus rotem Samt. Dann winkte sie den Herzog herbei, hieß ihn niederknien, zupfte ein durch Wind, Staub und Löcher verunstaltetes Gewebe von seiner Hutfeder. Danach zog sie ihren linken, weißseidenen Handschuh aus und schob diesen dem vor ihr knienden Verehrer darüber. So zeichnete sie ihren treuesten Kämpfer aus, der jederzeit bereitstand, für sie sein Leben zu wagen. Ich konnte mich nicht rühren, saß da wie verzaubert, still in mich gekehrt und versuchte zu überdenken, was hier geschehen war.

»Alter Chorknabe! Bist du's wirklich, Jonas?«, wurde ich unvermittelt aus meinen Gedanken gerissen. Vor mir stand der

Organist und Kantor der St.-Jakobi-Kirche, Hieronymus Praetorius. »Ganz große Musik, nicht wahr, lieber Jonas? Was sagst du dazu?«

»Ja, Meister, und so wunderbar vorgetragen! Ich habe zwar im Chor des Johanneums aus der Fülle geistlicher Musik manch kompositorisches Meisterwerk mitsingen dürfen. Aber was wir heute gehört haben, lässt mich nicht mehr los, dieses schlicht und zart angestimmte *come again* … – Wem verdanken wir solche Lieder – einem Engländer, der durch Deutschland gereist ist und in Wolfenbüttel Konzerte gegeben hat, wie man hört?«

»Nicht nur in Wolfenbüttel! Auch in Kassel, auch in Italien! Sogar in Kopenhagen hat er komponiert und König Christian ein ganzes Liederheft gewidmet.«

»Und wie ist sein Name?«

»Er heißt John Dowland. Zurzeit wird er am Hof in London gefeiert.«

Praetorius schloss die Augen und hob das Gesicht an, als lausche er noch immer der Musik nach. Dann sagte er mit wenigen Worten, was ihn bewegte: »Einfach und schön! Melodien wie diese würden mir nie einfallen – leider. Mit Empfindungen allzu weit über mich hinauszuwachsen, das würde mir kaum gelingen.«

Come along,
sweet love ...

Samstag, 20. Februar 1621

AM MORGEN NACH DEM GROSSEN FEST traf man sich vor dem English House in der Gröninger Straße zur Verabschiedung König Friedrichs und seiner Gemahlin. Das trübe, nass-graue Wetter entsprach der Seelenlage der Versammelten. Niemand wagte es auszusprechen, aber allen war bewusst, dass mit dem Abschied der Majestäten die Protestantische Union in sich zusammenfallen würde. Valckenburgh befürchtete, Tilly und seine Katholische Liga seien bereits nach Norden unterwegs, um den Widerstand der Häretiker endgültig niederzumachen. Und Friedrich? Grotesk, wie er den zur Verabschiedung Versammelten weismachen wollte, er eile von Sieg zu Sieg! Wohl niemand zweifelte in diesem Augenblick daran, dass seine letzten Reiseziele auf deutschem Boden, Lübeck und Segeberg, kaum mehr bedeuteten, als den Gesichtsverlust des aus der Schlacht am Weißen Berg bei Prag getürmten, erfolglosen Anführers der Protestantischen Union möglichst gering zu halten. König Friedrich war in Eile, er wirkte nervös.

Im letzten Augenblick überraschte er Valckenburgh mit einem Auftrag, indem er ihn ansprach und ihm das Wohl des jungen Sängers ans Herz legte:

»Unser lieber Václav Jessenius wird in Hamburg bleiben.

Ihn vertraue ich Euch an, bester Valckenburgh, mithin der umsichtigen Obhut eines der treuesten Gefolgsleute der calvinistischen Gemeinde in dieser Stadt.«

Ohne die Zustimmung des Festungsbaumeisters abzuwarten, bestieg er einen der Schlitten, die bereitstanden, die hohen Herrschaften nach Lübeck zu befördern. Valckenburgh zeigte keine Regung. Hinter vorgehaltener Hand fragte er mich, was ich davon hielte, den jungen Sänger in den Nebenräumen meiner Dachwohnung unterzubringen. Ich wurde rot und nickte betont beifällig. Ich fürchtete, man könne mir ansehen, wie sehr ich mit diesem Vorschlag einverstanden sei. Valckenburgh fügte noch weitere Überlegungen hinzu. Man solle Václav umgehend mit allen Einrichtungen der Stadt vertraut machen und ihn auch über den Fortschritt der Festungsbauten unterrichten. Vielleicht gelänge es sogar, eine passende Beschäftigung für ihn zu finden. Seine Betreuung kam mir gerade recht, zumal sie mir gestatten würde, mich den Liebesattacken der schönen Riecke mit einer plausiblen Erklärung zu entziehen.

So kam es schnell dahin, dass ich, wann immer ich Zeit fand, oft zu Fuß, manchmal zu Pferd, mit Václav bald in den Häfen für den Seeverkehr, bald in denen für die Binnenschifffahrt unterwegs war und ihn überall bekannt machte. Ich erklärte dem wissbegierigen Flüchtling aus dem Böhmer Land, was Zoll und Akzise, die Abgaben für eingeführte Lebensmittel und Verbrauchsgüter, bedeuteten, und zeigte ihm die Mühlen auf dem Reesendamm. Wir besichtigten den nahezu fertiggestellten, mit zusätzlichen Bastionen demnächst gesicherten Damm, der die Alster überqueren und die neuen Wallanlagen der Altstadt mit denen der Neustadt im Norden verbinden sollte. Einen ganzen Tag widmeten wir dem Rathaus und dem Niedergericht, schlenderten an der Börse, der Waage und dem Kran vorbei und ließen auch das Gasthaus *Zum weißen Schwan* nicht aus. Ich wollte Václav Hamburgs allerneueste Errungenschaft, den dort residierenden Verlag der *Wöchentlichen Zeitung auß mehrerley Örther* zeigen.

Im Eingang zum Verlag stießen wir auf Johann Meyer. Der Verleger war gerade im Begriff, das Haus zu verlassen. Ich nahm die Gelegenheit wahr, ihm Václav vorzustellen. Meyer änderte spontan seine Pläne und lud uns zu einem Gespräch in den Verlag ein. Schnell begriff er, wie vielseitig begabt und interessiert der junge Mann aus Böhmen war. Gegen Ende des ausführlichen Gedankenaustauschs wollte Meyer wissen, wie lange der Musiker in Hamburg zu bleiben gedenke. Václav ließ keinen Zweifel, dass er als Protestant wegen der politischen Entwicklung an eine Rückkehr in seine Heimat vorerst gar nicht denken dürfe.

Meyer ließ durchblicken, Oberst van Valckenburgh habe sich bereits persönlich für Václav eingesetzt und vorgeschlagen, ihn als freien Korrespondenten zu beschäftigen. Frei heraus fragte er:

»Wie wäre es, Václav Jessenius, wärst du mit einer Probezeit als Eleve bei der Hamburger *Wöchentlichen* einverstanden? Wenn du gut einschlägst, könntest du schon bald als freier Korrespondent für mich arbeiten.«

Václav sagte sofort zu. Mit einer solchen Möglichkeit habe er im Traum nicht gerechnet. Er könne sich, sofern es genehm wäre, umgehend mit einigen Artikeln über die Zustände in Prag bedanken.

Das wäre ihm sehr willkommen, frohlockte Meyer. Seit zwei Jahren versuche Hans Jakob Kleinhanns, der Verwalter des Reichspostamtes, neben seinen Aufgaben der Brief-Übermittlung in Konkurrenz zur Hamburger *Wöchentlichen* eine zweite Zeitung aufzubauen. Er sei unserem Hamburger Blatt immer einen Schritt voraus, weil die kaiserliche Verwaltung ihn mit Nachrichten über die Kriegsschauplätze versorge – wohl gemerkt aus katholischer Sicht! Diesen Nachteil könne man wunderbar ausgleichen, wenn Václav der *Wöchentlichen* mit Berichten aus und über Prag zu mehr Aktualität verhelfen wolle. Die Leser der *Wöchentlichen* seien allerdings stärker an Meldungen über die gegenwärtig enorme Steigerung der hamburgischen Exporte interessiert. Ob er sich zutraue, auch auf diesem Gebiet zu reüssieren?

Václav versuchte, seine Freude zu verbergen:

»Ich wüsste gern mehr darüber, wenn Sie mich so fragen. Das ist Ansporn genug, mir das Fehlende anzueignen.«

»Ich werde ihm dabei zur Seite stehen«, fügte ich hinzu.

Der Verleger schaute mich verwundert an. Er hatte nicht damit gerechnet, dass ein Adjutant des Festungsbaumeisters Václavs Sache zu der eigenen machen werde.

Mit großem Dank und freudig erregt verließen wir den Verlag Richtung Speersort. Wir malten uns aus, wie und wo man einsteigen müsse, um die Vielzahl der in Hamburg für den Export produzierten Waren aufzuspüren, für den Weiterverkauf bestimmte Importwaren zu sichten, Handelssparten und Handelswege zu untersuchen. Ein erstes, nur in groben Umrissen sichtbares Bild deutete ich ihm an, den Hamburger Im- und Exportmarkt als ein durch den Rhythmus hin- und herfließender Warenströme stark belebtes Wegekreuz zu verstehen. Gestikulierend, demonstrierend, lachend und einander ins Wort fallend, kamen wir am Abend vor unserer Haustür an. Ehe wir ins Haus gingen, umarmte und beglückwünschte ich den Freund.

Im gleichen Augenblick öffnete sich die Haustür. Riecke

wollte, robust auftretend, vorbei. Aber wir standen ihr im Weg. Ein Bombardement an Beschimpfungen prasselte auf uns nieder: Valckenburgh habe mir den Auftrag erteilt, mich um den Sänger zu kümmern. Damit habe er nicht gemeint, sich Hand in Hand in der Öffentlichkeit zu zeigen und Umarmungen auszutauschen! Wie schamlos, die »stille Sünde« in aller Öffentlichkeit zu zeigen! Das Haus sei anständig und sittsam und vor allem hellhörig und die Straßen würden tausend Augen haben.

Nachdem sich die zornbebende Frau mit Worten entschlackt hatte, rauschte sie – ohne erleichtert zu wirken – an uns vorbei, die Treppe zur Straße hinab. Bis zum letzten Moment fürchtete ich, dass sie mich schlagen könnte. Oder auch meinen Begleiter. Riecke war auf den Zinnen und würde in dieser Stimmung auf jeden einprügeln, der in Reichweite stand. Zumal Václav genauso verdattert wirkte wie ich und zu reaktionsschneller Gegenwehr wohl gar nicht fähig war. Ich besaß nicht viel Erfahrung mit Frauen, aber ich war in meiner Heimat mehr als einmal Zeuge geworden, wie Streitereien und Wortgefechte zwischen Eheleuten und anderen Paaren zu handfesten Scharmützeln führten. So ein Ereignis vor dem Haus des Festungsbaumeisters und der Skandal wäre im Laufschritt durch die Stadt geeilt.

Bedrückt gingen wir hinauf und mochten nicht allein sein. Václav kam mit seiner Laute herüber, spielte einige Lieder von Dowland an und sang wenige Verse. Was er sang, offenbarte in seiner Körperhaltung Liebe, Enttäuschung, Verzweiflung und Todesnähe, die er aus Text und Musik nachzuerleben verstand. Er verzauberte und sandte Verheißungen aus, wie ich sie nie zuvor verspürt hatte. Dem Bauernjungen war, als würde er auf einen Wasserfall zutreiben. Einen Pulsschlag lang vermeinte ich, in den Höllenschlund zu blicken und die Folterinstrumente für alle Unglücklichen zu erkennen, die der »stillen Sünde« schuldig gesprochen worden waren. Ich stürmte aus der Kammer und aus dem Haus und kehrte erst zurück, als Václav meine Kammer verlassen hatte.

*

Wir sahen uns jeden Tag und wollten es auch nicht vermeiden. Václav kannte Ängste nicht, wie sie mich quälten. Er versuchte, mir zu erklären, dass mit dem Begriff »stille Sünde« eine von Gott gewollte Form menschlicher Nähe verketzert werde. Wer sie verdamme, habe noch nie das Johannes-Evangelium im Neuen Testament aufgeschlagen. Eines Abends brachte Václav seine Theorbe und das Neue Testament in meine Kammer mit. Gemeinsam lasen wir aus dem 13. Kapitel des Johannes-Evangeliums die Verse 21 bis 25:

Einer unter euch wird mich verraten. Da sahen sich die Jünger untereinander an, und ihnen wurde bange, von wem er wohl redete. Es war aber einer unter seinen Jüngern, der zu Tische lag an der Brust Jesu, den hatte Jesus lieb. Dem winkte Simon Petrus, dass er fragen sollte, wer es wäre, von dem er redete. Da lehnte der sich an die Brust Jesu und fragte ihn: Herr, wer ist's?

Václav sprach mich direkt an: »Was soll Johannes, der das Evangelium doch aus der Erinnerung geschrieben hat, denn noch mehr von sich preisgeben, als sich zweimal hintereinander vor den Jüngern dadurch auszeichnen, dass er sagt, er sei derjenige Jünger gewesen, den Jesus geliebt hatte und an dessen Brust er gehangen habe und dessen Ruhebank er mit ihm geteilt habe ganz nach der Sitte der Griechen, die hier vor langer Zeit schon Einzug gehalten hatten. Die persönliche Zunei-

gung wird hier in allen Einzelheiten nicht anders als im Gastmahl dargestellt, wo wir Alkibiades in den Armen seines Lieb-
habers Sokrates geschildert sehen. Inniger lässt sich die Vertrautheit zweier Männer miteinander kaum symbolisieren. Kannst
du das nachvollziehen?«

Er schaute mich an und führte den Gedanken mit einem anderen Beispiel fort: »Denk an die Musik, die in uns die höchsten
Empfindungen auslöst! Sollen die Musikanten vom Teufel
sein, nur weil irgendein Großinquisitor unmusikalisch ist oder
die Bibel nicht richtig kennt? Wie dick ist das Brett, das die englischen Religionsfanatiker vor der Stirn trugen, als sie ihren
berühmtesten zeitgenössischen Dramatiker, Christopher Mar-
lowe, 1595 beinahe zu Tode hetzten, weil er diese Verse erstmals als offenes Eingeständnis des Heilands Jesus Christus und
des Johannes zu ihrem gemeinsamen Liebesleben vor aller
Christenheit erklärte!«

Václav entkleidete mich im Rhythmus eines Liedes von
Dowland und sang dabei. Er ließ die Finger seiner Linken kaum
spürbar über meinen Körper huschen, ließ sie Fingersätze für
Akkorde, Arpeggien, Vorschläge und Triller probieren. Dazu
zupfte, streichelte und schlug die Rechte den Rhythmus auf
meiner Bauchdecke, bis sich der Körper unter den Händen des
Meisters in äußerster Anspannung aufbäumte und … und …

*

IN DEN NÄCHSTEN WOCHEN DURCHSTREIFTE VÁCLAV
die Stadt und erzählte mir begeistert von seinen Erlebnissen
bei Bierbrauern, Tuchfärbern, Kupferschmieden, Stellmachern
und Reepschlägern. Überall sei er freundlich aufgenommen
und informiert worden. Ich freute mich, dass er seine neue

Tätigkeit so ernst nahm und jeden Schritt zur Vervollkomm-
nung seines Wissens über die Entwicklung des Überseehandels
mit mir besprach. Verleger Meyer bedachte die kleinen und
größeren Artikel für seine Zeitung mit lobenden Worten.
Überall zeigte er die Artikel herum, in denen die Schandtaten
der Katholischen Liga in Prag angeprangert wurden. Stolz ver-
wies er darauf, dass Tillys Oberkommando ihm, dem Verleger,
bereits Drohbriefe wegen Veröffentlichung des menschenver-
achtenden Vorgehens habe zugehen lassen.

Bald unterließ es Václav, mich über jeden einzelnen seiner
Schritte zu unterrichten. Er erwartete auch nicht meinen Beifall, wie ich mit Beklommenheit erkannte. Ich erging mich in
kritikloser Bewunderung für den vielseitigen Virtuosen, sehnte
jeden Abend und jede Nacht herbei, um immer wieder neue
und nicht nur musikalische Überraschungen in Václavs Armen
zu erleben.

Mittwoch, 14. April 1621

»ICH MUSS IHN DRINGEND SPRECHEN!«, erklärte der Herausgeber dem Adjutanten des Festungsbaumeisters, der an
diesem Tag in Valckenburghs Vorzimmer Dienst tat.

»Tut mir leid, lieber Herr Meyer! Der Herr Oberst will
nicht gestört werden. Zwei Ingenieure beraten mit ihm die Be-
stückung der Bastionen mit den neuen Geschützen.«

»Aber Jonas!«, insistierte der Zeitungsmacher. »Ich habe
eine schlimme und sehr folgenreiche Nachricht, die ihm nicht
vorenthalten werden darf.«

Ich klopfte an die Tür zum Besprechungsraum und öffnete
sie einen Spalt.

»Ich habe gesagt, ich möchte nicht …!«

»… weiß ich doch, Herr Oberst!«, erwiderte ich und drängte

durch die Tür. »Herr Meyer von der *Wöchentlichen* hat eine brandaktuelle Nachricht für Sie, die er persönlich überbringen muss. Er würde nicht hier hereinstürmen, wenn es nicht ...«

»... brandeilig wäre? Dann lass ihn durch, den Herrn Meyer. Für ihn habe ich immer ein paar Minuten.« Die beiden Ingenieure forderte Valckenburgh auf, sich schon zur Bastion HENRICUS zu bemühen. Er werde dort in wenigen Minuten mit ihnen wieder zusammentreffen. Ich wollte mich anschließen: »Nein, Jonas, du doch nicht! Du bleibst bei mir und führst Protokoll über das Gespräch. – Nun zu Ihnen, Herr Meyer. Wo brennt's denn?«

»Sitzen Sie gut, Herr Oberst? König Philipp III. von Spanien ist vor ein paar Tagen gestorben, am 31. März in Madrid. Vor einer Stunde habe ich die Nachricht durch reitende Boten erhalten.«

»Na ja! Schon interessant. Aber um mir das vorzukauen, sind Sie wahrscheinlich nicht hier«, gab sich der Festungsbaumeister auffallend ruppig. »Was ist daran so wichtig, dass Sie es unbedingt loswerden wollen?«

»Begreift Ihr nicht, Herr Oberst? König Philipp III. war es, der vor zwölf Jahren mit den niederländischen Generalstaaten den Waffenstillstand geschlossen hat!«

»Ich erinnere mich. Und was weiter?«

»Die Nachfolge des Verstorbenen tritt nun sein Sohn an, der gerade sechzehnjährige Philipp IV., erzkatholisch erzogen, ein Protestantenfresser. Die schnöde Ausübung der Herrschaft hat der junge König allerdings gern dem Grafen Olivares überlassen.« Meyer sah den Oberst aus großen Augen an. »Verstehen Sie jetzt, worum es geht? Olivares gehört zu den kriegsbegeisterten Falken, möchte Spanien wieder an der Spitze der europäischen Mächte sehen und die niederländischen Generalstaaten in die Knie zwingen. Ein Programm ganz nach dem Herzen eines jungen Thronfolgers mit religiösen Scheuklappen! Die erste Handlung seiner Regierung bestand darin, den Waffenstillstandsvertrag mit den Generalstaaten aufzukündigen.«

Und Valckenburgh begriff.

»Das wird zu Konflikten führen!«, murmelte er. »Ich sehe schon vor mir, was das für Hamburg bedeutet: Die Waffenproduzenten, die Waffenhändler, die Waffenschmuggler werden sich vor Vergnügen auf die Schenkel schlagen und auf das Ableben des Königs mit munteren Gelagen reagieren. Der weltweit größte Waffenmarkt wird die Korrespondenten aller Handelshäuser nach Hamburg locken, damit sich hier alle miteinander verfeindeten Nationen für den Kampf jeder gegen jeden eindecken. Wir dürfen das Stelldichein eines halbseidenen Gesindels erwarten. Alle, die mit Geld, Gold und schmeichelnden Worten die Mitarbeiter unserer Verwaltung, die Ratsherren, die Bürgermeister bestechen wollen, damit sie die Exporte ihrer Waffenkäufe durchwinken.« Damit wandte er sich an mich. »Es wird Arbeit für uns geben, Jonas. Halte die Nase in den Wind und notiere alles, was dir verdächtig erscheint! Überprüfe die Aktivitäten der Pulvermühlen, der Amidammachereien in unserer Umgebung, die in den Gasthöfen verkehrenden Korrespondenten der Büchsenmacher aus Suhl, Vertreter der Hersteller dieser neuen Vorderlader-Geschütze aus London. Die sind längst hier und wittern Riesengeschäfte, weil wir unsere neuen Verteidigungsanlagen mit den neuesten Waffen ausrüsten müssen. Sie werden die Gelegenheit nicht ungenutzt vorübergehen lassen, sich auf unserem Stadtgebiet ab sofort mit den spanischen Abgesandten zu treffen.«

Valckenburgh neigte sich zu mir hinüber und flüsterte:

»Wenn du mein Adjutant bleiben willst, sei in Zukunft noch vorsichtiger! Kein Wort davon zu Václav! Übrigens – ich hoffe, dass du ihn noch nicht über das Wunder des Schwarzen Reiters aufgeklärt hast. Versprich mir, darüber in seiner Gegenwart zu schweigen, auch wenn er insistieren sollte, durch dich Näheres darüber zu erfahren! Ich trau' ihm nicht über den Weg!«

Ich wurde bleich. Bisher war es noch nicht vorgekommen, dass Valckenburgh mich kritisch auf mein Verhältnis zu Václav ansprach! Irritiert flüsterte ich: »Aber wieso? Wird Václav überwacht?«

Der Oberst reagierte ungehalten: »Weil ich es dir sage – Punktum!«

Dann wandte er sich Meyer zu und schüttelte ihm kräftig die Hand: »Gut, dass Sie gekommen sind! Die Nachricht ist außerordentlich wichtig für uns. Sie erlauben, dass ich mich wieder meiner Arbeit zuwende. Ich werde auf der Bastion HENRICUS erwartet.«

Ohne mich eines Blickes zu würdigen, verließ er den Raum und begleitete seinen Besucher ins Freie.

Benommen tappte ich, wie von Nebelschwaden umgeben, durch die Stadt. Mir dämmerte, dass ich vor dem Wind in eine falsche Richtung segelte!

KLEIN-ANNA
WIRD ZUR FRAU

Sonntag, 30. Mai 1621

DER SOMMER KAM HERAN. Klein-Anna, Václav und ich unternahmen gelegentlich Ausflüge in Hamburgs Umgebung. Die Theorbe durfte dann nicht fehlen, sie hätte auch auf der Bootsfahrt an diesem Sonntag an Bord sein sollen. Aber diesmal war alles anders.

Das schwere Arbeitsboot schnitt ruhig durch die mit Mörtelstaub bedeckte Wasseroberfläche. Quirlige Bewegungen, verursacht durch das Ruderblatt eines langen Riemens, schoben das kleine Fahrzeug durch einen kurvenreichen Graben voran, den hohe Wälle aus Bauschutt, Geröllhalden und absturzbereite Mauern von links und rechts einengten. Ich stand am Heck, hielt das obere Ende des Riemens mit beiden Händen fest gepackt, während die untere Hälfte steil abwärts durch die Heckdolle in die Tiefe fuhr und das Ruderblatt in ständiger Wiederholung die Zahl Acht in die Wasseroberfläche schlagen ließ.

Das Wriggen brachte mich auf andere Gedanken. Ich hatte mir diese Fertigkeit von einem Seemann im Hafen zeigen lassen, um das Boot notfalls auch allein vorwärts bewegen zu können, wenn zum Rudern ein zweiter Mann fehlte. Diese Art der Vorwärtsbewegung macht es erforderlich, dass man ständig achteraus blicken muss. Nur gelegentlich schaute ich nach vorn, wann immer es galt, das Boot an Hindernissen am Grabenrand, manchmal sogar in Fahrwassermitte, vorbei zu lenken.

Eigentlich hatte ich fest mit Václav gerechnet, um ihn und Anna bei gemeinsamer Besichtigung der Abrissarbeiten von der Wichtigkeit der modernen Festungsanlagen zu überzeugen. Aber er hatte abgesagt: kurzfristig, ohne Begründung und ziemlich schroff. Es war denkbar, dass ich die Schuld für dieses Verhalten bei mir hätte suchen sollen, denn die Loyalität gegenüber Valckenburgh war mir so wichtig, dass nun auch ich dem Freund misstraute und an ihm »von Amts wegen« zweifelte. Nicht frei von Selbstvorwürfen und der Angst, Václav zu verlieren, hatte ich mich doch durchgerungen, an der Bootsfahrt mit Anna ohne Václav festzuhalten.

Anna zeigte sich wenig an den Trümmern interessiert und schaute auch nicht nach vorn. Sie hockte auf einer Ducht im Bug mit dem Rücken in Fahrtrichtung und schien nichts anderes im Sinn zu haben, als mir beim Wriggen zuzusehen. Ich genierte mich deswegen – leider kam ich immer noch nicht drauf, was sie von mir erwartete und verfranzte mich im Wortnebel:

»Gefällt dir mein Rücken? Hast du nichts Besseres zu tun, als mich bei meiner Arbeit zu kontrollieren? Wie wär's, wenn du den Blick nach vorn richtest und ein wenig mehr Interesse am Fortschritt unserer Umbauarbeiten zeigst!«

Sie lächelte verlegen: »Du müsstest dich sehen, wie du dich da hinten in merkwürdigen Zuckungen hin und her bewegst und mit dem blöden Riemen in den Armen über das Wasser tanzt! Lass es mich mal probieren! Vielleicht lerne ich es auf Anhieb.«

»Das schaffst du nie!« Aber Anna nahm mir den Riemen aus der Hand und drängte mich beiseite. Das Boot nahm Fahrt auf und Anna lachte vor Freude, krümmte sich vor Lachen, verlor den Halt und plumpste über Bord. Prustend und immer noch lachend tauchte sie wieder auf. Ich packte zu und beförderte sie wieder ins Boot.

»Deine Kleider sind nass, Anna!«

»Dir entgeht auch nichts! Die trocknen wieder!«

Sie begann, sich auszuziehen. Nicht ihr – mir war es peinlich. So hielt ich auf eine Stelle am Ufer zu, die durch überhängendes Gebüsch das Eindringen neugieriger Blicke verhinderte.

»Hier bleiben wir, bis deine Sachen getrocknet sind«, entschied ich.

Ich nahm eine Leine und schlang sie um einen Baumstumpf am Ufer. Ich hatte keine Wahl, ich musste zusehen, wie Anna sich splitternackt im Boot bewegte, den Riemen quer über das Boot legte und ihre nasse Kleidung darüberhängte. So hatte ich sie noch nie wahrgenommen. Sie war nicht mehr das magere, abgehärmte Tagelöhnerkind. Immer noch schlank und zierlich, zeigte sie aufblühende Rundungen, die mir nie aufgefallen waren. Für mich war sie immer die Spielkameradin aus Kindheitstagen gewesen, ein Neutrum, das in meinen Augen ewig Kind bleiben würde. Sie legte sich auf den Boden. Ihr langes, blondes Haar fiel ihr über die Schultern und umspielte ihre Brüste. Sie zog mich an, und ich wollte mich diesmal nicht wehren. Führte sie sich nur natürlich auf oder bot sie sich mir an? War sie gar ein Ausweg? Wie wäre es mit einer neuen, einer anderen Liebe – frei von Herrschsucht und Unterwürfigkeit, aber auch frei von gerichtlicher Verfolgung? Ich wagte es. Ich legte mich neben sie, atmete ihren Duft und strich über ihren Körper. Ich beugte mich über sie, küsste zart ihre Wangen und Lippen. Meine Mähne bildete über den Gesichtern einen Kuppelraum. Sie drehte sich zu mir, streckte sich mir entgegen und zeigte sich bereit. So deutete ich es und versuchte es, wollte es, aber ich konnte es nicht.

Lange lagen wir nebeneinander, wortlos und traurig. Anna weinte leise, fasste sich irgendwann, zog die Unterlippe über die Oberlippe und summte:

»Hmm, hmhm! Es muss ja nicht sein. Man kann das Glück nicht zwingen. Wir bleiben, was wir immer waren: gute Freunde.« Aus Klein-Anna war eine andere geworden – eine Anna! »Du hängst an Václav – ist es nicht so? Ich kann dir nicht helfen, dich von der Sehnsucht nach ihm zu befreien. Dafür gebe ich mich nicht her. Versuch es nicht noch einmal!«

»Entschuldige, Anna! Ich wollte dir nicht wehtun und dich nicht beleidigen. Es war gedankenlos und unentschuldbar.«

Anna blieb still. Wir fanden in die Kleider und setzten die Reise fort.

Die Grabenabschnitte wurden enger, die Schuttwälle steiler. Sie boten jetzt, da die Nachmittagssonne tiefer sank, ein wenig Schatten, ohne die Hitze zu mindern. Nun wagten sich die Mücken hervor, tanzten in Schwärmen flach übers Wasser. Kein Hauch brachte Erfrischung, die Luft stand. Anna hatte ihre Überjacke wieder ausgezogen und die Bluse so weit geöffnet, dass Hals und Schultern frei lagen. Ihr lief das Wasser von der Stirn. Sie schlug nach den Mücken. Auch ich blieb nicht verschont.

Ein bedrohliches Geräusch schräg über uns ließ mich aufhorchen! Rieseln und Zischen, das sich schnell zu Rollen und Brausen auswuchs. Ich begriff sofort, schlug wie wild mit dem Riemen das Wasser zu Schaum und beschleunigte so die Fahrt. Erste Kieselsteine fielen ins Boot, dann brach direkt neben uns eine Geröllhalde zusammen. Eine komplette Fuhre Baumüll rauschte zu Bach und warf eine mannshohe Welle auf, riss das schwere Arbeitsboot mit sich hinauf, ließ es quer treiben und schleuderte es nach vorn durch den Graben. Ich hatte den Riemen fahren lassen und mich mit ausgebreiteten Armen über die mit der Mückenschlacht beschäftigte Anna geworfen, um sie zu schützen. Dann hängte ich meinen Kopf seitwärts über die Bordwand und spähte nach achtern.

»Schau mal, Jonas, was ich sehe«, flüsterte sie und deutete nach Westen. »Da, an der Oberkante des Schuttwalls, da bewegt sich etwas.«

Obwohl ich sofort reagierte, konnte ich nicht das Geringste entdecken und wischte den Gedanken wieder weg.

»Du musst dich getäuscht haben, Anna! Und jetzt ist alles wieder gut!«, beruhigte ich sie. »Der Schuttlawine sind wir entkommen, wir sind auch nicht gekentert, aber wir treiben noch quer zur Fahrrinne. – Wo ist mein Riemen?«

Anna zeigte auf die Grabenkante: »Oh je, ich sehe, er treibt am Ufer entlang.«

Ich tauchte den linken Arm nach Backbord ins Wasser und rief Anna zu: »Hilf mit! Wir schaufeln das Wasser mit den Händen achteraus!«

Das schwere Boot gehorchte. Allmählich bewegte es sich aufs Ufer zu. Dann sah ich den Schaden – der Riemen war in zwei Teile zerbrochen. Ich packte den unteren Teil mit dem Ruderblatt, kniete mich vor der Heckkante hin, legte den halbierten Schaft des Riemens wieder in die Dolle und begann zu wriggen.

Der Kahn kam wieder in Schwung. Nur noch wenige Bootslängen in Fahrtrichtung, dann tauchte vor uns eine Straßenbrücke auf, die den Graben überspannte. Ich legte das Boot mit

Steuerbordseite an einem von den Bauarbeitern behelfsmäßig zusammengenagelten Landesteg an. Über eine aus Holzresten bestehende Treppe krabbelten wir die Uferböschung hinauf und standen an der Zufahrt zur Brücke. Anna sah sich noch einmal um und legte die Hand über die Brauen, um die Abbruchlandschaft genauer in Augenschein zu nehmen. Dabei murmelte sie vor sich hin: »Ich könnte schwören, einen roten Schopf oberhalb des Schuttwalls gesehen zu haben, als die Lawine niederging.«

Sie bewegte sich wie auf schwankendem Boden. Es schien ihr nicht besonders gut zu gehen. Was sie bedrückte, musste sie unbedingt loswerden: »Allein der Gedanke daran, was uns hätte zustoßen können, macht mich elend.«

»Dann komm jetzt«, forderte ich sie auf und bot ihr meinen Arm, damit sie mir nicht noch aus den Pantinen kippte. Während wir die Straße überquerten, versuchte ich, sie ein wenig aufzumuntern: »Schau noch ein einziges Mal nach links die Straße entlang, wie sie hier über die Brücke führt!«

»Mein Gott, da drüben! Das alte Millerntor! Nur noch eine Ruine! Und zu beiden Seiten die Trümmer der ältesten Außenbefestigung! Sieht aus, als hätten die Dänen mit ihren Kanonen unser Hamburg zusammengeschossen …«

»Nein, Gott sei Dank die nicht!«, erwiderte ich. »Das waren unsere eigenen Leute. Sie reißen dort Stück für Stück die alten Konstruktionen ab, um Platz für die neue Stadtmauer zu schaffen. Was nicht von allein weicht, wird gesprengt. Hamburg ist in diesem Augenblick sehr leicht verwundbar. Hoffentlich merkt es keiner! Aber lassen wir das! Du wolltest doch etwas trinken.«

Auf der anderen Straßenseite steuerten wir den Eingang eines älteren Gebäudes an. Darüber hing eine morsche Tafel mit der Aufschrift *Zum Graskeller*. Wir traten ein. Das Innere überraschte nicht mit der Atmosphäre eines vornehmen Speiselokals. Es wirkte eher düster und muffig und war offensichtlich in die Jahre gekommen.

Die Augen mussten sich erst an die Dunkelheit gewöhnen. Über einige Stufen gelangten wir hinab in einen Saal. Er war durch zwei Reihen hölzerner Stützen in einen quadratischen Mittelteil und zwei schmalere, langrechteckige Räume an den Seiten unterteilt. Die Pfeiler trugen eine niedrige Balkendecke. Aus einer Fensterreihe gegenüber dem Eingang blendete die Eintretenden ein wenig Tageslicht, das bis zur Mitte des Saales allmählich versickerte. Da alle Plätze in Fensternähe besetzt waren, blieben wir in der Nähe des Eingangs und nahmen mit einem Tisch neben dem ersten Pfeiler auf der linken Seite vorlieb. Wir bestellten beim Wirt frisch gezapftes Bier.

Inzwischen hatten sich die Augen auf das Halbdunkel eingestellt. Es fiel auf, dass man einen Teilbereich hinter den ersten beiden Pfeilern linker Hand durch Trennwände in ein Kabinett verwandelt hatte, das sich nur zum Saal hin öffnete und einsehbar blieb. In der Mitte des Kabinetts standen vier Stühle und ein runder Tisch, darauf ein Schild: *reserviert*. Vier unheimliche Gestalten hatten sich soeben dort hingeflegelt. Krumm saßen sie da, keiner sagte ein Wort. Auf dem Tisch wurde eine Kerze angesteckt. Sie warf ihren Flackerschein auf Gesichter, die so gräulich anzuschauen waren, als hätten sich die Galgenvögel beim Teufel persönlich für ein paar Stunden aus der Hölle beurlauben lassen.

»Uriges Lokal, nicht?«, entschuldigte ich die zwielichtige Atmosphäre der Schenke und fügte hinzu, ich träfe mich hier in der Woche häufiger nach Feierabend mit meinen Arbeitskollegen.

»Und heute? Erkennst du jemanden?«, erkundigte Anna sich neugierig.

»So im Gegenlicht bisher niemanden.«

»Wirklich niemanden?«, drang plötzlich ein Flüstern, tief und rau, in meine Ohren. Gleichzeitig legte sich eine schwere Pranke auf meine Schulter. »Schau genau hin und merk dir das Profil des weiter rechts am Tisch in der Nische hockenden Kerls. – Entschuldigt meine Heimlichtuerei! Man muss mich hier nicht unbedingt entdecken.«

»Herr Oberst! Darf ich Euch meine Freundin Anna vorstellen? Ich bin überrascht, Euch in diesem Lokal zu begegnen.«

»Kann ich mir gut vorstellen, Jonas. Václav hat mir erzählt, wo ich euch finde. Ihr sitzt hier wahrscheinlich nur so ruhig, weil ihr keine Ahnung habt, wer da drüben hockt. Der Kerl mit den roten Haaren, der gerade die Kerze zu sich heranzieht. Sie nennen ihn den Exer. Vor ihm müsst ihr euch in acht nehmen. Der hat schon einige Menschen auf dem Gewissen. Übrigens – Kompliment, mein Lieber! Was für eine tolle Veränderung in deinem Leben, dass du dich jetzt einer reizenden jungen Schönheit widmest!«

Anna wirkte verlegen. Und ich durfte froh sein, dass der Oberst nicht von Václav anfing. Dem Festungsbaumeister war es aber nur um aktuelle Bedrohungen zu tun, was er mit weiteren Bemerkungen unterstrich:

»Ich kann nur wiederholen: Sei auf der Hut, Jonas! Ich will nicht meinen guten Adjutanten …«

»Gibt es Schwierigkeiten beim Festungsbau?«, unterbrach ich ihn.

»Nicht so laut!« Valckenburgh hob die Hände.

»Müssen wir wirklich so vorsichtig sein, Herr Oberst?«

»Hast du das immer noch nicht begriffen?«

Valckenburgh kam mit seinem Mund dicht an mein Ohr, hielt noch schützend seine Hand davor und sagte: »Du wirst dich wohl noch an das erste politische Gespräch erinnern, zu dem ich dich damals als frisch ernannten Adjutanten zugezogen hatte. Ich musste Bürgermeister Moller in die Hand versprechen, bis zum Jahr 1625 die neuen Wallanlagen fertigzustellen. Die Bürger ängstigen sich bei dem Gedanken zu Tode, dass wir es nicht rechtzeitig schaffen könnten, alle Baulücken zu schließen, und Tilly, der Schlächter, die Gunst der Stunde nutzt, um mit den Söldnern der Katholischen Liga über unsere Stadt herzufallen! Um solche Gelegenheiten auszukundschaften, wimmelt es in unseren Mauern von Spähern fremder Mächte. Mörderbanden sollen die Bauarbeiten zum Stillstand bringen und dies erreichen, indem sie die wichtigsten Mitarbeiter ausschalten – zum Beispiel dich, meinen Adjutanten. Denn sie wissen genau: Erst einmal gesichert durch den Ring modernster Festungsbauten, wird Hamburg uneinnehmbar und nicht länger für auswärtige Mächte erpressbar sein.«

Valckenburgh schwieg, warf noch einen Blick auf unsere verstörten Mienen und witzelte zum Abschied, offensichtlich bemüht, die eingetrübte Stimmung aufzuhellen: »Das wär's, ihr Tüchtigen. Habt es noch ein bisschen nett miteinander! Tu mir einen Gefallen, liebe Anna, pass auf unseren Jonas auf, damit mir mein Adjutant nicht auf Abwege gerät!«

Ich musste erst einmal verdauen, was der Vorgesetzte mit seiner letzten Bemerkung hatte andeuten wollen. War's ein Seitenhieb? Ob Valckenburgh mehr befürchtete, als er durchblicken ließ? Ich verdrängte den Gedanken schleunigst und beugte mich zu Anna hinüber: »Die Schuttlawine, die uns beinahe erwischt hätte, ist also nicht von allein knapp neben dem Boot niedergerauscht! Da hatte jemand seine Hand im Spiel, und du hast diesen Jemand gesehen. Vielleicht sitzt dieser Jemand jetzt da drüben in der Nische. Könnte sein, dass sie ihrem ersten Versuch, uns umzubringen, einen zweiten folgen lassen! Wir müssen auf der Hut sein, Anna! Tut mir leid, dass ich dich in die Sache hineingezogen habe, nun gerätst auch du in ihre Schusslinie.«

»Jetzt lass es aber gut sein, Jonas! Die Attacke im Stadtgraben konntest du nicht vorhersehen. Ich bin gern und aus freien Stücken mitgefahren.«

»Wie immer, meine Kleine, wir werden bald aufbrechen und hoffentlich den Heimweg unbehelligt schaffen.«

»Sei dir da nicht so sicher! Still, Jonas! Schau nach links. Einer der Leute in der Nische, der Rothaarige – das ist er doch, der Exer! –, er hat eben auf uns gezeigt. Was nun? Jetzt erheben sie sich. Sieh nicht hin! Sie verlassen die Nische Richtung Eingang. Vielleicht hast du recht, und es sind tatsächlich die Schurken, die dir mit Auslösung der Schuttlawine nach dem Leben trachteten. Wenn ich es richtig verstehe, haben sie die Kneipe verlassen, um uns nachher vor der Tür zu erwischen.«

»Dann sitzen wir jetzt in der Patsche, Anna. Das Haus hat nur einen Zugang und zwar den von der Straße her.«

Einmal mehr überraschte sie mich: »Das glaubst auch nur du! Lass das Geld für die Zeche auf dem Tisch liegen. Wir tun so, als ob wir die Abtritte benutzen wollen. Ich bin sicher, dass wir dahinten eine Schlupfpforte nach draußen und einen Trampelpfad finden, der ums Haus herum auf die Straße führt.«

Von den übrigen Gästen beinahe unbemerkt, verließen Anna und ich den Gastraum und gelangten über einen dunklen Gang in den Hinterhof. Anna behielt recht: Es gab einen von hohen Brennnesseln und Disteln überwucherten Weg, auf dem wir zurück zur Straße gelangten. Einmal dort, schauten wir vorsichtig zum Haupteingang des *Graskellers* zurück und sahen, dass die vier Unbekannten vom Nachbartisch beiderseits des Eingangsportals Stellung bezogen hatten, wohl um uns in Empfang zu nehmen.

»Wenn du nicht so genau Obacht gegeben hättest, meine Liebe, wären wir unseren Mördern direkt in die Arme gelaufen. Wie gut, dass mein Oberst dir aufgetragen hat, auf mich aufzupassen!«

»Ich bin immer in Angst um dich – nicht allein der Anschläge wegen«, lachte sie gequält.

Ich zerrte Anna am Arm hinter mir her. Wir machten, dass wir weiterkamen, nahmen den Großen Burstah, liefen über die Mühlenbrücke und die Große Johannisstraße zum Berg hinauf, ließen die Petrikriche links liegen – und sahen schon das erste Haus am Speersort, den Moller'schen Stadtpalast.

Anna meinte, dass sich hier unsere Wege trennen würden, doch ich widersprach:

»Nein! Ich begleite dich zum Zippelhaus.«

Demonstrativ legte ich meinen Arm um ihre Schultern und hoffte, dass wir aus einem Dachfenster oberhalb der Residenz des Festungsbaumeisters beobachtet wurden. Eng umschlungen setzten wir unseren Weg fort, bis Anna sich wieder freimachte und erklärte:

»So, nun hat sich deine Mummerei erledigt. Du darfst mir morgen gerne erzählen, ob sie Václav beeindruckt hat.«

AUGE UM AUGE

Mittwoch, 4. August 1621

DAS LEBEN UNTER DEM DACH änderte sich im Verlauf des
Sommers. Václav erledigte seine Schreiberei zum Kummer des
Verlegers nur noch lustlos und ging mir aus dem Weg. War
mein unaufrichtiges Verhalten ihm gegenüber der Grund für
seinen Rückzug? Ich hatte mich noch längst nicht von der Zau-
bermacht des böhmischen Sängers befreit und verbrachte un-
ruhige Nächte. Aber auch einsame Nächte. So sehr ich ihn
liebte, fürchtete ich ihn doch auch – und sah Gegenrechnungen
auf mich zukommen. Das Wetterleuchten in Václavs Gesicht,
das Zucken seiner Augenbrauen – was ging in dieser Seele vor?
Es musste etwas Fürchterliches geschehen sein, worüber der
Freund nicht reden mochte. Eigentlich war es mir auch nicht
darum zu tun, mich mit Dingen zu belasten, die zu weiteren
Missverständnissen Anlass bieten könnten. Wie gern hätte ich
der Versuchung nachgegeben, Václav über den Grund der Zu-
rückhaltung von delikaten Informationen, die ich Valckenburgh verdankte, aufzuklären! Das allerdings hätte das Ende
der Zusammenarbeit mit dem Festungsbaumeister bedeutet.

Irgendwann wusste Václav anscheinend nicht mehr weiter
und suchte mich auf. Was er wollte, war für mich kaum zu verstehen. Er gab zusammenhangloses Zeug von sich. Endlich
brach aus ihm heraus, was ihm die Seele beschwerte.

Herzog Christian, der Tolle, habe ihn, Václav, dem Publikum am Festabend des Winterkönigs im English House in öffentlicher Rede vorgestellt und dabei auch von seinem Vater, dem Rektor der Universität Prag, gesprochen. Jetzt sei ihm dieser Vater genommen worden. Es sei vor wenigen Wochen – am 21. Juni – vor dem Alten Rathaus in Prag geschehen, begann Václav so leise, dass man kaum hörte, was er sagte.

»Die katholischen Sieger der Schlacht am Weißen Berg sind nach Prag zurückgekehrt und haben den Mitgliedern unseres böhmischen Landtages die Zungen herausreißen und sie köpfen lassen. Die Vorstellung vom Vollzug dieser unsäglichen Tat bedrängt mich Tag und Nacht. Ich kann an nichts anderes mehr denken als an grausame Rache, an die Ausrottung des monarchischen Prinzips, dessen Beseitigung alle Calvinisten anstreben. In der Hölle sollen sie schmoren, die Katholiken!«

Ich erschrak. Was ich da vernahm, ließ mich befürchten, dass Václav nicht mehr zurückgehalten werden könnte, Grenzen zu überschreiten. Furchtsam zog ich mich hinter meinen in diesem Fall höchst willkommenen Strähnenvorhang zurück. Es mochte ihm scheinheilig vorkommen, als ich ausweichend antwortete:

»Dann wollen wir dem Herrgott danken, dass wenigstens du jetzt, weit weg von Prag, hier in Hamburg sicher vor Anschlägen arbeiten kannst!«

»Wie sprichst du mit mir?«, brüllte Václav. »Mein Vater ist brutal ermordet worden! Du redest und redest und sagst doch nichts! Was heißt denn ›vor Anschlägen sicher‹ – meinst du das im Ernst? Ich habe in den letzten Tagen einen gegenteiligen Eindruck gewonnen. Ich bin Calvinist! Ich muss dir nicht erzählen, dass wir hier schlechter behandelt werden als alle Katholiken.«

»Ich weiß, ich weiß, Václav! Aber solche Exzesse, dass die lutherischen Geistlichen von der Kanzel herunter die Bürger auffordern, alle Calvinisten aus der Stadt zu vertreiben oder sie zu steinigen, die gab's 1593 in Magdeburg, aber doch heute nicht mehr – und schon gar nicht in Hamburg!«

»Mein Gott, bist du naiv! Du hast nicht die geringste Ahnung von deinem wunderbaren Hamburg. Als die Calvinisten in den sechziger Jahren nach Hamburg kamen, wollte man sie nicht hineinlassen. Der Rat hatte seinen Bürgern verboten, ihnen Wohnungen zu vermieten oder Häuser zu verkaufen. Die lutherischen Pastoren beteten inbrünstig, der liebe Gott möge sie und ihren Staat vor den Irrungen der Calvinisten bewahren. In Hamburg durften keine calvinistischen Gottesdienste stattfinden. Es gab wohl solche regelmäßig in Altona, doch wer es wagte, sie zu besuchen, musste mit der Beschlagnahmung seiner Wohnung und Beendigung seines Bleiberechts in Hamburg rechnen. Wirklich schändlich war die Anordnung, dass die Calvinisten daran zu hindern seien, ihre Toten in dieser Stadt zu begraben. Herzzerreißende Szenen waren die Folge. Weißt du das wirklich nicht, oder will das nicht in deinen Schädel hinein?«

»Entschuldige, das war mir nicht gegenwärtig«, murmelte ich betroffen und versuchte, das Gespräch in eine andere Richtung zu lenken: »Wie wäre es, wenn du wieder an deine Arbeit gehst! Schreib Artikel über alles, was die Bürger interessiert! Oder willst du deine Mitarbeit an der Zeitung beenden?«

Doch mit diesem Appell erreichte ich ihn nicht.

»Du willst mich überhaupt nicht verstehen!«, rief er. »Sonst würdest du mit mir darüber reden, wie wir es ihm heimzahlen, dem elenden Monarchen Ferdinand. Du tust so, als ob dich mein Schmerz überhaupt nichts angeht, als sei dir nur darum zu tun, die lästigen Klagen eines böhmischen Flüchtlings zu verwässern. Mein Presbyter hat mir bestätigt, dass meine Rachegefühle echt sind und nach Erfüllung verlangen, wie es jeder gläubige Calvinist auch akzeptiert! Aber du! – Ich muss mein Elend wohl allein durchstehen, und ich werde bestimmt einen Weg finden. Verlass dich darauf! – Mir ist speiübel. Ich vertrage deine Nähe nicht mehr! Du wirst noch von mir hören!«

Ich blieb zuhause, während Václav wütend von dannen gezogen war.

*

AUF DEM WEG DURCH DIE STADT gingen Václav die Empfehlungen des calvinistischen Presbyters durch den Kopf, der Himmel werde ihm zu irdischem Glück verhelfen, sobald er von ganzem Herzen danach strebe, der ihm von Gott zuerkannten Bestimmung gerecht zu werden. Diese bestehe darin, den Vater, der trotz aller Todesdrohungen des Kaisers Ferdinand bis zum bitteren Ende an seinem calvinistischen Bekenntnis festgehalten habe, durch eine mutige Tat zu rächen. Eine Tat, die zugleich seine Glaubensbrüder im unablässigen Konkurrenzkampf mit den anderen Glaubensrichtungen bestärken möge! Fortan bestimmte ihn der Gedanke, wie dieses Ziel zu erreichen sei.

Immerhin – Johann Meyers Bitte, ein wenig mehr Ehrgeiz und Einsatz für die *Wöchentliche* zu entfalten und sorgfältig recherchierte Artikel über Hamburgs Im- und Export zu bringen, sollten ihn hinreichend legitimieren, über Machenschaften aufzuklären, die sich gegen die Calvinisten in aller Welt richteten. Mit diesem Vorsatz hatte er sich systematisch durch die alten Kirchspiele gekämpft, Straße für Straße nach handwerklichen Betrieben und kleinen Fabriken, die für den Export arbeiten, abgesucht, ohne auf große Entdeckungen zu stoßen. Umso gewichtigere Erfolge versprach er sich von einem Kontrollgang durch die Neustadt und das kürzlich hinzugekommenen Kirchspiel St. Michaelis.

Er nahm Kurs auf den Neustädter Amidammacher-Gang und geriet in das Kontor einer kleinen Werkstatt. Dort war die Produktion des schneeweißen Stärkemehls, das in der näheren Umgebung Hamburgs überall hergestellt und unter der Bezeichnung Amidam in großen Mengen exportiert wurde, in vollem Gang.

Im Kontor der Amidammacherei war gerade ein Streit entbrannt. Václav musste sich gedulden und im Hintergrund warten, ehe er an der Reihe war. Ein betuchter, aufwendig gekleideter Schiffskaufmann versuchte – zum großen Ärger des Geschäftsinhabers – bis auf wenige Fässer eine komplette Schiffsladung Amidam zu stornieren, die er hier geordert und zusammen mit Haushaltswaren an Bord hatte nehmen wollen, um sie nach dem spanischen Hafen Malaga zu verfrachten. Der Verkäufer hatte die gewünschte Menge in seinem Betrieb herstellen lassen und lehnte die Stornierung ab.

Der Schiffskaufmann brüllte: »Hör mir gut zu, Gustav Harder: Ich brauch dein weißes Pulver nicht mehr! In Malaga sind plötzlich ganz andere Erzeugnisse gefragt, die weit mehr Geld bringen. Davon habe ich jetzt so viel gekauft, dass ich dein Zeug nicht mal mehr verstauen könnte, selbst wenn ich es wollte. Also wird jetzt storniert – Punktum. Mehr als zwanzig Fässer Amidam bezahle ich nicht. Wenn es dir nicht passt, kann ich demnächst einige kräftige Leute mitbringen, die in der Lage sind, meine Argumente zu unterstreichen.«

Harder schien die Drohung verstanden zu haben und verlegte sich nunmehr, wenngleich erfolglos, auf den Einsatz der moralischen Waffen eines ehrbaren Kaufmanns.

»Ist doch ganz und gar gewissenlos, wie du mich behandelst, Jansen. Ich habe Frau und Kinder. Mit der Einnahme hatten wir fest gerechnet. Ich habe mich erfolgreich bemüht, deinen Liefertermin einzuhalten. Deine Ware ist hier, du kannst darüber verfügen. Andere Bestellungen liegen mir zurzeit nicht vor. Für die von dir georderte Menge hatte ich außerdem, wie vereinbart, beim Böttcher schon fünfundachtzig Amidam-Fässer bauen und beschriften lassen. Da drüben stehen sie, müssen nur noch befüllt werden. Schau sie dir an! Morgen früh kommt der Böttcher und will sein Geld. Nun werde ich zum ersten Mal deinetwegen in Misskredit geraten, weil ich seine Arbeit nicht bezahlen kann.«

Jansen legte den Kopf schief und tat so, als wolle er Gnade vor Recht ergehen lassen: »Fünfundachtzig, sagst du? Alle schon beschriftet?«

»Schau doch hin, Jansen! Wenn du möchtest, darfst du gern jedes Fass noch einmal umdrehen. Besonders ärgerlich daran ist, dass die Beschriftung eingebrannt ist. Ich kann die Fässer für nichts anderes mehr verwenden.«

In diesem Augenblick ging mit dem Schiffskaufmann Jansen eine Verwandlung vor sich. Er schloss die Augen bis auf einen Schlitz und zeigte sich in gönnerhaftem Tonfall zu einem Entgegenkommen bereit:

»Na, mein bester Harder, dann wollen wir mal nicht so sein. Füll mir zehn Fässer mit Amidam und gib mir die anderen leer mit. Ich zahle dir dann zehn Fässer, randvoll mit Kartoffelmehl, und fünfundsiebzig leere Fässer zum Einkaufspreis. Punktum.«

Harder schien keineswegs zufriedengestellt, jedoch einigermaßen beruhigt zu sein.

»Also gut! Lassen wir es dabei. Das ist ein großes Verlustgeschäft für mich, aber ich kann wenigstens den Böttcher bezahlen und ihm später noch in die Augen schauen. Gib mir das Geld! Aber jetzt gleich, wenn ich bitten darf, ehe du es dir noch einmal anders überlegst! Hol dir übermorgen die Fässer, die vollen und die leeren, und lass dich danach hier nie wieder sehen! Das war das letzte Geschäft, das wir beiden in diesem Leben miteinander getätigt haben.«

Václav hatte die Ohren gespitzt und im Stillen gehofft, dass Jansen durch eine unbedachte Äußerung verraten würde, welche Handelsware aus Hamburg in Malaga so sehr gefragt sei, dass er sich lieber damit eindecken und die Amidam-Ladung stornieren wollte. Leider hatte Jansen im Gespräch vermieden, die neue Ladung der Fässer zu benennen. Václav setzte seine Besichtigungstour auf den Straßen der Neustadt fort.

*

Gegen Abend hörte ich nebenan Geräusche. Offenkundig betrat Václav gerade sein Zimmer. Ich sprang auf. Mein schlechtes Gewissen trieb mich hinüber, um nach dem Freund zu sehen. Ich bemerkte die Ruhe und Gelassenheit, die sich des Sängers inzwischen wieder bemächtigt hatte. Obschon todmüde, empfing er mich freundlich und erzählte mir von seinen Erlebnissen in der Amidammacherei und dem Streit des Schiffskaufmanns Jansen mit dem Fabrikanten Harder. Er war ganz von seinen Beobachtungen eingenommen. Unser Zerwürfnis schien keine Bedeutung mehr zu haben.

»Deine wesentlichste Entdeckung besteht wohl darin, den Grund für Jansens knallhartes Geschäftsgebaren entlarvt zu haben«, fasste ich das Gehörte zusammen. »Wenn der so rigoros auf die Mitnahme des Stärkeprodukts verzichtet, dann doch wohl nur deswegen, weil er sich vom Verkauf anderer Handelsware in Spanien Riesengewinne verspricht.«

»Das denke ich auch«, pflichtete Václav mir bei, »und diese andere Ware ließe sich, bei Lichte besehen, gar nicht schlecht in den leeren Amidam-Fässern exportieren.«

»Denkst du an Betrug?«

»Genau genommen an Umgehung von Ausfuhrbestimmungen! Nicht weißes, sondern schwarzes Pulver könnte zur Versendung gelangen.«

»Das hieße, du denkst an ein Verbrechen von ganz anderem Kaliber«, konstatierte ich und setzte nach: »Da Jansen normalerweise ganze Schiffsladungen Amidam auf die Reise schickt, werden sich die Hamburger Zöllner aus Bequemlichkeit in seinem Falle damit begnügen, aus den zuoberst liegenden Fässern Stichproben zu entnehmen. Das werden dann die tatsächlich mit Kartoffelstärke befüllten sein.«

Václav nickte. Ich führte den Gedanken weiter:

»Man sollte sich im Zollhaus am Ness die Warenlisten zeigen lassen, in denen genau kenntlich gemacht wird, was in welche Weltgegend exportiert werden darf und was nicht.«

»Aber Jonas! Bloß das nicht!«, widersprach Václav. »Man würde nur schlafende Hunde wecken. Du hast mir von dem Gespräch, das Bürgermeister Moller mit Oberst Valckenburgh und dir am Festabend zu Ehren der Gemahlin des Winterkönigs führte, erzählt. Es steht zu befürchten, dass eine Waffenlieferung nach Malaga zur Unterstützung der Spanier im Kampf gegen die niederländischen Calvinisten nur mit äußerster Geheimhaltung geplant werden kann. Die Hamburger Behörden müssten zuvor ebenso heimlich dazu vergattert werden, den Export der Waffen durchzuwinken. Sollten nämlich die Generalstaaten oder die mit den aufständischen Niederländern befreundeten Dänen Wind davon bekommen, wären sie sofort mit ihren Patrouillenschiffen auf der Elbe, um entsprechende Transporte abzufangen. Deswegen gaben doch Mollers Ratskollegen vor, nichts zu wissen, und wandten sich gleich zur Seite, um ja nicht von Moller auf dieses Thema angesprochen zu werden. Wir sollten uns also mucksmäuschenstill verhalten, damit unsere Gegner sich aus ihrem Versteck wagen und den Waffenschmuggel so weit vorbereiten, dass wir die Moral für uns haben und uns erlauben dürften, ihre Werkstätten und Läden in einer Nacht straffrei abzufackeln.«

»Abfackeln?« Ich erschrak. »Menschenleben in Kauf nehmen? Was hast du denn vor! Das macht mein Oberst niemals mit, Václav!«

»Aber Jonas! Nicht doch, hältst du mich für einen Mörder? Mir geht es nur darum, die Waffen und das Schmugglerschiff zu vernichten. Ich werde es so organisieren, dass kein Mensch zu Schaden kommen wird.« Dann schaute er mich eindringlich und prüfend an und schloss: »Aber ein Anliegen muss ich noch loswerden: Erzähl dem Valckenburgh nichts von meinen Plänen!«

»Dem Oberst etwas verschweigen?«, erwiderte ich. »Weißt du, was du da von mir verlangst? Der Oberst vertraut mir voll und ganz. Willst du einen Keil zwischen uns treiben?«

»Du wirst dich irgendwann entscheiden müssen, mein Freund – entweder für ihn oder für mich.«

Sein eisiger Blick traf mich.

»Lass uns später noch einmal darüber reden«, wich ich aus. »Kümmern wir uns erst um das Nächstliegende! Du weißt immerhin schon, wann Reeder Jansen die Amidam-Fässer bei Harder abholen will.«

»Ich weiß, woran du denkst, Jonas. Alles längst geplant! Ich verstecke mich morgen früh in der Nähe der Amidammacherei und verfolge den Transport von dort bis zu dem Ort, an dem nur fünfundsiebzig Fässer abgeladen werden! Ich werde das Einfüllen dieser anscheinend viel wertvolleren Ware beobachten. Das wird der gefährlichste Augenblick meiner Nachforschungen sein.«

»Wäre es nicht sicherer, wenn wir gemeinsam …?«

»Papperlapapp! Dabei kann ich dich nicht brauchen. Du bist zu zimperlich. Ich sag dir morgen Abend oder übermorgen in der Frühe Bescheid, wie es gelaufen ist. Der Transport der Fässer ist – das zu wissen, muss dir genügen – für morgen Nachmittag vereinbart. Nun geh nach drüben! Ich habe einen harten Tag vor mir und muss schlafen.«

DER TOD
FÜR BARMHERZIGKEIT

Donnerstag, 5. August 1621

VÁCLAV KAM NICHT AM ABEND – weder an diesem noch am folgenden Tag. Es regnete. Ich begann, mir Sorgen zu machen, zumal Václav in letzter Zeit zu plötzlicher Änderung seiner Entschlüsse neigte. Ich durchstöberte sein Zimmer und schaute nach, ob mir hier irgendein Hinweis erlauben würde, auf nicht besprochene Vorhaben zu schließen! Nichts deutete auf neue Pläne hin. Ich wagte nicht, das Haus zu verlassen, weil ich jeden Augenblick mit Václavs Rückkehr rechnete. Mir fiel ein, dass ich die Zeit nutzen könnte, um den mit Vinzent Moller verabredeten Besuch zu erledigen.

Da die Fenster der Moller'schen Kanzlei es mir ermöglichten, die Straße – den am Haus vorbeiführenden Speersort – einzusehen, würde ich Václavs Ankunft auf keinen Fall verpassen.

Ich meldete mich bei Mollers Hausgehilfin an, sie führte mich sofort ins Arbeitszimmer. Eine Weile musste ich warten, da der kränkliche alte Herr, wie man wusste, unpässlich war und einen Augenblick brauchen würde, um einem Besucher vorzeigbar gekleidet entgegenzutreten.

In dem seidenen Morgenmantel wirkte Doktor Vinzent Moller noch schmaler und zarter als sonst.

»Ich danke Euch, Magnifizenz, dass Ihr so freundlich seid, mich zu empfangen.«

»Lass uns an dem Tischchen Platz nehmen, Jonas! Ich habe kleine Erfrischungen bereitstellen lassen, damit wir uns wohlversorgt in Ruhe unterhalten können. Ich weiß nicht, ob ich dir in einer Angelegenheit, die dir so sehr am Herzen liegt, wirklich weiterhelfen kann. In meiner Kanzlei habe ich einige Papiere zusammengesucht, die der verstorbene Pastor der Kirche Peter und Paul in Bergedorf im Auftrag deiner Zieheltern verwahrte und mir durch seinen Nachfolger übergeben ließ. Darin ist die Rede von deiner Herkunft.«

»Es schwirren darüber zu viele Gerüchte umher, Magnifizenz. Die Wahrheit muss endlich ans Licht. Ihr braucht mich nicht zu schonen. Ich habe gelernt, mit unerfreulichen Offenbarungen umzugehen.«

»Unerfreulich sind sie gewiss. Und ob sie dir nützen, steht dahin.«

»Nun denn«, seufzte ich ergeben, »ich will endlich Klarheit gewinnen!«

Zum Glück ging der Hausherr sofort in medias res: »Inzwischen weißt du, dass Greteken, die Hausmagd deiner Zieheltern, damals schon an die achtzig Jahre, dich in dem dicht wuchernden Reetgürtel am Elbufer, nahe beim Zollenspieker, als frisch geborenes Findelkind in einem Körbchen liegend, entdeckt und mit auf den Hof gebracht hat. Befragt nach den näheren Umständen, wusste sie zu berichten, sie habe im Reetgebüsch das Wimmern eines kleinen Kindes vernommen, das aus einem Körbchen kam und allmählich schwächer wurde. Ihr war klar, das arme Ding würde verdursten und verhungern, wenn es nicht sofort aus seinem Gefängnis befreit würde. Sie warf den schweren Deckel ab und ließ ihn im Reetgebüsch zurück.

Mit dem Kind im Körbchen trat sie den Rückweg zum Hof an. Deine Zieheltern – für dich sollten sie immer die wahren Eltern bleiben – haben den Notfall erkannt, dich angenommen und auf den Namen Jonas Albis, Jonas von der Elbe, taufen lassen.«

»Warum haben mich alle Leute dann immer nur Jonas von Have und nie Jonas Albis oder Jonas von der Elbe gerufen?«

»Albis, diesen lateinischen Namen, kennt nur das Kirchenbuch und niemand sonst.«

»Entsprach es dem Wunsch des Bauern und seiner Frau, dass ich im täglichen Umgang nur von Have hieß?«

»Vielleicht war es so.«

»Oder wollten die Zieheltern, dass ihr Findelkind sich ganz und gar zur Familie gehörig fühlen sollte und nicht zu einer wenig glücklichen Vergangenheit, über die sie ja selbst nichts wussten.«

»Das möchtest du wohl gern! Reines Wunschdenken, mein lieber Jonas!«

»Warum redet Ihr so geringschätzig von meiner Akzeptanz in der Familie von Have, Magnifizenz?«, fragte ich. Ich spürte aus Mollers ersten Andeutungen steigenden Widerwillen gegen die Befragung.

»Tu ich das? Gegen dich persönlich habe ich gar nichts, noch weniger gegen deine Zieheltern. Die hatten bei den Kirchen und beim Niedergericht Erkundigungen über Frauen eingeholt, die möglicherweise unentdeckt in deinem Geburtsjahr Kinder zur Welt gebracht haben könnten. Und dann stießen sie auf eine Zigeunerin – du hast richtig gehört: eine Zigeunerin! Welch eine Schande für die Familie derer von Have! Die Zigeunerin – ich bleibe bei dieser Benennung – war vor Jahren zusammen mit einem Jongleur aus Reval nach Hamburg gekommen. Er sei – ich nehme an: besoffen – bei einer gefährlichen Vorführung tödlich verunglückt und habe sie schwanger zurückgelassen. In ihrem Zustand habe sie an den Türen reicher Hamburger Bürger um Brot gebettelt. – Ich bin noch nicht zu Ende, Jonas! Mehr über diese Frau erfuhren deine Zieheltern von dem Kranmeister Bei den Mühren. Nachdem du geboren warst, sei die Zigeunerin schwer erkrankt und habe sich in der Nähe des alten Krans unter einem Holzstapel verborgen. Hin und wieder gab der brave Kranmeister ihr etwas von seinem Essen ab. Später sei sie von Fieberanfällen geschüttelt gewesen, habe wirres Zeug geredet, Ängste wegen ihres kleinen Jungen ausgestanden. Unter Tränen habe sie ihn, den Kranmeister, angefleht, ein Körbchen in ovaler Form für das Kind zu flechten. Mit verschieden langen Reisern aus einem Reisigbesen habe sie ihm die Länge und Breite angegeben. Die vorgegebenen Maße seien unbedingt einzuhalten. Außerdem sollte das Körbchen wie ein kleines Boot gut abgedichtet werden, denn unter dem Holzstapel sei es immer feucht und nass. Das Kind müsse doch ein trockenes Bettchen bekommen. Den Rest kannst du dir selbst zusammenreimen.«

Und wie ich das konnte! Plötzlich ergab alles einen Sinn.

»Dem kann ich noch einiges hinzufügen, Magnifizenz! In der Nähe vom Zollenspieker wurde später von den Lüneburgern, die Anfang 1620 über die Elbe kamen und die Vierlande überfielen, im Reetgebüsch das ovale Relieffragment einer Heiligenfigur entdeckt. Gab es da nicht eine Verbindung zu dem Körbchen und dem Findelkind?«

Der Ratsherr Moller hatte sich wegen seiner massiven Vorurteile, soweit es diese Causa betraf, bisher zurückzuhalten. Jetzt ließ er alles heraus.

»Ach, was du nun wieder weißt! Der Kranmeister, dieser einfältige Tropf, war zu dumm, um die naturgegebenen, verbrecherischen Absichten der Zigeunerin zu erkennen. Seine Vernehmung ergab, er habe zur Herstellung zwei Tage gebraucht, das Körbchen dann abgeliefert und bei gleicher Gelegenheit darauf hingewiesen, dass man sich zum Schutz gegen Regentropfen von oben noch etwas einfallen lassen müsse. Da habe sie aus ihren Lumpen ein Brett aus altem Eichenholz mit einer Schnitzerei ohne jede Bedeutung hervorgekramt. Zum Schutz gegen Regen habe sie das Brett mit der glatten, unbearbeiteten Seite nach oben auf das Körbchen gelegt. Für einen winzigen Augenblick habe sie ihn, den Kranmeister, die Schnitzerei sehen lassen und ihm das Folgende anvertraut, indem sie – wie nicht anders von einer Zigeunerin zu erwarten – das Blaue vom Himmel log. Hier habe ich ein Protokoll des Wortlauts.«

Der Alte reichte es mir und ich las es laut vor: »Ein Bildhauer aus Riga hat dieses Stück Holz aus einer brennenden Kirche dort gerettet. Es handelte sich um das Fragment einer Heiligenfigur, die zu einem Altar gehört hatte. Die Bilderstürmer hatten im Zuge der Reformation den Altar zerschlagen und dabei auch das Gesicht eines Heiligen zerstört. Der Retter des ramponierten Kunstwerks, ein Freund meines Mannes, wünschte, dem Heiligen ein neues Gesicht zu geben, und zwar genau das meines nun leider verstorbenen Mannes – Gott hab' ihn selig! Als wir Riga verlassen mussten, hat mein Mann selig das Brett wie einen kostbaren Schatz verwahrt und mir noch auf seinem Totenbett das Versprechen abgenommen, es immer in Ehren zu halten.«

Moller fuhr fort: »Als der Kranmeister am nächsten Tag nach deiner leiblichen Mutter schauen wollte, seien das Kind, das Körbchen und das zum Schutz gegen Regen verwendete Stück Holz mit dem Relief verschwunden gewesen. Auf Fragen habe sie nicht mehr geantwortet und nur geweint. Immerhin, einige fast unverständliche Sätze habe sie dann doch noch hervorgebracht, denen zu entnehmen gewesen sei, das Kind werde es gut haben.«

Ich war ergriffen, spürte aber, dass Vinzent Moller noch etwas zurückhielt, und fasste nach: »Sonst hat man nichts mehr über das weitere Schicksal der armen Frau gehört?«

»Deine Zieheltern hatten auch beim Niedergericht nachgefragt, waren aber nur auf verschlossene Mienen gestoßen. Nun, sie waren die abweisende Haltung meiner Kollegen im Rathaus gewohnt und dachten nicht daran, vor dieser Mauer des Schweigens zu kapitulieren. Dein Ziehvater überlegte, es müsse doch etwas darüber in den Akten stehen, wenn diese Frau tatsächlich vom Niedergericht zum Tode verurteilt worden sein sollte – auf Kindesaussetzung stand nun einmal im ganzen Reich der Tod. Folgerichtig hätte ihr die Stadt, wie in Hamburg vorgeschrieben, im Prozess einen Rechtsbeistand stellen müssen. Einer der Ratsherren, hochtrabend Prokurator genannt, stand für alle diese Fälle zur Verfügung. Ich selbst hatte dieses Amt im Jahr 1601 inne und erinnere mich darum noch ziemlich genau, was sich in jenen Tagen ereignete.

Wie durch ein Wunder hatte sich deine leibliche Mutter wieder erholt. Wäre sie doch nur gleich gestorben! Sie wagte sich noch einmal in die Stadt, um zu betteln, wurde wiedererkannt. Die alten Waschweiber geiferten, sie sei doch vor kurzem noch mit einem dicken Bauch herumgelaufen. Man müsse sich fragen, wo wohl die Frucht ihres Leibes abgeblieben sei! Sie spionierten ihr nach, zeigten sie beim Niedergericht an. Die beiden dort für Ermittlungen zuständigen Ratsherren, die Prätoren, hatten sich den Fall sehr schnell zusammenreimen können, als sie von der Taufe eines der Elbe anvertrauten Findelkindes erfuhren, und den Fiskal, den obersten Ankläger der Stadt, aufgefordert zu handeln. Weil alle Indizien zusammen ein klares Bild ergaben, war der Prozess in fünfzehn Minuten erledigt und das Urteil zum Tod durch Ertränken gesprochen. Zwar habe ich mich persönlich als Ratsherr und Doktor beider Rechte für eine rechtlich gebotene Milderung des Urteils verwendet. Leider war meinen Bemühungen kein Erfolg beschieden.

Sodann wurde sie dem Büttel übergeben, zur Brooksbrücke geschafft und dort, an Händen und Füßen gefesselt, von der Brücke gestoßen. Ich habe es mit ansehen müssen.«

Vinzent Moller presste die Lippen aufeinander, sein Mund wurde zum Strich. Irgendwie schuldbewusst blickte er zu Boden.

Ich dagegen fühlte mich, als würde mir der Boden unter den Füßen entrissen werden. Zuerst war er feindlich aufgetreten, und jetzt heuchelte er Mitgefühl? Sie war schließlich meine Mutter gewesen! Deshalb hakte ich nach:

»Hättet Ihr nicht doch etwas mehr für die Frau tun können? Ihr spracht davon, dass Milderung der Strafe sogar rechtlich geboten war. Wie Kindesaussetzung bestraft wird, weiß ich auch. Aber haben die Richter denn gar keinen Spielraum, von Fall zu Fall unterschiedlich zu entscheiden? Ich begreife nicht, wie die Ratsherren und die Beisitzer, guten Gewissens und scheinbar mit ihrem Herrgott im Reinen, diese Frau, ob sie nun meine Mutter war oder eine andere, einfach ersäufen konnten, ohne zu bedenken, dass sie, krank auf den Tod, also in äußerster Not und ohne auf Hilfe von irgendeiner Seite hoffen zu dürfen, das einzig Richtige zur Rettung ihres Kindes tat! Nein! Nicht dafür wurde sie ersäuft, sondern weil euch jedes Rechtsempfinden gegenüber einer Zigeunerin abgeht. Ich könnte die

Richter mit bloßen Händen erwürgen, denn was sie, die feinen Herren, getan haben, genau das war glatter Mord. Und die ganze Stadt hat ihnen Beifall geklatscht.«

Magnifizenz sackte zusammen: »Siehst du das so, junger Mann? Dann hältst du auch mich für schuldig am grausamen Tod deiner Mutter?«

»Ganz gewiss, Magnifizenz!«

»Und sinnst du auf Rache, vielleicht auch an einem todkranken alten Mann?«

»Anders, als Ihr vermutet. In diesem Augenblick kann ich nichts dazu sagen. Ich weiß nicht, wo mir der Kopf steht.«

Im letzten Moment

NOCH NIE HATTE MICH VÁCLAV so lange hängen lassen. Dabei bedurfte ich gerade jetzt seines Rates. Warum erschien er nicht? War ihm etwas zugestoßen? Ich witterte Unheil. Mein Instinkt sagte mir, wo ich suchen musste: Der Amidammacher könnte mehr wissen. In der Neustadt fand ich aufgrund der detaillierten Beschreibung durch Václav die Fabrik im Amidammacher-Gang. Der Fabrikant erinnerte sich an sein Gespräch mit Kapitän Jansen und an einen, der sich Václav nannte, aber wieder verschwunden war, bevor er für ihn Zeit gefunden hatte. Ob dieser Václav noch einmal aufgetaucht sei, vielleicht heute? Nein, nein, bestimmt nicht. Das Verhalten des Fabrikanten wirkte auf mich nicht glaubwürdig. War der Mann eingeschüchtert worden? Die frische Platzwunde an der Stirn erhöhte seine Glaubwürdigkeit nicht. War Václav in eine Falle geraten? Befand er sich in Lebensgefahr? Es überlief mich heiß und kalt.

Wie im Traum schlängelte ich mich durch das Gewirr der Gassen in die Altstadt hinüber und lief am Ostufer der Binnenalster entlang. Mich störte das Menschengetümmel, das Gewoge kreuz und quer brandender Geschäftigkeit, das raumgreifende Getue dicker Passanten und das Gebrüll lauthals bekundeter Wiedersehensfreude bei Begegnungen. Es trieb mich weiter über den *Teufels Ort* auf den Versorgungsweg, der mit dem neuen Verteidigungswall die Alster querte und vorwiegend dem Verkehr mit Bau- und Militärfahrzeugen zu den dort gelegenen Bastionen diente. Zunächst steuerte ich die Bastion DAVID an.

An ihrer der Binnenalster zugekehrten Wall-Innenseite führte die Treppe zu einer mir vertrauten Einrichtung hinab. Am Eingang hing ein Schild:

Magazin zur Aufbewahrung des Pulvers
der damit handelnden Bürger

Schwarzpulver! Ich atmete tief durch. Natürlich – aus Weiß mach Schwarz! Meine Ahnungen hatten mich nicht getrogen. Ich glaubte mich fast schon am Ziel – und war doch weit davon entfernt! Das Tor zur Anlage fand ich verschlossen. Gewaltsam ließ es sich nicht öffnen, heftiges Pochen führte zu nichts. Was sollte ich tun? Ob Václav noch lebte? Diese Frage trieb mich immer stärker um. Bar jeder Idee, was als Nächstes zu tun sei, stieg ich die Walltreppe zur Bastion wieder hinauf. Dabei entdeckte ich links neben den Treppenstufen im Gras etwas, was niemandem auf der Welt außer Václav gehören konnte. Seit der Verleihung durch Königin Elisabeth Stuart pflegte er es ja ständig auf seiner Brust zu tragen: die Rose aus rotem Samt! Ich hob sie auf. Sie war zerknautscht und mit Schmutz besudelt. Zweifellos hatte er sie hier nicht aus freien Stücken zurückgelassen!

Wem war er in die Hände gefallen? Erneut überprüfte ich vor dem Eingang zum Pulvermagazin die Sandfläche. Dort hatten sich die Standringe von vielen Fässern eingeprägt. Für mich stand fest: Václav war, von seinen Rachegedanken benebelt, Jansens Bootsleuten und Schmugglern, als sie die Fässer mit Schwarzpulver befüllten, in die Quere gekommen. Einen Augenzeugen konnten sie nicht brauchen, ein Augenzeuge konnte sie um viel Geld bringen – und um ihre Freiheit.

Entschlossen stieg ich wieder zum Wallringweg hinauf, um von dort aus schnell ins Stadtzentrum zurückzukehren. Beinahe war ich oben, als ich auf einem prachtvollen Hundekringel ausrutschte und der Länge nach ins Gras fiel. Hilflos am Boden liegend, kam mir die Einsicht, eine Befreiungsaktion sei – wenn sich überhaupt noch die Möglichkeit böte! – nur mit Hilfe tüchtiger Mitstreiter zu bewältigen.

Der Herausgeber der Wochenzeitung, Václavs Arbeitgeber, musste unverzüglich informiert werden. Vielleicht auch Valckenburgh? Was würde Václav davon halten! An der Tür zur Redaktion empfing mich Johann Meyer in heller Aufregung.

»Du kommst wegen Václav? Er ist nicht hier. Sie haben ihn. Sie haben auch mich in der Zange, die Schweine! Es geht um die scharfen Artikel, in denen Václav die Taten der neuen Prager Machthaber knallhart beschrieben hat. Sie machen Druck. Es ist die Katholische Liga. Wir sollen aufhören. Nicht mehr und nicht weniger. Das käme manchen Herren im Stadtrat sehr zupass. Außerdem sind die Entführer von der Katholischen Liga damit beauftragt, eine wundertätige Reliquie des Heiligen Georg und ihren unrechtmäßigen Besitzer in Hamburg aufzustöbern und ihrem Inquisitor zu übergeben.«

Mir schoss das Blut in den Hals, ich bekam kaum mehr Luft. Heiser würgte ich heraus: »Weiß man mehr über dieses Geheimkommando?«

»Vermutlich sind es Tillys Leute, die bei der Liga im Sold stehen und ihre Aufträge durchführen. Wahrscheinlich sind sie schon wieder auf dem Rückweg nach Prag. Man sagt, diese Mordgesellen verstünden sich darauf, die von ihnen Entführten ihrem Auftraggeber gerade noch lebend – nicht mehr und nicht weniger – in die Hände zu liefern.«

»Das wird so auf keinen Fall enden!«, krächzte ich und zitterte am ganzen Leibe. »Ich werde es ihnen zeigen – bin schon unterwegs!«

»Beruhige dich erst einmal«, beschwor mich Meyer. »Du hast es mit mächtigen Gegnern zu tun. Auch wenn die Zeit drängt, planen kannst du nur mit klarem Kopf.«

Er hatte natürlich recht: Ich musste mich um eine realistische Einschätzung der Lage bemühen. Es galt, sich auf zwei Ziele zu konzentrieren. Vorrangig war, den Freund möglichst unverletzt zu befreien. Sollte dies gelingen, musste man alles daransetzen, die Entführer einer gerechten Strafe zuzuführen und in jedem Fall auszuschalten.

Welchen Rückweg würde das Kommando aus Prag einschlagen? Auf dem Landweg einen Gefangenentransport – etwa mit einer Kutsche – durchzuführen, dürfte ihnen wegen der zahlreichen Grenzkontrollen wenig ratsam erscheinen. Sie würden es mit einem Boot versuchen. Wie groß konnte ihr Vorsprung bereits sein?

Auf dem Festungsbauhof lieh ich mir das schnellste Pferd und flog in rasendem Galopp hinaus in Richtung der Vierlande, hin zum Hadeler Hof. Ich verständigte Detert – der war doch immer noch mein Bruder! Detert gab mir zwei seiner Leute mit. Gemeinsam rissen wir den Vierländerkahn aus dem Geräteschuppen, schoben ihn in den Entwässerungsgraben neben dem Hof, warfen die beiden Masten und die Segel hinein und ruderten das plattbodige Fahrzeug auf schmalen Gräben und Kanälen auf die Elbe hinaus, hin nach dem Zollenspieker. An dem nicht mehr ganz trittfesten Anleger machten wir fest. Wir zogen eine Wetterplane über den Kahn, krochen darunter und beobachteten durch ein Schlupfloch, was wohl geschehen werde.

Ich hatte die Vermutung ausgesprochen, Tillys Leute könnten es vom Hamburger Holzhafen mit guter Tide und auflaufendem Wasser vor einbrechender Dunkelheit gerade noch bis hierher schaffen.

Die Abendsonne stand noch über dem Horizont, da näherte sich das Oberelbeschiff und hielt, begleitet von bayrischen Flüchen, auf einen der Dalben zu. Wir verhielten uns still, wurden aber in unserem unscheinbaren Vierländerkahn von den Entführern, die mit ihren Festmacherleinen beschäftigt waren, ohnehin keines Blickes gewürdigt. Am roten Geflimmer, das die Abendsonne aus einem wüsten Haarschopf hervorzauberte, erkannte ich ihn, den Exer, inmitten seiner vierschrötigen Bande. Die Kerle stiegen auf den Anleger über und bewegten sich in Richtung des Gasthauses Zollenspieker, wohl um dort ihren Coup mit Speis und Trank zu begehen. Sie waren sich ihrer Sache sicher und rechneten anscheinend nicht mehr damit, dass jemand so geschwind ihre Spur aufnehmen konnte. Anders war es nicht zu erklären, dass sie nicht einmal eine Bordwache zurückließen.

Meine Leute und ich schlichen auf das Schiff. Wir fanden und befreiten den verletzten, bewusstlosen Václav. Wir trugen ihn zu unserem Kahn hinüber. Die von Folter sprechenden Blessuren mussten später versorgt werden.

Jetzt lockerten die beiden Knechte vom Hadeler Hof mit mir und mit drei schweren Äxten die Nagelung der Kielplanken des Oberelbeschiffs und zupften an manchen Stellen das zum Abdichten der Nähte zwischen die Planken gestopfte Kalfatmoos heraus. Das musste in wenigen Augenblicken erledigt sein, weil die Axtschläge bestimmt noch in der Gaststätte zu hören waren. Und richtig! Kaum hatten wir unser kleines Boot wieder bestiegen, die Festmacherleinen eingeholt und die Segel gesetzt, stürmten die Entführer schreiend herbei und sahen uns langsam davonziehen.

In der Absicht, uns sofort zu verfolgen, sprangen sie allzu heftig auf ihr Schiff und versuchten mit Hilfe ihrer Riemen, rudernd unseren Vierländerkahn einzuholen. Ich sprang auf das Heck unseres Bootes, baute mich wie der Heilige Georg dort auf und stützte mich auf den Riemen wie auf eine Lanze, um das nützliche Gerät im Ernstfall als Waffe zur Abwehr eines Enterversuchs der Feinde zu missbrauchen oder mit seiner Hilfe das eigene Boot durch Wriggen zu beschleunigen. Für die Verfolger stand ich, der Langmähnige, im Gegenlicht der untergehenden Sonne, die meine bronzefarben erglühende Silhouette mit einem Strahlennimbus umleuchtete. Bei ihnen brach Panik aus.

»Da ist er wieder!«, rief der Steuermann. »Seht ihr ihn nicht, den Heiligen Georg, da drüben auf dem Heck!? Klar zur Wende! Nichts wie weg!«

Er riss das Ruder so scharf nach Backbord herum, dass sich ihr Schiff auf die Seite legte. Sofort pullte die Mannschaft auf dem neuen Kurs in Gegenrichtung. Im gleichen Augenblick steckte der Exer, der für einen Augenblick unter Deck verschwunden gewesen, den Kopf aus der Luke, bemerkte das Wendemanöver und brüllte:

»Seid ihr des Teufels! Sofort noch einmal wenden und dem Vierländer folgen! Egal, was ihr glaubt, gesehen zu haben!«

Die heftigen Wendemanöver lösten heftige Drehmomente am ganzen Bootskörper aus, die nur locker sitzenden Kielplanken verabschiedeten sich aus den Verbänden. Der geplante Wassereinbruch ließ nun nicht mehr auf sich warten. Es dauerte nicht lange und das Schiff versank wie ein Stein. Die Verbrecher, natürlich Nichtschwimmer, heulten auf, hilflos patschten sie mit Armen und Händen auf das Wasser ein. Der rothaarige Exer brüllte am lautesten:

»Der da drüben auf dem Vierländer Kahn, der mit den langen Haaren, das ist kein Heiliger! Das ist der fleischgewordene GOTT-SEI-BEI-UNS!«

Endlich waren wir in Sicherheit und manövrierten unseren Kahn in aller Ruhe über Gräben und Kanäle auf direktem Weg zum Hadeler Hof. Ich sah mit an, wie sie Václav hineintrugen. Wie tot lag er auf der Trage, weiterhin nicht ansprechbar, sein Kopf blutverschmiert. Ob er überleben würde? Detert hatte nach einem Wundarzt geschickt. Ich ging in den Stall und setzte mich zwischen die Kühe, zu denen meine gute alte Meta schon lange nicht mehr gehörte. Dort brach es aus mir heraus und ich heulte mir den Schmerz über den Zustand des geschundenen Freundes von der Seele.

*

Montag, 30. August 1621

Den Torturen seiner Entführer hatte Václav wenig entgegenzusetzen gehabt und war schnell bewusstlos geworden. Dieser Umstand bewahrte ihn vor weiteren Quälereien, zumal man ihn lebend in Prag abzuliefern versprochen hatte. Dank der fürsorglichen Pflege durch Deterts Frau Gretke war er aber bald wieder auf den Beinen. Bei strahlendem Sonnenschein stärkten Wanderungen durch die Vierlande und die Wälder jenseits von Bergedorf seine Beweglichkeit und halfen, das malträtierte Selbstbewusstsein wieder aufzurichten.

Inzwischen war für mich nicht mehr zu übersehen, dass

Oberst van Valckenburghs Ungeduld, soweit durch mich veranlasst, auf eine harte Probe gestellt wurde. Er drängte auf neue Berichte über das Chaos auf dem Hamburger Waffenmarkt und den üppig aufblühenden Waffenschmuggel. Wieso ließ sein Adjutant sich so viel Zeit? Die Loyalität des jungen Burschen ließ zu wünschen übrig, seit er mit diesem Václav befreundet war!

Der Oberst fürchtete um die Handlungsfähigkeit des Staates, weil auswärtige Mächte mit viel Geld in der Stadt unterwegs waren, um die von der Bürokratie vorgeschriebenen Wege des Waffenexports zu umgehen. Würde die Bestechlichkeit der staatstragenden Kräfte so weit führen, dass die Mehrheit der Ratsherren die Sicherheit der Stadt aus den Augen verlieren und den zügigen Weiterbau der neuen Festungsanlagen behindern würde? Gezielt ausgestreute Falschmeldungen wegen angeblich ins Unermessliche steigender Baukosten hatten ihn alarmiert.

Was ich durch Václav erfuhr und zügig an Valckenburgh weiterleiten konnte, reichte bei Weitem nicht aus, um den Wissensdrang des Festungsbaumeisters zu befriedigen. Mir war klar, dass ich ohne Václavs Bereitschaft zu ergiebigerer Zusammenarbeit nicht weiterkommen würde.

Glücklicherweise stellte sich heraus, dass Václav nicht länger stillsitzen mochte. Er wünschte, sich endlich neuen waghalsigen Unternehmungen zuzuwenden. Umso mehr freute er sich, als ich ihn in den Tagen seiner Rekonvaleszenz auf dem Hadeler Hof besuchte. Am Anfang war jedoch von riskanten Projekten nicht die Rede. Ich rückte mit dem Vorschlag heraus, ihm das Schwimmen beizubringen. Wie erwartet, erntete ich bei Václav für ein derart lächerliches Ansinnen Hohn und Spott. Ob ich ihn ertränken wolle, fragte der Böhme. Der Mensch könne nun einmal von Natur aus nicht schwimmen, beharrte er. Außerdem stünden doch wohl wichtigere Aufgaben an. Um meine wahren Beweggründe herauszufinden, provozierte er mich: »Du bist doch nicht von Hamburg hierhergeritten, um mich mit so einem blödsinnigen Ansinnen zu langweilen, während spanische Geschäftsträger bei Hamburger Kaufleuten tonnenweise Waffen aufkaufen.«

»Schon gut, Václav«, gab ich mich geschlagen. »Ich hielt es nicht für ratsam, mit der Tür ins Haus zu fallen, indem ich dir mit handfesten Durchsuchungsplänen komme. Zur Durchführung meiner Vorhaben musst du dir zu deiner eigenen Sicherheit einige Fähigkeiten aneignen, die lebensrettend sein können. Du hast wohl davon gehört, wie es deinen Entführern ergangen ist. Sie sind ersoffen, weil sie nicht schwimmen konnten. Das darf uns nicht passieren! Schwimmen und Segeln, Rudern und Wriggen, das sind unerlässliche Voraussetzungen für unsere Nachforschungen in amphibischem Gelände.«

»Wie darf ich das verstehen, Jonas?«

»Du hast am eigenen Leibe erfahren müssen, wie brutal die Schergen gegen Menschen vorgehen, die ihnen bei der Beschaffung von Waffen in die Quere kommen. Das ist jedoch nur eine Seite des Geschäfts! Die größten Schwierigkeiten stehen unseren Recherchen bei der Erkundung der anderen Seite bevor.«

»Die andere Seite? Was meinst du damit!«

»Es geht um die Ausspähung der auswärtigen Geschäftsträger, die unsere Ratsherren in diesen Tagen wie Schmeißfliegen umkreisen und schwache Charaktere mit Geld weichklopfen. Außerdem geht es um die korrupten Helfershelfer beim Zoll und den anderen Hafenbehörden, die wir bisher nicht belauscht haben. Zum Dritten geht es um die Propagandisten im Stadtrat, weil die sich scheinheilige, aber glaubwürdig klingende Begründungen einfallen lassen werden, um die Hamburger Bürger für den Handel mit Waffen empfänglich zu machen. Alle diese Gruppen wollen viel Geld verdienen, und sie umgeben sich mit Handlangern, die vor Mord nicht zurückschrecken. Das zwingt uns dazu, besondere Fähigkeiten zu entwickeln, denn wir können jederzeit in brenzlige Situationen geraten. Ich kann dich dabei nicht brauchen, solange du Schwimmen, Segeln, Rudern und Wriggen nicht beherrschst. Mit Gesang und Gitarrenspiel werden wir nicht weit kommen.«

»Endlich redest du so, dass ich es verstehen kann! Wann beginnen wir mit dem Unterricht?«

»Du bist einverstanden?«

»Du schaffst es ohne meine Hilfe ja sowieso nicht.«

»Dann nichts wie los!« Ich erwiderte sein Grinsen. »Wir schwimmen auf die Elbe raus.«

»Wieso wir? Du vielleicht!«

Ich pfiff Bello, den Hütehund des Hofes, herbei, zu dritt stiegen wir ins Boot. Ich nahm das Ruder und hieß Václav das Segel setzen. Dann durfte der Freund das Ruder und die Führung der Segelschot übernehmen.

Alles klappte auf Anhieb. Václav spürte den Wind, wie er einfiel, und änderte die Segelstellung entsprechend, gab Gegenruder, sobald das Schiff vom Kurs abfiel. Wer hatte ihn das gelehrt? Er war so begeistert, dass er ins Schwitzen geriet und sein Gesicht eine rote Farbe annahm.

Wir langten beim Zollenspieker an und legten uns an die Dalben. Kein Windhauch war zu spüren. Die Sonne heizte unsere Körper auf. Noch trieben Grasbüschel und Schilfhalme elbaufwärts, wenn auch schon verlangsamt – der richtige Moment für eine erste Unterrichtsstunde!

In weiser Voraussicht hatte ich eine Schwimmhilfe hergestellt. Sie bestand aus einem länglichen, schmalen Sack, vollgestopft mit aufgepumpten Schweinsblasen. Damit ging ich ins flache Wasser, Václav sollte sich darauflegen. Sodann zog ich ihn ins Tiefere, damit er die Tragfähigkeit des Wassers empfinden lernte. Ich nahm einen Stock, warf ihn auf die Elbe hinaus und schickte Bello hinterher, um den Gegenstand zurückzuholen. Bewundernd beobachtete Václav den Hund, wie er, mit den Vorderfüßen paddelnd, sich vorwärts auf die Strommitte zubewegte. Sofort begann er, die Schwimmbewegungen des Hundes so geschickt nachzuahmen, dass er viel zu weit in den Fluss geriet. Ich sprang hinterher, um den ungeübten Schwimmer zu begleiten. Stauwasser setzte ein. Stille herrschte über der Elbe, für einige Augenblicke stand der Strom. Ich erreichte Václav und hielt zusammen mit ihm auf das Ufer zu. Total überdreht rief Václav:

»Die Elbe liebt mich, und ich lieb sie auch!«

Er schob mir die Schwimmhilfe zu und glitt so zügig zum Ufer, dass ich ihm kaum zu folgen vermochte. Hin und wieder hob er den Kopf aus dem Wasser und lachte vor Freude. Ich war hingerissen von der Eleganz seiner natürlichen Bewegungen, wie sein Körper das Element teilte, ohne den geringsten Wellenschlag auf der glatten Wasseroberfläche zu erzeugen.

»Du hast mir einen der schönsten Tage meines Lebens geschenkt!«, schwärmte Václav und hüpfte, sobald die Sonne ihn wieder aufgeheizt hatte, noch einmal ins Wasser, um die soeben erlangte Fähigkeit aufs Neue zu erproben. Später vermochte ich mich gar nicht mehr daran erinnern, wie oft er diese Sprünge wiederholte.

Der Nachmittag voller Ausgelassenheit und ohne Alltagssorgen tat mir wohl. Lachend und singend kehrten wir zurück.

Mit Detert und Gretke verlebten wir danach einen unbeschwerten Sommerabend auf dem Hadeler Hof, der Gelegenheit zur Auffrischung von gemeinsamen Erinnerungen bot. Zu einer unbedeutenden Irritation kam es, als Gretke unvermittelt eine merkwürdige Frage in den Raum stellte:

»Was weißt du, lieber Jonas, über den Schwarzen Reiter?«

Ich zögerte, ehe ich antwortete: »Was soll ich dazu sagen! Warum fragst du?«

»Vorige Woche hat sich Hauptpastor Nicolaus Hardkopf eine Kutschfahrt nach den Vierlanden gegönnt«, erzählte sie. »Bei dieser Gelegenheit hat er auch unseren Hof besucht. Er führte sich damit ein, du seiest sein Schüler gewesen. Ich bot ihm eine Kanne Bier an, die er mit einem Zug leerte. Irgendwann kam er auf den Schwarzen Reiter zu sprechen. Er glaubte, dich so weit zu kennen, dass du als einer der Teilnehmer am Kampf um den Gammerdeich möglicherweise ganz gern das geheimnisvolle Erscheinen dieses Schwarzen Reiters und den von ihm herbeigeführten Sieg der Hamburger über die Lüneburger bildhaft ausgeschmückt habest. Ich verneinte. Hardkopf war sichtlich enttäuscht und verabschiedete sich schnell. Zum Schluss bat er mich nachdrücklich, dich mit seinem bestimmt unwichtigen Ansinnen auf keinen Fall zu beunruhigen.«

WENN WAFFENHÄNDLER
TAGEN

Donnerstag, 9. September 1621

VÁCLAV UND ICH schöpften in meiner Mansarde neue Kräfte, bevor wir uns zu weiteren Planungen aufrafften. Anfangs hegten wir Zweifel, ob wir zu gemeinsamen Entschlüssen fähig sein würden. Václav, bis dahin die wichtigste Stütze im Kampf gegen den Waffenhandel, war einige Male allein unterwegs. Von dem, was er unternahm, erzählte er mir so gut wie nichts.

Durch einen Informanten wurde mir eine brisante Meldung zugespielt. In Kürze, wohl schon am 18. September, sollte eine Tagung aller an Waffengeschäften Beteiligten stattfinden. Und zwar in Lüneburg, weil man in Hamburg lange Ohren zu fürchten habe. Deshalb seien die Herren, allesamt Mitglieder einer geheimen Bruderschaft der Schwarz-Weißen, wie es hieß, von ihrem Vorstand zu einem Festmahl ins Lüneburger Rathaus gebeten worden.

Als ich dem Freund diese Information vortrug, wurde Václav hellwach und schien enorm interessiert, ja wie ausgewechselt. Er schlug vor, umgehend Überlegungen für einen Lauschangriff auf die Versammlung im Rathaus anzustellen. Hier böte sich die Gelegenheit, alle gewünschten Informationen mit einem Schlag zu gewinnen. Ich zögerte. Es gefiel mir nicht,

Václav, kaum von seiner gewaltsamen Entführung genesen, schon wieder einem riskanten Abenteuer auszusetzen. Warum war er so darauf erpicht, sich in den nächsten Kampf zu wagen?

Aber ich ahnte es: Václav war noch nicht von dem Wahn befreit, den Charakterschweinen im Heiligenschein, die seinen Vater und weitere Calvinisten auf dem Gewissen hatten, eine »gerechte« Bestrafung widerfahren zu lassen. Er hatte sich einen Ton angewöhnt, als sei er ein Inquisitor, von Gott und seiner Kirche auserwählt, nicht nur den eigenen Vater und dessen Leidensgenossen zu rächen, sondern zugleich ein himmlisches Zeichen zu setzen. Ich überlegte: Wie wäre es, mich heimlich an Václavs Rachefeldzug anzuhängen und bei günstiger Gelegenheit die gerichtlich verfügte Ermordung meiner Mutter, die man als Zigeunerin verunglimpft und ersäuft hatte, zu rächen! Dafür bräuchte ich nichts weiter zu tun, als Václavs Bestrebungen nach Kräften zu unterstützen! Der Lauschangriff in Lüneburg könnte den Grad der gesellschaftlichen Versumpfung unbarmherzig ausleuchten. Unsere Zusammenarbeit wäre zugleich die Möglichkeit gewesen, den Sänger und Lautenspieler ganz für mich zu gewinnen.

Anna, die Neunmalkluge, die wir mitunter in unsere Überlegungen einbezogen, war mit einem Vorschlag auf uns zugekommen, wie eine Beobachtung der Waffenhändler in Lüneburg realisiert werden konnte. Da sie von den Markthändlerinnen des Hamburger Zippelhauses als eine der ihren angenommen worden war, fiel es ihr leicht, sich für den Dienst in Lüneburg anzubieten – oder freundlich aufzudrängen. Nun würde sie Gelegenheit finden, Räumlichkeiten und denkbare Fluchtwege auszuspionieren. Die Idee erschien uns plausibel und wurde akzeptiert. Ich wandte mich an Oberst Valckenburgh, erklärte ihm das Vorhaben und legte ihm nicht übermäßig zurückhaltend nahe, für die Kosten geradezustehen. Er schüttelte den Kopf: »Euer Wagemut bringt mich noch ins Grab. Aber zugegeben – ein sauberer Plan. Wenn er aufgeht, möchte ich sofort erfahren, welche Ratsmitglieder die Schmuggler unterstützen und zu welchen Zeitpunkten sie die gefährlichen Transporte nach See gehen lassen. Das Geld kriegt ihr von mir – allerdings nicht ohne Gegenleistung. Lass dir von Anna die Haare abschneiden – ganz kurz!«

»Weiß nicht recht«, zögerte ich. »Ganz kurz – dann kenn' ich mich ja nicht mehr wieder!«

»Genau darum geht es mir. Ihr habt euch schon zu viele Menschen, die vor nichts zurückschrecken, zu Feinden gemacht. Jedes Mal stehst du im Mittelpunkt, der Mann mit den langen Haaren. Dein äußeres Erscheinungsbild ist dabei, sich in eine lebende Legende zu verwandeln. Auf dich haben sie es abgesehen. Die Haare müssen runter, sonst kann ich die Lauschaktion nicht verantworten.«

»Ich werde mir nackt vorkommen. Darf ich mir zur Begrenzung des Schlachtfeldes wenigstens eine Mütze aufsetzen?«

»Du darfst!«

Abends kam Anna mit dem Kochtopf, setzte ihn mir auf den Kopf und schnitt ohne Erbarmen alles ab, was darunter hervordrängte. Sie brachte eine Mütze mit, die ausreichte, um nach der Enthaarung meinen geschorenen Kopf zu verhüllen.

Wie geplant, nahm Anna Kontakt zur Lüneburger Ratsküche auf. Mit ihrem liebreizend dargebotenen Spitzengemüse wirkte sie offensichtlich überzeugend, weswegen der Koch sie in der Folgezeit mit immer neuen Aufträgen bedachte. Sie nutzte das Vertrauen und sah sich sehr genau im Gebäude um.

Anna hatte nicht nur vorzügliche Ideen. Sie wirkte auch

ausgleichend, wenn Irritationen und leichte Spannungen zwischen Václav und mir entstanden.

»Wenn ihr beiden nicht Frieden halten könnt, wird aus unseren Plänen bestimmt nichts!«, wies sie uns zurecht.

Sie hatte sich sogar ein gutes Herz für Riecke bewahrt. Zwar durfte die sich weiterhin der Zuneigung Valckenburghs erfreuen. Doch fehlte ihr die körperliche Verbindung mit mir. So hängte sie sich an Anna, die ihr bei einigen Gelegenheiten weit mehr von der gemeinsamen Ausforschung der Waffenschmugglerszene erzählte, als mir lieb sein konnte.

Durchgehend die gnädige Mütze auf dem Kopf, charterte ich in Lüneburg einen kleinen Salzkahn, der wegen seiner geringen Ladefläche meist unbenutzt im Hafen lag und wenig bewegt wurde. Aber er war gut in Schuss und ließ sich flott segeln. Wir holten den Kahn nach Hamburg und dekorierten ihn zum Gemüse-Ewer um, indem wir sein Deck mit Zwiebeln, Bohnen und allen Gemüsesorten bepackten, die Anna für das Fest im Rathaus mitbringen sollte.

*

Samstag, 18. September 1621
AM MORGEN DES STICHTAGES trafen wir, weil es zufällig mit den Wasserständen harmonierte, auf die von Lübeck über den Stecknitzkanal herabkommenden großen Salzkähne und reisten mit ihnen im Konvoi die Ilmenau nach Lüneburg hinauf. Im Hafen angekommen, luden wir das Gemüse vollständig auf eine Schottsche Karre um. Der vom Grünzeug befreite Kahn unterschied sich jetzt nicht mehr von den anderen Salzkähnen. Dass der im Lüneburger Rathaus inzwischen gut angesehenen Marktfrau Anna aus Hamburg wegen der umfang-

reicheren Gemüselieferung für das abendliche Festessen zwei Männer der Kronenbrauerei beim Transport helfen mussten, löste nicht den geringsten Verdacht aus. Anna hatte mich und Václav über Wege und Treppen im Rathaus unterrichtet und von einem engen, verdreckten, seit langer Zeit nicht mehr benutzten Geheimgang erzählt. Dieser sei mit kaputten Stühlen und Holzborden vollgepfropft. Sie habe dort nur ein wenig aufgeräumt, sodass sich in ihm schlanke Personen hintereinander vorwärtsbewegen konnten.

Nachmittags stiegen Václav und ich zum Boden über dem Festsaal hinauf und studierten gründlich das zur Unterkonstruktion des Daches gehörende Balkenwerk, damit wir uns bei Dunkelheit überall zurechtfinden würden. Als Lichtquellen dienten drei zur Straße hin sichtbare, in der Giebelwand hochkant nebeneinander eingebaute Fenster. Nur den Geheimgang entdeckten wir noch nicht.

Wir richteten uns so gemütlich wie möglich unter Dachsparren und zwischen den waagerecht eingezogenen Balkenlagen ein, an denen die holzgetäfelte Decke über dem Festsaal hing. Anna folgte uns nach oben, sobald sie in der Küche nicht mehr gebraucht wurde. Die Öffnungen in der Decke für die Aufhängung der Kronleuchter waren so weit ausgeschnitten, dass sie eine fantastische Sicht auf den Festsaal und seine Einrichtung gewährten. Wir zählten sechs solcher Löcher und studierten, um die Zeit bis zum Beginn des Festes totzuschlagen, die darunter hängenden Kronleuchter. Es handelte sich um sechseckige Tragegestelle mit je sechs Lichterarmen. Jeder Lichterarm trug drei Kerzen. Umgeben von kunstvoll geschmiedeten Ranken erhoben sich über den Gestellen feingliedrig gestaltete Heiligenfiguren. Zusätzliches Licht erhielt der Raum von zahlreichen Wandleuchtern.

Wir beobachteten, wie Tische und Stühle hereingeschafft wurden. Von unserem Platz aus hörten wir jedes Geräusch und verstanden jedes Wort vom Geschwätz der eifrig tätigen Bediensteten. Der Länge nach wurden die Tische weiß eingedeckt und mittig mit schmalen schwarzen Tafelläufern belegt. Das frisch geputzte Ratssilber wurde herbeigeschafft, darunter Modelle von Hansekoggen und modernen, hoch bestückten Ausliegern – alles paradierte auf der Tafel. Heiligenfiguren des Christentums über den Kronleuchtern. Statuetten antiker Götter – des Kriegsgottes Ares, der streitbaren Minerva und des Götterboten Hermes – behaupteten ihren Platz auf den Tischen und wirkten auf den schwarzen Tischläufern besonders kostbar. Erlesenes Obst, wie es die Jahreszeit hergab, wurde auf Tischen in den Fensternischen bereitgestellt. Die Gäste durften kommen.

Mitglieder der Hamburger Ratsmusik, für diesen Abend wohl mit der Aussicht auf Nebeneinkünfte herbeigelockt, stimmten die Ankommenden mit festlichen Intraden ein. Reeder aus Hamburg und Lübeck traten je zu zweit in hispanischer Hoftracht ein. Gleich gewandet, folgten Ratsherren aus Hamburg, Lübeck und Lüneburg, allerdings maskiert, zudem zwei in Hamburg akkreditierte hispanische Diplomaten. Es folgten, angetan mit bunt aufgelockerter Kleidung, hohe Militärs, Angehörige des Adels und schließlich, dürftig maskiert, Vertreter der lutherischen Geistlichkeit.

Ohne Ausnahme hatten sich die versammelten Herren ein plissiertes, schwarzes Cape übergeworfen, geschmückt mit dem Wappen ihres jeweiligen Heimatortes sowie dem besonderen Zeichen der Bruderschaft, bestehend aus zwei Händen, die zusammen eine Raute bildeten. So also uniformierte sich der Geheime Orden der Schwarz-Weißen! Nachdem die Gesellschaft Platz genommen, stieß der Zeremonienmeister seinen Schellenbaum dreimal auf den Boden und rief in den Saal hinein: »Die verehrten Mitglieder sind gebeten, sich zu Ehren des Präses unseres Ordens, Ambrosius Heuschreck, zu erheben.«

Es erschien ein vermummter evangelischer Geistlicher.

»Nicht zu fassen!«, murmelte ich und hatte Mühe, mich zu beherrschen. »Die Gestalt, die Proportionen, die Bewegungen könnten zu meinem Lehrer und Mentor auf dem Akademischen Gymnasium, dem Hauptpastor von St. Nikolai, passen. Ob er's ist, kann ich erst sagen, sobald er ein paar Takte gesprochen hat. Wollen mal hören, was er zu sagen hat!«

Der Seelenhirte ließ, vor mehr Ohren als er ahnte, eine nicht enden wollende Anhimmelei der versammelten Wirtschaftsgrößen Hamburgs hervorsprudeln. Endlich kam er zu seinem pastoralen Anliegen: »Seit vielen Jahren schon beehren uns massenweise Flüchtlinge aus Portugal und den unter spanischer Verwaltung stehenden Provinzen der Niederlande. Unsere Stadt kann sie kaum mehr verkraften. Sie alle haben dem katholischen Glauben abgeschworen, haben sich den Calvinisten in die Arme geworfen und wünschen jetzt, Glaubensfreiheit bei uns Luthe- ranern zu finden. Die Ehrlichsten unter ihnen haben die religiöse Wandlung nie wichtig genommen und längst die Taufe im einzig wahren lutherisch-protestantischen Ritus angestrebt und erhalten. Heute unterstützen sie unsere Stadt mit so nie dagewesenem Elan im Bereich der Wirtschaft und durch Schaffung sozialer Einrichtungen. Aber leider gibt es auch die anderen, die sich bei uns nur einnisten! Die Schlingel machen es sich bequem und wünschen einzig von unseren materiellen Gütern zu profitieren. Außerdem versuchen sie reichlich unverschämt, ja geradezu sittenwidrig, die evangelischen Christen zu missionieren und für die Sache des Schweizer Häretikers zu gewinnen.«

Ich erklärte leise: »Gott im Himmel sei Dank! Er ist es nicht. Passt auch gar nicht zu ihm, der salbungsvolle Ton!«

Václav knurrte hinter vorgehaltener Hand: »Mit seinen Giftspritzern ist der Mann eine wandelnde Gefahr für den Religionsfrieden. Gerade versucht der Widerling, die Konfessionen gegeneinander aufzubringen.«

Er war kaum mehr zu bändigen. Anna und ich versuchten, ihn festzuhalten und zu beruhigen.

Ambrosius Heuschreck fuhr fort: »Wir haben ein Problem mit ihnen, ja, es ist geradezu unsere Pflicht, sie, diese Hamburger Spezies der Calvinisten, aus unserer Gesellschaft zu eliminieren. Aber damit ihnen die in den Generalstaaten verbliebenen Glaubensbrüder nicht zu Hilfe eilen können, müssen die Spanier sie mit Gottes Hilfe ausrotten – ja, ausrotten! Soldaten haben sie ja genug, die Spanier, aber ihnen fehlen moderne Waffen.

Wir müssen uns der größten ethischen Herausforderung stellen, die es seit der Reformation gegeben hat. Ich fordere die hier versammelten Herren auf, den Spaniern unsere besten Waffen auch wirklich zu schicken.

Die hispanischen Glaubenskämpfer müssen – das versteht sich doch von selbst – vernünftig bezahlt werden. Ihr König benötigt ausgeschmiedete Kupferplatten für die Herstellung von Kupfergeld. Geld ist eine wichtige, unverächtliche Waffe im Kampf für eine bessere Gesellschaft! Ich schließe mit einem aufrichtigen SOLI DEO GLORIA – allein Gott die Ehre!«

»Wieso lacht keiner über diesen Stuss!«, flüsterte Václav gallig-bitter mit glühendem Gesicht. Stattdessen reagierte die Gesellschaft im Saal mit wildem Klatschen und Hochrufen.

»Das Wort hat der Bürgerm... 'tschuldigung! Unser Ordensbruder Anonymus Kiebitz«, verkündete der Zeremonienmeister und stieß dreimal seinen Schellenbaum auf den Boden. Nach ehrerbietiger Begrüßung der Anwesenden kommentierte der Kiebitz zunächst die Rede seines Vorredners und schloss mit den Worten:

»Allein Gott die Ehre! Dessen hatte es gerade noch bedurft, meine Herren, nämlich der ethischen Grundlage für die notwendigen Waffengeschäfte! Der Orden der Schwarz-Weißen, wir alle sagen Ihnen Dank, Bruder Heuschreck, für die ermutigenden Worte! Sagen wir beherzt ›ja‹ dazu und stürzen uns in die Arbeit! Im Jahre 1609 haben wir in Madrid ein wichtiges Handelsabkommen geschlossen, in welchem wir im Wesentlichen Handelsgüter genannt haben. Jahrelang waren wir dazu verurteilt, stillzusitzen, nachdem es dem spanischen König Filippo III. gefallen hatte, mit den Generalstaaten einen Waffenstillstand abzuschließen. Zu unserer unbändigen Genugtuung hat er nun das Zeitliche gesegnet und uns als tatkräftigen Nachfolger seinen Sohn, den vierten Filippo, hinterlassen, der, unterstützt durch seinen Regenten Olivares, den Waffenstillstand flugs aufgekündigt und den Kampf wieder aufgenommen hat. Wir müssen der günstigen Situation jetzt nur Rechnung tragen und die alten Handelsverträge wieder aufleben lassen!«

Beifall brandete auf. Der Kiebitz genannte Vogel fuhr fort:

»Luntenschloss-Musketen werden in Hamburg leider nicht gebaut, auch nicht die neuen, aus einem Stück gegossenen Vorderlader-Kanonen. Unsere Waffenhändler beziehen die Muskete aus Suhl und aus London das neue Geschütz. Wir müssen schon jetzt beginnen, uns massenweise damit einzudecken, damit wir die Wünsche aller miteinander Krieg führenden Parteien rechtzeitig zufriedenstellen können. Bis unser Markt in nachhaltiger Weise reagieren kann, wird beinahe noch ein Jahr verstreichen. Aber dann, meine Herren! Ja, dann wird sich unser Hafen mit Schiffen aus aller Herren Länder füllen und bei den Hamburger Kaufleuten und Reedern der Wohlstand ausbrechen!«

Erneut wurden Jubelrufe laut.

»Nun gibt es in unseren Mauern einige mutige Schiffer, die schon heute kein Risiko scheuen, unsere Handelsgüter – damit meine ich insbesondere: Schwarzpulver, Arkebusen, kleine Geschütze und die neuen Vorderlader-Geschütze – über See nach Malaga zu verfrachten.

Sie werden, ob in Malaga oder Cadiz, unglaublich gute Preise erwarten dürfen, zumal nach der kürzlich verfügten Aufhebung des Waffenstillstandes zwischen Spanien und den Niederlanden neue und heftige Kampfhandlungen in Gang gekommen sind.

Die günstige Ausgangslage für Handelsaktivitäten darf nicht den Blick dafür verstellen, dass unsere Reeder und Exporteure immer noch ein gewaltiges Risiko auf sich nehmen. Der König von Dänemark, Christian IV., hat zu unserem Ärger bei Glückstadt zwei Fregatten auf die Elbe gelegt, die Frachtschiffe durchsuchen und verhindern sollen, dass in Hamburg eingekaufte Waffen in Richtung Spanien weiterverkauft werden. Er weiß nichts von uns und unseren Geschäften. Ich habe in meiner amtlichen Funktion mit ihm vor zehn Tagen in Steinburg ein Abkommen geschlossen, in dem Hamburg sich unter anderem verpflichtet, nichts gegen die Generalstaaten und nichts gegen den Winterkönig zu unternehmen. Ich habe darauf den Empörten gespielt, wir hätten noch nie zum Schaden des Protestantismus gehandelt! Meine Vorstellung war wohl recht überzeugend. Der König hat alles geglaubt.«

Brüllendes Gelächter unterbrach an dieser Stelle die Rede des sich aus der Deckung wagenden Ordensbruders Kiebitz.

»Umso wichtiger wird es sein«, fuhr er fort, »gewisse Hamburger Spitzel auszuschalten, die bisher wenig über uns wissen, uns aber auf die Schliche kommen und unseren Waffenhandel publizieren wollen. Fragen Sie mich bitte nicht, um wen es sich handelt! Das wissen wir noch nicht ganz genau, aber wir fahnden nach ihnen. Die dürfen ihr Wissen nicht beim Dänenkönig abladen!«

»Das gilt uns«, flüsterte Anna. »Woher wissen die überhaupt, dass sie Gegenwind bekommen werden?«

»Das frage ich dich, Anna«, zischelte Václav.

»Still doch!«, fuhr ich beide an. »Wir wollen jedes Wort hören, das der Kerl noch zu sagen hat.«

Kiebitz kam zum Schluss: »Peter Jansen und andere Schiffer werden die Augen aufhalten und dieses Gesindel, ohne dass die Behörden eingreifen müssen, fertigmachen. Zum Wohl, ihr findigen Schiffer, und auf euer spezielles Wohl, verehrter Schiffer Jansen!«

Der verkappte Bürgermeister prostete der Gesellschaft zu und nahm neben dem Herrn Pastor an der Spitze der Tafel Platz.

Erneut stieß der Zeremonienmeister den Schellenbaum dreimal auf den Boden, und die Mahlzeit konnte beginnen. Jetzt hieß es, genau hinzuhören, dass einem trotz des sofort eintretenden Stimmengewirrs nicht das geringste Detail entging. Die interessanteste Mitteilung kam aus Jansens Ecke: Sein Schiff werde ab Mitte Juni 1622 auf der Neumühlener Reede liegen und dort beladen werden – womit? Das könne man sich wohl denken. Am 2. Juli 1622 werde es feierlich verabschiedet und abends gegen 6 Uhr mit Beginn des ablaufenden Wassers unter Kanonendonner die Reede in Richtung Malaga verlassen.

Václav hatte sich weit vorgebeugt und das rechte Ohr mit einer Handmuschel verlängert. Um Halt zu finden, lehnte er sich gegen eine Holzkonstruktion, von der aus der Flaschenzug zum Aufholen und Absenken eines Kronleuchters im Festsaal bewegt werden konnte. Václav war bemüht, die unbequeme Körperhaltung durch häufigen Stellungswechsel zu verbessern. Von niemandem vorhersehbar, löste sich das in mehreren Windungen um eine dicke Klampe am Holzgestell geschlungene, lose Ende des Zugseils, schlug hin und her und Václav die Nase blutig, verschwand durch das Loch in der Decke nach unten und folgte dem mit einem Riesenkrachen auf dem Tisch einschlagenden Kronleuchter. Eine aufwallende Staubwolke füllte den Saal. Man hörte Verwundete stöhnen, Schreien und Rufe:

»Schickt die Rathauswache auf den Boden! Da ist doch jemand. Fehlte noch, dass wir belauscht werden!«

Der Schreck fuhr uns dreien in die Glieder. Wir waren aufgeflogen! Schon vernahmen wir Stimmen, Stiefelgetrampel und Säbelgerassel sich über die Treppe nähern. Gleich würden sie ... Wir sahen in ratlose Gesichter. Gnade uns Gott!, dachten wir, jedenfalls zwei von uns.

Verzweifelt schauten wir auf Anna. Sie blieb die Ruhe selbst und gab uns ein Zeichen, ihr in den hinteren Bereich des Dachbodens zu folgen. Dort standen wir vor einer verbretterten Wand. Anna tastete die Bretter ab, fand das richtige, zog daran und öffnete damit die so gleichmäßig in die Wand eingepasste Tür, dass ein Unbefangener sie niemals hätte entdecken können. Entsetzt blickten wir in einen schmalen, anscheinend mit Möbeln gänzlich zugemüllten Gang, doch schnell räumte Anna die von ihr zuvor dort postierten Stühle beiseite. Wir schlüpften hindurch, und Anna schob die Stühle wieder hin. Hinter ihr her schlichen wir so leise wie möglich durch den alten Geheimgang, der im Keller endete. Durch ein Kellerfenster bekamen wir die aufgeregte Diskussion der ins Freie geflüchteten Gäste mit: »Das waren bestimmt Spione aus Hamburg!« – »Oder der dänische Geheimdienst!« – »Vielleicht auch Radikale aus dem Calvinisten-Viertel!« – »Sie dürfen uns nicht entkommen!« – »Auf keinen Fall!«

Anna horchte in den Geheimgang zurück. Václav und ich horchten mit – Stille! Niemand folgte uns, die Wachen waren nicht sehr motiviert. Da die Luft rein schien, verdrückten wir uns, fanden den gut versteckten und von Gemüse-Dekoration entkleideten Salzkahn.

Jetzt hatten wir Zeit. Erst wenn in einer Stunde der Höchstwasserstand erreicht wäre, hätte uns das danach ablaufende Wasser über die Ilmenau mit hinabnehmen sollen, in die Elbe hinein und mit dem Ebbstrom nach Hamburg zurück. Das sollte der Zeitpunkt unserer Abfahrt sein. Es kam anders.

Zum Zeitvertreib wanderten wir am Hafen entlang. Anna, der nichts entging, legte plötzlich den Finger auf die Lippen:

»Hmm, seid mal ruhig, ich höre was. Schaut da drüben, die Männer, die sich gerade vor unserem Kahn aufgebaut haben – was tun die da? Einer bückt sich gerade, und nun …«

»Das sind die Nachtwächter!«, fiel ich ihr ins Wort. »Ich seh' es genau! Einer hält die verdreckte Schürze einer Gemüsefrau hoch – Mist! Unmittelbar vor unserem Kahn! Die hast du wohl verloren, Anna! Die werden das Boot jetzt nicht mehr aus den Augen lassen.«

Tatsächlich! Die Nachtwächter hockten sich auf einer ungefähr fünfzig Fuß hinter der Uferkante aufgestellten Bank nieder und hofften offensichtlich, die ihnen entkommenen Opfer dort wieder einzufangen. Wir drei liefen ein paar Schritte weiter am Hafen entlang bis zu einer Baumreihe, deren Zweige weit über das Wasser reichten und die Uferkante abdeckten. Von dort aus ließ sich das Geschehen gefahrlos beobachten.

Die Ebbe lief, der Pegel im Hafen sank bedenklich. Höchste Zeit, auszulaufen! Drüben regte sich etwas! Drei Wachleute standen von der Bank auf und schärften dem vierten, soweit man hören konnte, ein, gut aufzupassen. Dann verschwanden sie. Der Vierte griff nach der Bierkanne, die er unter seinem Sitzplatz abgestellt hatte, und tat sich mit kräftigen Zügen gütlich.

»Wir müssen los!«, sagte Anna.

»Aber wie? – Sollen wir uns an ihm vorbei schleichen, aufs Boot springen und ablegen?«, fragte ich.

»Das ist ein Fall für mich!«, meinte Václav. »Wozu hab' ich Schwimmen und Tauchen gelernt!«

Er zog sich splitternackt aus, übergab mir seine Kleider, hieß uns zu warten und verschwand lautlos im Hafenwasser. Neben dem Salzkahn sahen wir ihn wieder auftauchen. Er schwamm um das Boot herum, löste neben den anderen Leinen auch die Vorspring und behielt sie in der Hand. Dann tauchte er unter, am gegenüberliegenden Ufer tauchte blitzschnell sein nackter Arm aus dem Wasser, griff nach etwas und war gleich wieder verschwunden. Der Kahn überquerte, von unsichtbaren Kräften gezogen, den Hafen bis zu unserem von Bäumen geschützten Standort. Wir stiegen ein, umarmten unseren Retter der Heimfahrt und ließen uns zum Hafen hinaus in die unter Nacht und Dunkel entschwindende, flacher werdende Ilmenau treiben.

Aus der Ferne vernahmen wir ein im Nebel ersticken des Wächterhorn verzweifelte Töne ausstoßen. Da es nichts zu nützen schien, wurde über längere Zeit auch eine krächzende Feuerratsche betätigt. Eine Verfolgungsjagd schloss sich nicht an – glücklicherweise. Es begann zu nieseln. Wir fühlten uns beruhigt und geborgen.

*

»Sag mal, Václav«, fragte Anna unterwegs, »was hattest du mich vorhin auf dem Boden im Rathaus fragen wollen? Glaubst du, ich hätte die geplante Lauschaktion verraten?«

Er antwortete ausweichend: »Wenn ja, bestimmt nicht in böser Absicht. Hast du jemals mit Valckenburghs Geliebter darüber gesprochen?«

Annas Gesicht wurde erst kalkweiß und dann puterrot. Schließlich sagte sie leise: »Das glaub' ich jetzt nicht. Ist doch absurd. Oder meint ihr tatsächlich, die Riecke hätte …? Sie hat mich hin und wieder das eine oder andere gefragt. Ich mochte sie nicht einfach so stehen lassen. Nie wäre ich auf den Gedanken gekommen, dass sie uns schaden wollte! Sie tat mir leid, sie wollte einfach etwas mehr über dein Verhältnis zu Jonas, den sie doch – du weißt schon …«

»Wirklich?« Ich geriet in Aufregung. »Und du bist darauf eingegangen? Dann wird mir alles klar, liebe Anna. Da bist du denn doch zu leichtgläubig gewesen. Sollte Riecke dich ausgenutzt haben, um uns auszuspionieren, sind wir geliefert! Wir müssen von diesem Augenblick an mit Überfällen auf unsere Gruppe rechnen!«

Der Nieselregen ließ nach, Mondschein drang durch die Wolken, als wir die Elbe erreichten. Wir querten den Strom und verbrachten die Nacht vor Anker in der Nähe des Zollenspiekers. Am frühen Morgen setzten wir in bedrückter Stimmung die Reise nach Hamburg fort.

Rückkehr der Bombe

ZIEMLICH LEGER GEKLEIDET trafen am späten Nachmittag des übernächsten, eines sehr heißen Tages, Anna, Václav und ich mit dem Herausgeber der *Wöchentlichen* in der Redaktion zusammen. Ein Gewitter lag in der Luft, stickige Wärme regierte die Atmosphäre.

Wir drängten Meyer, das von außenstehenden Personen kaum jemals betretene Archiv der Wochenzeitung für eine kurzfristig anberaumte Sitzung benutzen zu dürfen, um unter strengster Geheimhaltung ein Resümee unserer bisherigen Recherchen zu ziehen und daraus künftige Aktionen abzuleiten. Einem Unbefangenen hätte unser hektisches Verhalten eigentlich auffallen müssen. Wie immer – ob Johann Meyer unsere heikle Lage nicht überblickte oder einfach nur helfen wollte, er erfüllte uns diesen Wunsch, zumal wir ihm schmeichelten, es sei das Größte für uns, dicht am »Hamburger Ohr zur Welt« tagen zu dürfen.

Das Archiv, ein rechteckig geschnittener Saal, lag hinter dem Dienstzimmer des Herausgebers und war nur von dort aus zugänglich. Ein schweres, zweiflügeliges Portal führte in den Saal. Besuchern bot sich durch das gegenüberliegende Fenster die Sicht auf den Mastenwald des Binnenhafens. Wie graue Striche ineinandergreifender Dreiecke wirkte das Tauwerk des über die Mastspitzen gespannten stehenden Guts der dort versammelten Boote. Den düsteren Charakter des Saales bestimmten bis zur Decke ragende schwarze Regale, vollgestopft mit Büchern und Manuskripten – eher ein Ort des Vergessens denn der Erinnerung.

Václav riss sofort das Wort an sich: »Für wen holen wir eigentlich die Kastanien aus dem Feuer, wenn wir unser Leben wagen, den Waffenhandel nach Spanien zu unterbinden? Nur für die calvinistischen Generalstaaten, für Oberst van Valckenburgh oder allein für die illusorische Idee von einem Frieden der Völker im Heiligen Römischen Reich?«

»Gute Frage!«, erwiderte ich und versuchte, die Wut des wacker streitenden Sängers auf die feine, tonangebende Hamburger Gesellschaft auszudehnen, die den Tod meiner Mutter auf dem Gewissen hatte. Ihre Verurteilung und die Vollstreckung im Hinterkopf lenkte ich das Gespräch auf die merkwürdige Rolle des Ersten Bürgermeisters beim Festmahl des Ordens der Schwarz-Weißen:

»Der angebliche Herr Kiebitz sah nur den eigenen und den Vorteil seiner Freunde, wenn er hinter vorgehaltener Hand versprach, jeden Mann mit Hilfe städtischer Behörden mundtot zu machen, der es wagte, den Waffenhandel publik zu machen und anzuprangern. Mundtot heißt bei ihm doch wohl tot, oder? Gegenüber Dänemark und den Generalstaaten verwahrte sich der Erste Bürgermeister immer wieder gern und lauthals in der Öffentlichkeit gegen angebliche Gerüchte, die davon wissen wollten, er unterstütze die unseriösen Praktiken der Waffenschieber. Wie er aber wirklich denkt und handelt, das wagt er nur im Gewand eines Mitglieds des Schwarz-Weißen-Ordens allein den Gläubigen seiner Unterwelt mitzuteilen. Was lernen wir daraus? Reden schwingen steht uns nicht an. Wir müssen dieses gesetzlos handelnde Geschmeiß, die von Standesdünkel befallene Gesellschaft vertilgen, ihr mit großen Aktionen entgegentreten, weil ...«

Anna fiel mir ins Wort: »Aber so kenne ich dich ja gar nicht, Jonas! Was reizt dich zu diesem unmotivierten Posaunenstoß in Václavs Horn? Wie weit willst du dich noch erniedri...?«

»Jammerschade, Anna!«, ging ich sie sofort an. »Und ich dachte, wir blasen alle in dieselbe Trompete! Du verkennst Václavs edlen Charakter. Er sieht den Zusammenbruch der Protestantischen Union voraus – nicht zuletzt deswegen, weil die lutherische Republik Hamburg ihre Waffen skrupellos den Spaniern für die Jagd auf calvinistische Niederländer andient, sich aber bezeichnenderweise weigert, der an Auszehrung leidenden Protestantischen Union beizuspringen.«

Anna sah die Diskussion entgleiten und suchte nach einem Rettungsanker:

»Wo bleibt der Oberst? Du hattest ihn doch zu unserer Sitzung einladen wollen, damit wir ihn, wie versprochen, über die Ergebnisse unseres Lauschangriffs auf die Schwarz-Weißen informieren.«

»Aber Anna«, stotterte ich, »so kurzfristig hätte ich Valckenburgh doch unmöglich herbitten mögen. Ja und dann – ach ja, dann hatte Freund Václav gemeint, wir sollten die Ergebnisse zunächst unter uns besprechen und ...«

Ehe ich weitersprechen konnte, fuhr Václav mir über den Schnabel:

»Wir dürfen uns in einem so entscheidenden Augenblick nicht von jemand dominieren lassen, der voll und ganz hinter der verruchten Rathauspolitik steht!«

»Was heißt das denn wieder?« Anna wurde hellhörig. »Ich denke, wir handeln in Valckenburghs Auftrag! Ich habe den

Oberst bisher als einen vernünftig denkenden und verantwortlich handelnden Menschen kennengelernt, der sich mit viel Fantasie seinen Weg durch das Gestrüpp der Rathauspolitik bahnen muss. Und du, Jonas, weißt das auch, weil du dabei warst, als Vinzent Moller sich gegenüber Valckenburgh über seine Differenzen zum Ersten Bürgermeister Voegeler geäußert hat.«

»Ach, papperlapapp, Klein-Anna«, versuchte Václav, ihre Gegenrede ins Lächerliche zu ziehen.

»Klein-Anna? Das will ich überhört haben«, reagierte sie entschlossen. »Wenn ihr es so haben wollt, kann ich ja gehen. Eure Lauschangriffe durfte ich gern organisieren, damit sie überhaupt funktionieren, aber mitreden soll ich hier nicht?«

Ich hatte mich vor Verlegenheit ganz klein gemacht. Warum musste Anna das unbedingt jetzt verraten! Václav blieb der Mund offenstehen. Dann stammelte er:

»Das warst immer du …?«

»Nun ist es heraus, Klein-Václav«, sagte Anna und sprach weiterhin Václav an: »Anfangs war noch alles im Lot, bis dich der Tod deines Vaters total durcheinandergebracht hat. Ich habe immer gedacht, wir wollten allein durch das Wort überzeugen. Einen anderen Weg werde ich nicht mit…«

Tumult im Vorraum unterbrach Annas Rede. Václav sprang auf, wollte gegen den störenden Lärm protestieren und hatte schon den Türgriff in der Hand. Da ließ ein gewaltiger Fußtritt die beiden Türflügel des Portals aufspringen, und es erschienen fünf vermummte Gestalten. Ihr Sprecher vervollständigte Annas letzten Satz und rief in den Raum:

»… nicht mitgehen. Aber unseren Weg, den werdet ihr, den müsst ihr sogar hübsch mitgehen! Im Namen des Gesetzes und im Auftrag des Rates verhafte ich euch drei wegen Spionage und der Vorbereitung … Wo ist der Dritte im Bunde? Nach unseren Ermittlungen sollen hier drei Personen, eine Gemüsehändlerin und zwei Kerle, dingfest gemacht werden. Wo ist der böhmische Sänger abgeblieben? Heraus mit der Sprache!«

Der Anführer ließ seine Peitsche auf den Tisch knallen, Anna und ich wichen zurück. Wir hatten ebenso wenig wie die Zaungäste bemerkt, dass Václav auf geheimnisvolle Weise entwischt war. Als weder Anna noch ich etwas über seinen Verbleib sagen konnten, wurden wir vors Haus geschleppt, aber anders, als wir befürchtet hatten, weder verprügelt noch getreten. Wir wurden an Händen und Füßen gefesselt und vollkommen einbandagiert. Zuletzt wurden uns noch die Augen verbunden.

Der Zeitungsverleger Johann Meyer hatte gar nicht erst versucht, den Überfall abzuwehren, er blieb ungeschoren. Kaum waren die Entführer mit ihren Opfern außer Sicht, traute er sich in den Sitzungsraum und entdeckte Václavs zitternde Gestalt, eingeklemmt zwischen einem Türflügel und der Wand. Das mächtige, aus schwerem Eichenholz gefertigte Portal war mit solcher Wucht aufgeflogen, dass der eine Türflügel Václav gegen die Wand gedrückt und sich dann in die Bodenangel eingeklinkt hatte. Meyer befreite ihn. Der junge Böhme heulte vor Wut und ließ sich auf einen Stuhl fallen. Meyer tröstete ihn, bedrängte ihn aber auch, er müsse die Stadt sofort verlassen. Anna und Jonas seien wahrscheinlich schon tot. Ihm würde das gleiche Schicksal blühen, wenn die Entführer zurückkehrten.

Meyer fragte ihn noch, ob er schon wisse, wo er sich verstecken könne. Václav hütete sich, genaue Angaben zu machen und legte eine falsche Spur. Er werde nach Den Haag gehen, das dürfe der Verleger gern verraten, falls man ihm mit Daumenschrauben komme. Dann verabschiedete er sich höflich und verließ, sobald die Luft rein war, die Verlagsräume.

*

ANNA UND MICH hatte man auf einen Transportwagen geworfen. Unsere Körper waren derart dicht bandagiert worden, dass wir uns nicht zu rühren vermochten. Vor einer Kneipe machte der Kutscher halt, um seinen Gefangenen einen Erfrischungstrunk zu gönnen. Dem Pferd gab er frisches Wasser zu saufen und schwang sich wieder auf den Kutschbock. Weiter ging unsere Reise über unbefestigte Wege. Zu eigenen Bewegungen nicht mehr fähig, rutschten wir auf der Wagenpritsche hin und her, stießen aneinander, rollten gegen die Seitenplanken. Uns blieb keine Chance, die schmerzhaften Stöße abzuwenden. Wir waren wohl schon eine Stunde unterwegs, als ich Arbeitsgeräusche und Befehle registrierte, wie sie auf Baustellen zu vernehmen sind. Mir ging ein Licht auf: Wir befanden uns auf einer Baustelle der neuen Wallanlagen. Was hatte das zu bedeuten? Wollte man unsere Leichen hier entsorgen, sie einmauern oder vergraben?

»Alles wird gut«, flüsterte ich, die eigenen Befürchtungen betäubend, der Freundin zu. Der Fuhrmann hielt an, nahm uns Fußfesseln und Ganzkörperbandagen ab und führte seine Gefangenen über eine hölzerne Rampe in einen kleineren Raum, wie ich aufgrund des dumpfen Klangs aller Geräusche mutmaßte. Am Knarren der unregelmäßig auf unsere Schritte reagierenden Fußbodendielen erkannte ich, wo wir uns befanden.

»Nehmt uns schon die Augenbinden ab! Ich weiß längst, dass ihr uns in mein eigenes Amtszimmer verfrachtet habt«, verlangte ich.

Das geschah. Vor uns standen Oberst Jan van Valckenburgh und der Verleger Johann Meyer. Nach Valckenburghs finsterem Gesichtsausdruck zu urteilen, stand uns eine Strafpredigt bevor.

»Was fällt euch ein, Rachepläne gegen Bürger der Stadt zu schmieden, von denen ihr glaubt, sie hätten Dreck am Stecken? Glaubt ihr, das Vorgehen mit Gewalt sei der geeignete Weg zum Frieden und es gebe keine Alternativen?«

Der Oberst schien gut Bescheid zu wissen.

»Und du, mein sauberer Adjutant, hintergehst mich noch!«, fuhr er mich an. »Du lässt mich, anders als besprochen, über eure heimlichen Machenschaften im Unklaren! Warum hast du mich zu der heutigen Sitzung nicht eingeladen? Wolltest du darauf verzichten, mich mit dem neuesten Stand eurer ›Ermittlungen‹ bekannt zu machen? Mir vorenthalten, welche Schlussfolgerungen ihr daraus zieht? Oder stört es deinen Václav, dass ich euch einen gewaltlosen Weg aufzeigen könnte? Was ihr so dumm-dösig vor euch her plantet, musste ich mühselig dem Zeitungsverleger aus der Nase ziehen und dann noch für euch ausbaden.

Ich erfuhr nämlich von anderer Seite, dass ihr drei heute noch in der Redaktion Besuch von einem Kommando der Schwarz-Weißen bekommen solltet. Ich bin der Aktion nur um Minuten zuvorgekommen, indem ich euch verhaften ließ. Es musste alles ganz echt aussehen, sogar eure Leichen auf dem Wagen, die sich natürlich nicht mehr bewegen durften. Ihr seid also jetzt tot, und die ganze Stadt weiß es sicherlich schon. Eine gelungene Mummerei, nicht wahr, bester Jonas? Ich bin gespannt, was du mir zu sagen hast! Was verstehst du darunter, ›ein Geschmeiß zu vertilgen‹?«

»Herr Oberst«, stammelte ich kreidebleich, während Anna

meine Hand ergriff, »das war nur so dahergeredet, um Václav bei guter Laune zu halten.«

Valckenburgh explodierte: »Wie? Nur, um ihn bei guter Laune zu halten? Das war dir wichtiger, als die Loyalität gegenüber deinem Vorgesetzten zu wahren?! Es kam mir schon reichlich verdächtig vor, von meinem Herrn Adjutanten keine Berichte mehr zu erhalten. Ich hatte – wie dumm von mir! – Angst um diesen Dussel. Also beschloss ich, euch abzuhören, und konnte dank der Unterstützung durch Herrn Meyer und aufgrund der technischen Einrichtungen in der Redaktion in einem Nebenraum jedes Wort, jeden eurer Sätze registrieren. Wollt ihr alle Hamburger, die mit dem Waffenhandel zu tun haben, ohne Gerichtsurteil in die Luft jagen?«

Ich schwieg betroffen. Der Oberst versuchte noch, mir auf die Sprünge zu helfen:

»Ich kenne dich sehr genau. Von allein wärst du nie auf den Gedanken verfallen, einen Menschen zu töten. Du könntest es nicht einmal. In Václav hatte ich mich gründlich geirrt. Er hat deine Anhänglichkeit erkannt und dich kalt lächelnd zum Werkzeug einer unsinnigen Privatrache machen wollen. Er will die Katholiken treffen, indem er in Hamburg pauschal alle gewissenlosen Lutheraner, die ihnen die Waffen liefern, in die Luft jagt. Was für ein Unsinn! Er nimmt in Kauf, alle Lutheraner noch heftiger gegen die Calvinisten aufzuhetzen und einen Keil quer durch das protestantische Lager zu treiben.

Ich will gar nicht darüber richten, dass du an Václav hängst. Aber dass du ihm in deinem Liebeswahn aus der Hand frisst und dir seinen Radikalismus zu eigen machst, ist unentschuldbar töricht.«

»Verzeihen Sie, Herr Oberst«, wandte ich ein, »wenn es doch nur meine Naivität gewesen wäre! Was ich bisher für mich behielt, muss ich nun eingestehen. Als Václav von einer gewaltigen Rache fantasierte, reifte in mir der Gedanke, mich dranzuhängen und durch Unterstützung seiner Absichten bei gleicher Gelegenheit Rache an den frömmelnden Spitzen der hamburgischen Gesellschaft durch einen Anschlag auf ihren Geldbeutel zu üben. Ich wollte Rache nehmen für das Ersäufen meiner Mutter als einer vermeintlichen Kindermörderin.«

»Darüber muss ich wohl noch einmal nachdenken«, murmelte Valckenburgh. Für einen Augenblick schien er aus dem Konzept gebracht. Dann fuhr er fort:

»Ohne die Hilfe unseres Verlegers Meyer hätte ich nichts mehr für euch tun, euch nicht belauschen und nicht vor dem Mordkommando der Waffenschmuggler retten können. Aber jetzt bin wenigstens ich, oder sagen wir besser: Gott sei Dank nur ich, genau über eure verrückten Pläne orientiert und somit in der Lage, euch vor dem Schlimmsten, ja sogar vor weltlichem Gericht zu bewahren. Aber damit alles klar ist: Ab sofort bestimme ganz allein ich, was geschehen wird, denn es steht weit mehr auf dem Spiel als eine Privatrache. Vergesst eure Rachegedanken am besten auf der Stelle! Alles, was wir noch tun können, muss auf den Frieden ausgerichtet sein. Wir werden nichts unversucht lassen, den Festungsgürtel um Hamburg rechtzeitig zu schließen. Damit wäre allerdings nur ein Teilstück des gewaltigen Vorhabens erledigt, das der klügste Stratege unserer Zeit entwickelt hat – nämlich Prinz Moritz von Oranien. Ich bin ja nicht hergekommen, weil die Hamburger mich gerufen hätten. Prinz Moritz hat mich geschickt – nicht nur nach Hamburg, auch nach Bremen, Lübeck, Lüneburg, Braunschweig und Magdeburg – um mit den dort Verantwortlichen die Verbesserung ihrer Verteidigungsanlagen zu besprechen, zu planen und zu bauen. Würden die Städte unseren

Ratschlägen folgen, ließe sich der gesamte protestantische Norden durch Stadtbefestigungen sichern. An ihnen würde sich die Katholische Liga die Zähne ausbeißen. Daraus folgt: Sollte es am Ende gelingen, die Stadtfestungen funktionsgerecht auszubauen, machen wir die Katholische Liga und ihren schrecklichen Anführer Tilly arbeitslos. Die Menschen im Heiligen Römischen Reich Deutscher Nation dürften endlich alle ohne Angst vor Mord und Totschlag das glauben, was sie für richtig erkannt haben. So arbeitet man für den Frieden, ohne Rache zu üben.

Und nun noch einmal zu dir, Jonas! Immerhin bist du mein Adjutant, und es hängt ganz allein von dir ab, wie lange noch. Ich will von dir hören, und zwar in wenigen Worten, was ihr euch überlegt hattet.«

Ich zögerte. Dann begann ich zaghaft: »Wir wussten, dass am 2. Juli nächsten Jahres ein Waffenschmugglerschiff von Neumühlen aus nach Malaga auslaufen soll, um Spanien und die katholische Seite im Kampf gegen die protestantisch gewandelten Generalstaaten zu munitionieren. Das wollten wir, wie auch immer, verhindern und somit etwas für den Frieden tun. Uns lag anfänglich daran, die Hamburger Waffenhändler und korrupten Männer im Stadtrat durch Veröffentlichung ihres Vorhabens finanziell zu ruinieren.«

»Das begreife ich«, erklärte Valckenburgh nachdenklich. »Jedoch – zur Not auch mit einer Sprengladung? Diesen Gedanken, das Schiff zu sprengen, hatte Václav für sich entwickelt, um die Ermordung seines Vaters angemessen zu rächen. Wusstest du, Jonas, dass schon jetzt eine Menge Leute eingeladen worden sind, um bei der Verabschiedung des Schiffes an Bord dabei zu sein?«

»Ich bin doch kein Massenmörder!«, empörte ich mich.

»Die Explosion sollte schon einen Tag früher, also ohne Gäste oder Mannschaften an Bord, ausgelöst ...«

»Václav hat euch getäuscht«, wurde ich unterbrochen. »Er hat vor, das Schiff mit allen eingeladenen Gästen an Bord in die Luft zu jagen. Eine Rache Auge um Auge will er nehmen und möglichst so viele Menschen töten, wie Mitglieder des Böhmer Landtages zusammen mit seinem Vater vor dem Alten Rathaus in Prag starben. Du musst ihn finden und aufhalten! Wie ist er entkommen?«

Ich konnte nur den Kopf schütteln, ebenso wie Anna neben mir, von der der hohe Herr keinerlei Notiz nahm. Wir wurden beide aufgeklärt: »Johann Meyer berichtete mir, er habe Václav im Zeitungsarchiv, zwischen Tür und Wand eingeklemmt, gefunden und befreit.«

Der Verleger ergänzte: »Mir hat er gesagt, er wolle nach Den Haag ausweichen. Aber das entspricht offensichtlich nicht der Wahrheit.«

»Das hieße für uns, wir sollten in jedem Falle mit ihm rechnen – rechnen mit dem Unberechenbaren«, resümierte der Oberst. Er schaute mich ernst an: »Wusste Václav von deinem Wunsch, im Zuge seiner Rache den Mördern deiner Mutter die verdiente Strafe widerfahren zu lassen?«

»Ich habe es mir verkniffen, ihm das zu beichten, Herr Oberst.«

»Na, wenigstens das! Wenn er auftaucht, wird es deine Aufgabe sein, ihn von allen vorstellbaren Anschlägen abzuhalten. Es geht um die Vermeidung eines Blutbads. Schwöre das, bei allem, was dir heilig ist!«

Meine Antwort kam leise, klang echt und schuldbewusst: »Jawohl, Herr Oberst! Ich schwöre es!«

Der Oberst wurde jetzt freundlicher: »Eure ursprüngliche

Absicht, also auch deine Absicht, Jonas, den durch korrumpierte Amtsträger unterstützten, absolut verbrecherischen Waffenschmuggel durch Veröffentlichung in der *Wöchentlichen* vorab bekannt zu machen und auf diesem Weg scheitern zu lassen, hat nach wie vor meine Zustimmung, auch wenn die Täter durch euch ihr gesamtes Vermögen verlieren. Ich will euch dabei helfen, indem ich noch heute einen Boten nach Glückstadt zu König Christian von Dänemark sende, damit er seine Patrouillenboote auf der Elbe anweist, am 2. Juli nächsten Jahres zur Vermeidung des beabsichtigten Zollvergehens und kriminellen Waffenschmuggels das Schiff von Eigner Jansen, den HILLIGHEN GEORG, auf dem Weg zur Elbmündung scharf kontrollieren zu lassen. Es wird ihm ein Vergnügen sein, nach Evakuierung der Mannschaft die modernen Waffen für seine Soldaten zu requirieren und das für die Schmuggelei benutzte Schiff zu beschlagnahmen – und all das ohne Blutvergießen. Das wird in jedem Fall geschehen.«

Anna schien sehr erleichtert über diesen Vorschlag und nickte mehrfach zustimmend. An sie hatte der Oberst noch eine Bitte: »Jonas steht vor der schwersten Aufgabe seines Lebens: Er will seine Karriere retten, darf die eigenen Rachegefühle nicht ausleben, muss sich dem religiös untermauerten Fluch seines Freundes entziehen, dem Václav selbst nicht mehr entkommen kann. Und Jonas muss das ihm gegebene Versprechen brechen, sofern Václav zurückkehren sollte. Die Rückkehr der Bombe wird uns nicht erspart bleiben. Verlass dich darauf! Liebe Anna, in nächster Zeit wird Jonas dringend deiner Nähe bedürfen.«

*

DIE SPEKTAKULÄRE ERSTÜRMUNG der Redaktion war längst vergessen. Nach einem arbeitsreichen Tag war ich spät heimgekehrt, hatte mich hingelegt und wollte ein paar Minuten ruhen. Anna war früher als erwartet gekommen, hatte die Dachwohnung aufgeräumt und war gerade dabei, am Esstisch ein gemeinsames Abendbrot vorzubereiten. Da vernahmen wir ein Rumoren in der Nachbarwohnung, die Václav bewohnt hatte.

»Die Bombe ist zurückgekehrt«, raunte Anna.

Ich fühlte mich empfindlich getroffen.

»Aber Anna – wie kannst du nur! Er ist noch immer ein Mensch und ein Freund. Du wirst sehen, ich werde ihn vom Vollzug seiner Rache abbringen, falls er immer noch daran denkt.«

»Du hast recht, Jonas«, leistete sie Abbitte. »Ich hab's nicht so gemeint. Wir sollten ihn begrüßen und zum Abendbrot herüberbitten.«

»Gute Idee! Ich muss mit ihm wieder in Kontakt kommen. Wärst du so nett, ihn herüberzuholen?«

Anna legte das Brotmesser aus der Hand und lief hinüber. Ein herzliches Hallo und lauter heitere Worte klangen herüber. Dann kamen sie. Ich wusste kaum, wie ich mich ihm gegenüber verhalten sollte, als würden wir uns noch einmal ganz neu begegnen.

Zum Glück erzählte Václav schnell, wie es ihm damals ergangen war: »Es war schrecklich! Von der Wucht der Tür im Gesicht getroffen, klebte ich mit dem ganzen Körper ohnmächtig an der Wand und konnte mich nicht rühren, bis Meyer kam und mich erlöste. Ich konnte nicht einmal mehr stehen. Meyer schob mir einen Stuhl unters Kreuz, damit ich mich wieder erholte. Er erzählte mir von dem Überfall und eurem Abtransport, aber ich merkte recht schnell, dass sein Bericht nicht ganz stimmen konnte. Ich nahm ihm ab, dass er, als mein Arbeitgeber für mich verantwortlich, wenigstens versucht haben würde, meine Entführung zu verhindern. Warum er aber euch nicht hatte retten können oder wollen, schien mir verdächtig. Er legte mir nahe zu fliehen. Aber als er mich fragte, wohin ich mich wenden könnte, mahnte mich ein gesunder Instinkt zur Vorsicht. Weil es glaubwürdig erscheinen musste, als Ziel meiner Flucht Den Haag, das Exil König Friedrichs, anzugeben, nannte auch ich ihm diesen Ort.

Ich dachte gar nicht daran, euch im Stich zu lassen, sondern überlegte mir, dass König Christian IV. von Dänemark erfreut sein müsste, wenn ihm jemand seinen Aufenthalt in dem winzigen Nest Krempe mit künstlerisch gehobenen Interpretationen von John Dowlands Liedern verschönern würde. Er residiert dort nur vorübergehend, um den Aufbau der von ihm selbst entworfenen Elbmetropole Glückstadt aus nächster Nähe zu überwachen. Ich habe mich nach dem Gespräch mit Meyer sofort nach Hause geschlichen, meine Theorbe genommen und mich auf Wanderschaft begeben.«

»Eine geniale Idee, lieber Freund!«, gratulierte ich ihm. »Und? Hat der König dich angehört?«

»Und ob! Er war hellauf begeistert und bat mich gleich, in Krempe zu bleiben, auch für längere Zeit in seiner Residenz zu logieren, wenn ich nichts Besseres vorhätte. Also blieb ich.«

»Und warum bist du jetzt hier?«, fragte Anna, die sich nicht so leicht blenden ließ wie ich.

»Ich musste noch einmal Kontakt mit dem Zeitungsverlag aufnehmen, weil ich Herrn Meyer vor langer Zeit schon eine

Zusage für einen bestimmten Artikel gegeben hatte. Ich habe ihn gleich nach meiner Ankunft aufgesucht und meine Bereitschaft nochmals bekräftigt.«

»Und worum soll es in dem Artikel gehen?«, hakte sie nach.

Seine Antwort wirkte herbeigesucht. Weiteres blieb er ihr jedoch schuldig und stürzte sich auf das Essen.

Für Anna wurde es nach dem Abendbrot bald Zeit, den Heimweg anzutreten. Wir Männer wollten sie nicht allein gehen lassen, verließen mit ihr die Wohnung und das Haus und nahmen sie auf der Straße in unsere Mitte wie in alten Zeiten. Lachend und singend erreichten wir schnell unser Ziel, das Zippelhaus, und verabschiedeten uns von ihr mit Dank für das Abendbrot.

Auf dem Rückweg hakte Václav sich beinahe zudringlich bei mir mit dem Bemerken unter:

»So, mein Freund, jetzt sind wir unter uns. Du liebst mich noch immer, nicht wahr? Du musst mir unbedingt einen großen Gefallen tun, mein Lieber.«

»Und das wäre?«, fragte ich in freudiger Erwartung, was nun kommen werde.

»Ich werde, um dir das zu erklären, etwas ausholen müssen.«

Wir standen schon vor dem Hauseingang, nicht der geeignete Ort für eine längere Diskussion. So schlug Václav vor: »Lass uns noch einmal um die Petrikirche laufen, ehe wir die Treppen nach oben nehmen.«

Ich war einverstanden, und Václav nahm im Gehen mit nervös vibrierendem Klang in der Stimme den Faden wieder auf.

»Ich hatte«, erzählte er, »schon vor längerer Zeit und heute wieder dem Verleger versprochen, einen Artikel über die festliche Verabschiedung des HILLIGHEN GEORG zu schreiben.«

»Wie, das glaub' ich jetzt nicht! Zur Verabschiedung des HILLIGHEN GEORG?«, fragte ich erstaunt und beunruhigt nach.

»Versprochen ist versprochen! Das will ich gern für ihn erledigen. Bis dahin fließt noch viel Wasser die Elbe hinunter. Aber damit nichts mehr dazwischenkommt, möchte ich dich schon heute darum bitten, mich zu diesem Termin mit deiner Jolle nach Neumühlen zu bringen.«

Ich ahnte, dass Anna richtig vermutet hatte: Die Bombe war zurückgekommen. Um Klarheit zu gewinnen, was Václav wirklich vorhatte, fragte ich noch einmal nach, ob er in Krempe versucht habe, König Christian zu ersuchen, das Schmugglerschiff abzufangen. Václav reagierte unscharf: »Wozu das? Brauchen wir doch nicht. Das Schönste daran wird die gemeinsame Fahrt nach Neumühlen sein, eine wunderbare Erinnerung an vergangene Tage. Auf der Rückfahrt nach Hamburg könnten wir noch ein bisschen miteinander ...«

»Nein, das können wir nicht!«, fuhr ich erschrocken zusammen. »Bleib mir vom Leibe! Ich lass mich nicht noch einmal erpressen. Es wäre mir auch gar nicht recht, wenn ...«

»Schrei nicht so laut, Jonas! Komm hierher! Hier in dieser Pfeilernische, da wird uns niemand zuhören. Also noch einmal: Du sagst, es wäre dir gar nicht recht?«

»Ja, es wäre mir ganz und gar nicht recht«, erklärte ich in hartem Ton, »wenn du dich zur Verabschiedung des HILLIGHEN GEORG an Bord des Schiffes begeben würdest. Ich möchte nicht erleben, dass alte Rachegedanken dich noch einmal überwältigen. Du willst immer noch auf dem Schiff deine Rache realisieren – aber nicht nur einen Schiffsuntergang. Du hast dich längst darauf festgelegt, hast es mir aber nie gesagt, dass du die Sprengung nicht am 1., sondern am 2. Juli zur Verabschiedung des HILLIGHEN GEORG mit vielen Gästen an Bord durchziehen willst. Die Menschenopfer kämen dir gut zupass, damit deine Tat zu einem Fanal gerät und weltbekannt wird, um den Kampfesmut der Calvinisten noch mehr zu steigern.«

»Da sagst du etwas Wahres! Den Kampfesmut im Streit mit unseren Feinden – mit Feinden und Verrätern wie dir!«, zischte Václav bitter. Sein Gesicht verriet nur noch Abscheu, als er sagte: »Du bist nicht ehrlich mit mir! Ich habe längst bemerkt, dass du mich und die von mir beabsichtigte Rache nur unterstützt hast, um ohne Risiko für dich die Spitzen der Gesellschaft lediglich materiell zu schädigen, weil sie sich durch die Ermordung deiner Mutter versündigt haben. Ich habe dich geliebt wie das schönste Instrument, das ich je in meinen Armen halten durfte. Aber du warst es nie wert, bist ein Lügner, ein Verräter nach allen Seiten hin, der im Augenblick seine Karriere beim Festungsbaumeister gefährdet sieht!«

Dann schlug er, der dünne, lange Kerl, unentwegt schimpfend und schmähend, kraftlos mit seinen zarten Händchen auf mich ein. Mich peinigte die Vorstellung, dass Václav recht haben könnte, und ich fühlte mein schlechtes Gewissen bis zum Hals hinaufschlagen. Ich wollte nichts mehr von ihm hören, wünschte nur noch, Václav endlich zum Schweigen zu bringen.

Ich packte mit beiden Händen zu und schlug den schönen Kopf mehrfach gegen die altehrwürdige Ziegelwand der Petrikirche – was tat ich?! –, bis Václav keinen Ton mehr von sich gab. Er sackte zu Boden.

Ich sah, was ich angerichtet hatte, bekam es mit der Angst, rannte davon und ließ den Freund hilflos liegen.

Finale Grande –
Himmelfahrt des Heiligen
Georg

Freitag, 1. Juli 1622

MEHR ALS SIEBEN MONATE sollten vergehen. Am Abend des 1. Juli 1622 erhielt ich Besuch. Der Herausgeber der Hamburger *Wöchentlichen* stand völlig aufgelöst in der Tür.

»Du wirst gebraucht«, prustete Johann Meyer. »Ich muss für ein paar Tage verreisen. Václav, der mir vor Monaten zugesagt hatte, an meiner Stelle morgen nach Neumühlen zu fahren und einen Artikel zu schreiben, ist unauffindbar. Seit mehr als einem halben Jahr habe ich nichts mehr von ihm gehört. Und ich hatte es dem Schiffseigner Peter Jansen in die Hand versprochen, einen Artikel zu bringen! Was mach ich nur? Eigentlich trägst du daran die größte Schuld, mein Lieber, dass ich jetzt keinen Vertreter mehr habe, weil du mir den unzuverlässigen Kerl ins Haus geschleppt hast!«

Mir war die Sache peinlich, zumal ich nicht vorhatte, Meyer über die wahren Gründe für Václavs Verschwinden aufzuklären. Ohne die Folgen zu bedenken, sagte ich: »Ich bin bereit, an seiner Stelle nach Neumühlen zu segeln und den Bericht zu schreiben.«

Die Wirkung meiner Worte war nicht zu übersehen. Offenbar war es eine schwere Last, die von Meyers Schultern fiel!

Er legte mir eine Hand auf die Schulter und stöhnte: »Ich hab's gewusst, dass du hilfst. Wen hätte ich sonst bitten sollen! So viele Leute gibt es nicht, die schreiben können und über das notwendige Hintergrundwissen verfügen. Solltest du auf irgendwelche Schwierigkeiten stoßen, dass etwa Amtspersonen der Grafschaft Holstein-Pinneberg dich nicht in Neumühlen an Land gehen lassen wollen oder dass die Decksleute auf dem HILLIGHEN GEORG dir den Zutritt zum Schiff verwehren, darfst du dich immer auf mich berufen. Mein Arm reicht weit, sag ich dir!«

Kurz nachdem Meyer mich verlassen hatte, kam Valckenburgh schnaufend und dampfend wie ein in die Jahre gekommenes Schlachtross die Treppe herauf und berichtete im Stakkato: »Die Riecke ist abgehauen! Hat 'ne dicke Rolle Luntenschnur mitgehen lassen. Zu befürchten steht das Schlimmste – sie hat schon länger davon geredet, sie sei von Peter Jansen persönlich zur Verabschiedung des HILLIGHEN GEORG eingeladen worden. Vielleicht hat sie Václav getroffen und versprochen – bei ihr weiß man nie! –, dass sie ihm bei der Sprengung des Schiffs hilft. Du musst unbedingt nach Neumühlen und verhindern, dass ein Unglück geschieht! Zieh dir etwas Ordentliches an, am besten die Landsknechttracht – schinde Eindruck! Setz statt der elenden Bauernmütze den breitkrempigen Hut mit Federbusch auf – noch bist du mein Adjutant!«

Ich müsse ohnehin an Bord gehen, erklärte ich, um einen Artikel für Meyers *Wöchentliche* zu verfassen. So könne ich darauf achten, ob Riecke überhaupt dort sei und, wenn ja, den womöglich folgenreichen Einsatz der Zündschnur verhindern. Der Oberst dankte mir und versicherte nachdrücklich, ich dürfe jederzeit auf seine Hilfe bauen, sofern Schwierigkeiten aufträten.

Mit Annas Hilfe kleidete ich mich sorgfältig, wie Valckenburgh es von mir verlangt hatte.

»Du hast die Haare wieder wachsen lassen? Soll ich sie dir kürzen?«, fragte sie aufmerksam.

»Auf keinen Fall, schon gar nicht mit deiner Hilfe! Die Haare werde ich heute nötiger brauchen denn je. Du wirst schon sehen.«

Der Rest des noch ablaufenden Morgenhochwassers würde reichen, uns vor dem Tidenwechsel bis nach Neumühlen die Elbe hinabzutragen. Ich nahm mein kleines, mit einem Spriet-segel ausgerüstete Boot, das im Niederhafen bereitlag. Anna begleitete mich. Die Uhr hatte neun geschlagen, als wir ablegten.

Der Himmel war wolkenlos. Die Sonne brannte, die schwache Brise aus Südosten brachte nur wenig Kühlung. Sie füllte kaum das Sprietsegel, doch reichte der Vortrieb, das Boot steuerfähig zu halten, um allein mit dem Schub des abebbenden Stroms am Eichholz und Altona vorbei in Richtung Neumühlen zu treiben. An Steuerbordseite, oberhalb des kräftig ansteigenden Ufers, wogte das dichte Grün der Laubbäume bis zum Höhenweg hinauf, immer wieder unterbrochen durch die weiß und gelb verblühenden Kerzen der Kastanien.

Unterwegs fragte Anna mich nach Václav. Bisher hatte sie jede Frage nach ihm vermieden, aber jetzt waren auch für sie die Zusammenhänge offensichtlich. Den Kampf an der Petrikirche hatte ich ihr verschwiegen.

»Vielleicht lebt er gar nicht mehr …«

Anna schaute mich an. Sagte ich weniger, als ich wusste? Aber sie wollte wohl auch nicht mehr erfahren, als mir lieb wäre, und schloss:

»Schade um ihn! Er ist bestimmt ein grundanständiger, beinahe naiver Mensch, dabei in seiner Religion total vernagelt. Ihn haben seine Presbyter auf dem Gewissen.«

Unser Boot ging flach genug, um dicht auf das Ufer zuzuhalten. Nicht allzu weit entfernt vom Ankerlieger HILLIGHER GEORG fand ich ein Flach vor dem Gasthaus *Zur Neuen Mühle*, seicht genug, um das grüne Ufer anzulaufen. Zu unserer Erleichterung erreichten wir sogar noch vor Eintritt des Niedrigwassers und dem Wiederauflaufen der Flut gegen zwölf Uhr mittags unser Ziel.

Als wir an Land festmachten und auf das Gasthaus zumarschierten, wurden wir von zwei muskelbepackten Herren aufgehalten, die erklärten, für die Sicherheit des anwesenden Drosten Dietrich vom Brinck der Grafschaft Holstein-Pinneberg zu sorgen, und mich nach meiner schriftlichen Einladung zu dem festlichen Ereignis fragten. Es bedurfte nur eines Hinweises auf die beabsichtigte Berichterstattung, um den Zutritt zum Gasthaus *Zur Neuen Mühle* zu bekommen. In der oberen Etage trafen wir auf viele Leute, die wir auf Anhieb als Teilnehmer des Geheimtreffens der Waffenhändler im Lüneburger Rathaus erkannten.

Ab fünf Uhr nachmittags ließen sich die jüngeren Gäste in Ruderbooten zu dem auf Reede ankernden Großsegler bringen. Die Honoratioren fürchteten das Gedränge auf dem Schiff, blieben noch eine Weile in der Mühle sitzen oder machten sich wieder auf den Heimweg.

Anna und ich fuhren auf eigenem Kiel an den HILLIGHEN GEORG heran und legten unser Boot an die dem Strom zugewandte Steuerbordseite des Großseglers. Anna kümmerte sich um die korrekte Befestigung des Bootes an der Reling des Schiffes mit einer Vor- und einer Achterleine sowie einer Vor-

und einer Achterspring. Ich wieselte bereits zwischen den Gästen an Deck herum und legitimierte mich einmal mehr als Korrespondent der Hamburger *Wöchentlichen*. Ich stieß auf Riecke, die mir mit einem Krug Hamburgisch Rotbier in der Hand angeheitert entgegensegelte. Sie hatte sich ein mächtiges Kissen in der Absicht unter das Kleid gesteckt, als hochschwangere Frau wahrgenommen zu werden. Spöttisch fragte ich sie, was die Verkleidung zu bedeuten habe. Sie wollte gern mit mir trinken und meinte schnippisch, es sei alles erledigt und rülpste dazu unfein. Sie habe dafür gesorgt, dass sie mit mir, ihrem unendlich geliebten Jonas, auf ewig zusammenbleiben werde. Ich fragte, was sie damit meine. Sie lallte nur, ich werde schon sehen. Ich entnahm ihren Worten, dass man sich auf das Schlimmste gefasst machen müsse.

Spontan erklomm ich das höherliegende Achterdeck und suchte mit einem Pfiff auf zwei Fingern die Aufmerksamkeit der feiernden Gäste auf mich zu lenken – mit mäßigem Erfolg: Mit großer Geste riss ich mir den breitkrempigen Hut vom Kopf, die schwarzblauen Strähnen umrahmten mein schweißnasses, olivfarbenes Gesicht. Ich brüllte aus Leibeskräften, alle Gäste müssten sofort das Schiff verlassen. Es seien massenweise Schwarzpulver und Waffen auf dem Schiff.

»Ist doch prima! Ein Grund mehr zum Feiern!«, brüllten ein paar Hohlköpfe und hatten die Lacher auf ihrer Seite.

Meinen folgenden Warnschrei, das Schiff werde explodieren und alle mit in die Tiefe reißen, beantworteten die Gäste in Feierstimmung mit Hohnlachen und Hochrufen: »Du bist ja bei uns, ›Schwarzer Ritter‹ vom Gammerdeich, und wirst uns schützen!«

Unter den Lachenden befand sich Peter Jansen, der mit der Reaktion seiner Gäste anscheinend zufrieden war. Jedenfalls hütete er sich, gegen mich, den da oben schauspielernden Jonas, das Geringste zu unternehmen.

Es war kaum zu übersehen, dass ich mit meiner an die Gäste gerichteten Aufforderung, das Schiff umgehend zu verlassen, gescheitert war. Also sprang ich vom Achterdeck herab und näherte mich in den folgenden Minuten langsam, aber erfolgreich meinem Ziel, dem Kanonendeck.

Dort fand ich, was ich wohl nie hätte zu Ende denken mögen: einmal die drei Zündkabel, die der Kanonier des HILLIGHEN GEORG zur Entzündung des Abschiedssaluts von Deck aus fachmännisch hinunter zu den Signalgeschützen geführt hatte. Aber zusätzlich auch die eher provisorisch verlegte Zündschnur, deren oberes Ende neben dem Zündkabel des Kanoniers in das Zündloch des dritten Signalgeschützes hineingestopft worden war und von dort weiter hinunter in den Laderaum zu einem der Schwarzpulverfässer führte. Was mochte in Rieckes Kopf vor sich gegangen sein! Ich riss das nachgestopfte, zweite Kabel ganz heraus, rollte es auf und verbarg es unter meinem Wams. Niemand sollte mitbekommen, dass ich nur, weil es mir von Jan van Valckenburgh so aufgetragen worden war, eine Explosion verhindert hatte! Weitere Vorbereitungen fand ich trotz sorgfältiger Untersuchung des gesamten Batteriedecks nicht.

Nach allen wunderlichen Erlebnissen an den Vortagen hatte ich geargwöhnt, dass Václav die Schlägerei bei der Petrikirche vielleicht doch überlebt und für eine Überraschung besonderer Art gesorgt haben könnte! Unten im Kanonendeck fand sich jedenfalls keine Spur eines solchen Unterfangens. Im Hinblick auf meine ursprünglichen eigenen Rachegedanken war ich erleichtert, dass es kein Fanal geben würde! Nicht ganz frei von Sorgen stieg ich die Treppe zum Deck hinauf und mischte mich unter die Gäste. Mit den Augen suchte ich weiterhin das Schiff ab.

Die Stunde der feierlichen Verabschiedung war gekommen. Zwei heftige Böllerschüsse in Richtung des Ufers erschreckten die Gäste an Bord. Ich blieb ruhig, wohl wissend, Rieckes Plan verhindert zu haben. Aber Riecke, die in Wahrheit nie vorgehabt hatte, mit mir zusammen an Bord zu sterben, schrie in ihrer Todesangst wie am Spieß und sprach der Reihe nach alle Eigner von Versetzbooten an, sie sei schwanger und würde bei Fortsetzung der Böllerei ihr Kind verlieren. Sie wollte sofort an Land gebracht werden.

In der Ferne schlug es vom Turm der Ottenser Dorfkirche sechs Uhr. Mit dem neuerlichen Tidenwechsel wurde der Höchstwasserstand erreicht, und die Ebbe setzte ein. Der verstärkt aufkommende Landwind und das nunmehr in Richtung See abfließende Wasser würden den Waffenschmuggler zwischen Stade und Glückstadt in die Falle der Patrouillenboote König Christians treiben.

Durch Änderung der Stromrichtung des Flusses schwoite der HILLIGHE GEORG jetzt, wie geplant, um seinen Heckanker herum, sodass der Bug Richtung See wies und das Schiff seine Steuerbordseite dem Land zuwendete.

Riecke schrie auch weiterhin, aber sie wurde ausgelacht. Niemand nahm die Betrunkene ernst, niemand kümmerte sich um sie. Um noch unangenehmere Szenen zu vermeiden, zeigte ich Erbarmen und brachte sie mit Annas Unterstützung an Land.

Eine Verzögerung trat ein, der dritte und letzte Böllerschuss wurde längst erwartet. Da! – Ein greller Blitz zuckte über den Himmel, dem eine Serie wummernder Donnerschläge und eine brüllende Explosion folgten. Vom Ufer sahen wir, wie sich das

Schiffsdeck, auf dem sich fröhlich trinkende und miteinander tanzende Menschen drängten, mit einem Ruck vom Schiffsrumpf löste und erhob, sich einen Wimpernschlag lang zitternd in der Höhe hielt und wie ein jonglierter Teller um die eigene Achse rotierte, schneller und schneller. Eben hatte ich noch Männer und Frauen Weinkrüge zum Mund führen sehen, sah Kinder lachend über das Deck rennen – nun waren alle zu Figuren einer rasenden Spieluhr mutiert, die sich aneinander klammerten, um den Halt nicht zu verlieren. Dann neigte sich das schwebende Deck ächzend zur Seite und zerbarst in tausend Stücke!

Von der Verbindung mit dem Deck befreit und von der erhitzten Luft nach oben getrieben, stieg das Heck samt der dort befestigten Figur des Heiligen Georg in die Höhe. Das Rahmenholz verglühte sofort, und die Statue des Heiligen mit der stoßbereiten Lanze loderte drohend über dem Flammenmeer. Zugleich setzten die grässlichen Todesschreie derer ein, die es in der Luft zerfetzte. Klaffende Leiber schossen wie Sternschnuppen durch den Himmel. Köpfe, Arme, Beine und Decksplanken wirbelten kirchturmhoch durcheinander. Blut mischte sich mit Holzteer und regnete brennend vom Himmel in die Elbe. Nach Verbrennen der Ankerleine trieben die Reste des lodernden Wracks elbabwärts. Dann Stille – Totenstille!

*

Anna, Riecke und ich sowie weitere Gaffer betrachteten vom Ufer aus das Geschehen, das grausigste Schiffsunglück seit Menschengedenken an diesem Ufer. Wie war das möglich, wo doch alles getan worden war, um eine solche Katastrophe zu verhindern! Wir konnten das Unglaubliche, das sich vor unseren Augen abgespielte, nicht fassen. Der Tanz vom Suff in den Tod auf einem rotierenden Deck! Es hätte so wunderbar zu meinen Racheplänen von einem traurigen Ende der verrotteten Hamburger Gesellschaft gepasst! Mich durchschauerte der Gedanke an die Schwere der Schuld, die ich als Mittäter eines Anschlags auf mich geladen hätte, und ich dankte Gott, dass dieser Kelch an mir vorübergegangen war! Riecke hielt sich die geschlossene Rechte vor die bibbernden Lippen und wimmerte:

»Es ist meine Schuld, ich wusste doch nicht, was ich tat!«

Ich nahm Riecke in den Arm, damit sie nicht umfiel, und beruhigte sie:

»Ich habe dein Teufelswerk entdeckt und die Lunte herausgerissen. Siehst du? Hier ist sie. Ich wollte verhindern, dass du schuldig wirst.«

Mit diesen Worten überreichte ich ihr das aufgespulte Zündmaterial und forderte sie auf, es neben dem Kissen unter ihrem Umstandskleid zu verbergen.

Sie wurde ruhiger und erwiderte tonlos:

»Seid so lieb, niemandem etwas von der Zündschnur zu erzählen, ja?«

»Du musst nur die Schwangere weiterspielen, wenn du keinen Verdacht erregen willst!«, erwiderte Anna trocken.

Riecke löste sich aus meinem Arm und wankte zum Gasthaus hinüber, um einen Schluck Wasser zu erbitten. Gleichzeitig traten mehrere vierschrötige Gestalten auf mich zu – Knechte des Amtmanns von der Hatzburg und Untergebene des Drosten von Pinneberg. Sie packten, schlugen und traten mich zusammen, achteten nicht auf Annas Schreie: »Aufhören! Aufhören – ihr schlagt ihn ja tot!«

»Er ist der Attentäter! Wir haben es von Land aus gesehen, wie er den Niedergang vom Kanonendeck heraufkam. Wir werden ihn nach Hamburg bringen und dort ausliefern«, gaben die muskulösen Hohlköpfe an. Dann fesselten sie mich und verfrachteten mich auf ihrem mit Lattengittern gesicherten Gefangenentransportwagen nach Hamburg.

Es nützte mir nichts, mich auf Johann Meyer von der Zeitung und auf den berühmten Festungsbaumeister van Valckenburgh zu berufen. Die Knechte der Hamburger Wedde übernahmen mich und schleiften mich in die Fronerei, das Gefängnis für Schwerverbrecher. Auf dem Weg dorthin begegneten wir nur dem Hauptpastor der Nikolai-Kirche – der hob entsetzt die Hände und schaute dem gemächlich dahin zockelnden Gefangenentransport hinterher.

Anna segelte das Boot allein zurück und unterrichtete Valckenburgh umgehend über den Verbleib der Luntenrolle unter dem Kissen in Rieckes Umstandskleid.

*

Sonntag, 3. Juli 1622

Einen Besucher hatte man mir angekündigt. Endlich! Nicht schwer zu erraten, wer da gleich erscheinen würde. War höchste Zeit, dass er sich sehen ließ, der leisetretende Herr Meyer! War es doch allein seine Schuld, dass ich hier einsaß! Wie dumm von mir, für den unsäglichen Václav einzuspringen, um einen Artikel über die Verabschiedung eines Waffenschmugglers zu verfassen!

Immer noch hockte ich auf meinem Kleiderbündel und rutschte damit über den Zellenboden dem pyramidal einfallenden Sonnenstrahl hinterher, um mich an ihm zu wärmen. Kaum zu glauben, dass ich im Kerker fror und im selben Augenblick die Menschen auf der Straße die Sommerhitze verfluchten! Was genau würde man mir vorwerfen? Dass ich eine

Schwangere von einem sinkenden Schiff geborgen hatte? Was war das für eine Justiz, die mich in so einem Dreckloch verkommen lassen wollte! Es gab kein Bett, keinen Hocker, keinen Tisch, keinen Abtritt. Sie gönnten mir nicht einmal Wasser und eine Waschschüssel. Lustlos hatten sie mich gefilzt, die dahindämmernden Wächterklöße. Merkwürdig genug, dass ich meine Schreibutensilien und das Tagebuch behalten durfte! Was könnte ich schon Schlimmes damit anrichten, mochten sie gedacht haben. Dachten sie überhaupt? Sie hatten einfach nichts entdeckt – die Schreibutensilien ebenso wenig wie meinen kleinen Handspiegel.

Wie hätten sie wohl reagiert, wenn ich plötzlich begonnen hätte, mir Notizen zu machen? Womöglich wären sie vor Schreck in Ohnmacht gefallen. Wie auch immer – es war nicht länger aufzuschieben, das fürchterliche Ereignis, dessen Zeuge ich geworden war, in Worte zu fassen, solange ich mich noch an Einzelheiten erinnerte! Alles über die Höllenfahrt der vielen Unschuldigen, die an Bord geblieben waren, musste zu Papier.

Wo anfangen, wo aufhören! Die Vorstellung, hier etwas aufzuschreiben, fand ich widerwärtig. Der sandige Boden stank nach Urin und Kot, als hätten Generationen von Gefangenen ihre Notdurft verrichtet. Das Schreiben ließe sich besser noch ein paar Tage hinauszögern. Aber das Sortieren der Erlebnisse im Kopf, das durfte nicht unterbleiben.

Aber in dieser Umgebung? Bot sich denn keine Möglichkeit zur Flucht? Die Kellerwände aus Quadersteinen waren eng gefugt – wie sollte man die überwinden! Aufdringlich summend kreiste eine Schmeißfliege über mir, schraubte sich im Lichtkegel höher und höher und entschwand ins Freie! Nachmachen? Den Lichtschacht erklimmen? Für mich gab es kein Entrinnen aus diesem Verließ. Ich dachte ernsthaft darüber nach, den angekündigten Besucher, wer immer es sein mochte, eiskalt zu erschlagen, seine Kleider überzuziehen und damit getarnt zu entkommen.

Schritte und ein rasselndes Schlüsselbund holten mich in die Gegenwart zurück. Die eisenbeschlagene, schwere Eichenholztür öffnete sich lautlos, ließ mich in ein schwarzes Loch schauen.

»Jonas von Have?«, schnarrte eine Stimme so leblos, als sprächen klappernde Zähne aus einem Totenschädel zu mir. »Hier der angekündigte Besuch!«

Vom Sonnenstrahl geblendet, sah ich nur eine schwarze Silhouette. Aber – das war keineswegs … nicht der Zeitungsverleger Johann Meyer! Ein furchtbarer Verdacht stieg in mir auf. Nur kein Talarträger! Und doch! Unbezweifelbar – ein Künder des Todes, ein lutherischer Geistlicher in schwarzem Talar und mit schwarzem Barett stand vor mir! Würde der mich auffordern, ihm meine Sünden zu bekennen? Mich einladen, ein letztes Gebet mit ihm zu sprechen? Sollte das schon alles gewesen sein? Ich sank vor dem schwarzen Mann in den Staub.

»Gnädigster Herr Pastor, was wollen Sie von mir? Ich will nicht sterben!«, flehte ich ihn an. »Sie verwechseln mich, ich bin ganz sicher! Ich bin doch erst einundzwanzig Jahre alt! Um des Himmels Willen, ich bitte Sie, schnell wieder zu gehen!«

Doch der große Mann verschwand nicht, er war sogar freundlich zu mir, half mir auf die Beine und sagte:

»So fix wirst du mich nicht wieder los, mein Kleiner!«

Verwirrt blickte ich auf. Diese Ansprache erinnerte mich an meine Schulzeit, war mir angenehm vertraut! Natürlich, er war es! Der Hauptpastor der Hamburger Nikolai-Kirche, Nicolaus Hardkopf! Der kluge Geistliche, der Latein und Griechisch so gut wie die deutsche Sprache beherrschte, mein

Lehrer in den alten Sprachen auf dem Gymnasium war er gewesen, und jetzt stand er vor mir.

»Ich habe erst heute früh gehört, du seist verhaftet worden. Warum – das konnte mir niemand sagen. Sie basteln wohl noch an einem triftigen Grund. Man wird dich in Zukunft gern für alles und jedes verdächtigen, weil du mit deinen langen, blauschwarzen Haaren, den unergründlichen Augen und der dunklen Haut wie ein Zigeuner wirkst. Alle wundern sich, dass Valckenburgh an so einem elenden Kerl einen Narren gefressen hat.«

»Bin ich deswegen ein minderwertiger Mensch, Herr Pastor, weil mein Äußeres nicht der Norm entspricht?«

»Vernagelte Dummköpfe, die so denken. Ich könnte dir erzählen, was ich über deine Herkunft weiß. Willst du es hören?«

»Ich weiß inzwischen alles darüber, Herr Pastor!«

Er nahm die Nachricht ohne erkennbare Regung hin und sagte:

»Über den vermeintlichen Südländer sind allerdings Gerüchte in Umlauf. Böswillige wollen sogar wissen, dass du wirklich in das Schiffsunglück bei Neumühlen verwickelt warst. Sie hätten vom Ufer aus beobachtet, wie du von dem brennenden Wrack in ein Ruderboot gesprungen seist. Ist das wahr? Ich muss es unbedingt wissen!«

»Ich war auf dem Schiff, soviel ist richtig. Ich war beauftragt, einen Bericht über die Verabschiedung des Großseglers DE HILLIGHE GEORG für die Hamburger *Wöchentliche* zu schreiben. Meine Beobachtungen an Bord habe ich abbrechen müssen, um einer unabweisbaren Christenpflicht nachzukommen. Eine Schwangere hatte mich gedrängt, sie von Bord zu bringen. Sie befürchtete, bei dem Geballer der Salutschüsse ihr Kind zu verlieren. Also bin ich in mein Boot gesprungen, das ich am Heck des HILLIGHEN GEORG festgemacht hatte, half der Schwangeren hinunter in mein Boot und brachte sie sicher an Land. Wenige Minuten, nachdem wir das Ufer betreten hatten, krachte ein dritter Schuss, der eine Kaskade von schnell hintereinander folgenden Krachern auslöste, die sich zu einer Riesenexplosion steigerten. Das müssten Sie doch mit angesehen haben. Sie waren bestimmt als Ehrengast eingeladen und haben das Ganze durch die Fenster des Gasthauses verfolgen dürfen.«

»Ich, ein Ehrengast des Reeders Jansen? Gott bewahre! Erinnere dich doch: Es war an einem Sonnabend. Mir ist die Heiligung des Sonntags wichtig und der Sonnabend wegen der Niederschrift einer Predigt unentbehrlich. Ich stand also anders als die siebenunddreißig Leute keineswegs für Vergnügungen zur Verfügung, um diesen Tag, den letzten ihres Lebens, mit Saufen und Tanzen an Bord zu verbringen. Ich habe zu unserem Heiland gebetet, damit er ihnen die Sünden erlässt und sie gnädig in sein Himmelreich aufnimmt. Kein einziger von denen, die an Bord waren, hat überlebt und könnte mir erzählen, was sich sonst noch auf dem Schiff zugetragen hat. Wieso kam es überhaupt zu der Explosion? Die Antworten fallen sehr unterschiedlich aus, je nachdem, von welcher Seite sie kommen. Die reichen Exportkaufleute wundern sich: War es ein Unfall? Und bestätigen sofort: Na klar, sogar ein großer Unfall! Ein unvorhersehbarer, ein erbärmlicher Unfall! Aus den Kreisen der weniger Begüterten, so auch der Handwerker, vernimmt man kritischere Töne, schwerwiegende Verdächtigungen, es könnte jemand nachgeholfen haben.«

Zu meiner Überraschung kauerte sich Pastor Hardkopf neben mir nieder und versuchte, mit seinen Blicken die Strähnen vor dem Gesicht seines Gegenübers zu durchdringen:

»Ich bin hier, weil ich von deiner Unschuld überzeugt bin und dir Trost zusprechen möchte. Außerdem treibt mich die Hoffnung hierher, dass du mir hilfst, die Wahrheit ans Licht zu bringen. Jede Einzelheit könnte wichtig sein. Weil die Sache so heikel ist, habe ich vor, an meine Predigt für den Gedenkgottesdienst einen Tatsachenbericht mit Auskünften der Augenzeugen anzuhängen und beides zusammen zum Druck zu bringen. Du bist der Einzige, den man nach rechtzeitiger Rückkehr vom explodierten Schiff noch befragen kann. Jede Einzelheit ist wichtig. Bist du bereit, mir alles, was du weißt, zu erzählen?«

Ich war sofort Feuer und Flamme.

»Aber ja doch! Das trifft sich gut. Ich habe einen Artikel mit Beschreibung der missglückten Abreise des HILLIGHEN GEORG im Kopf. Ich darf nicht hoffen, dass mein Manuskript unverkürzt und unverändert die Redaktion der *Wöchentlichen* passiert, weil auch manches darinstehen könnte, was mich persönlich belastet. Sie aber bekommen, ohne dass ich mich und andere schone, alles von mir, auch Einzelheiten über Pläne einer Gruppe, der ich selber angehört habe, durch Vorveröffentlichungen das Waffengeschäft mit den Spaniern zu verhindern. Ich vertraue Ihnen, Sie werden das Beste daraus machen.«

Nun begann ich, alle Recherchen der Gruppe, die diversen Rachepläne und die unterschiedlichen Schlussfolgerungen offenzulegen, vergaß auch nicht, meine und Annas Entführung mit folgender Zurechtweisung durch Valckenburgh zu schildern. Ich schloss mit Valckenburghs Befehl an mich, alles zu versuchen, um einen Anschlag auf das Schiff zu verhindern. Ich erwähnte die Auffindung und Entsorgung der Lunte und dass ich mich sehr sorgfältig davon überzeugt hatte, dass ein denkbarer Attentäter, mein böhmischer Freund Václav Jessenius, sich zu diesem Zeitpunkt nirgendwo auf oder unter Deck versteckt hielt. Ganz zu Unrecht und voreilig sei ich sehr erleichtert gewesen, dass jeder Anschlag offenbar von vornherein abgewendet war. Um später dann erleben zu müssen, dass die Riesenexplosion doch geschah, die man sich zunächst nicht mit einem Verbrechen erklären könne.

Hardkopf verließ mich mit dem Versprechen, dies alles in seiner Predigt von der Kanzel zu verkünden.

*

Wieder öffnete sich die Gefängnistür, als ich meine Notizen des Tages gerade abgeschlossen hatte. Diesmal musste er es sein. Nach den Bewegungen der seitwärts austapsenden Beine, der griffbereiten Arme und Hände, der lebhaften, Orientierung suchenden Kopfwendungen glich er einem Wesen aus der Tierwelt in besonderer Weise – der Spinne. Oberst Valckenburgh ruderte herein. Nachdem er mich begrüßt hatte, zauberte er die aufgerollte Luntenschnur hinter seinem Rücken hervor. Die Spule wie ein Siegeszeichen emporhaltend, erklärte er:

»Leider musste deine Befreiung, lieber Jonas, noch ein wenig warten. Unsere Riecke war so dumm, mir nichts von ihrer doppelten Rettung durch dich zu berichten, weder der Rettung vor der Explosion noch der vor dem weltlichen Richter. Anna war es, die mir alles erzählt hat und auch wusste, bei wem man das corpus delicti, die aufgespulte Lunte, finden würde. Die Ermittler haben zu würdigen begriffen, dass du das Batteriedeck sorgfältig untersucht hattest, nachdem Gerüchte von geplanten Anschlägen auf das Schiff hatten wissen wollen. Da kein Argument für eine vorsätzliche Tat gefunden werden konnte, gehen die Ermittler von einem Unglücksfall aus – und du bist frei.

Ich selber, ein Calvinist, wie du weißt«, fuhr der Oberst fort, »fühle mich jetzt doppelt frei, weil du nachweisen konntest, dass Václav keine Schuld trifft. Welch ein Glück, dass er von jedem Verdacht freizusprechen war, an der Explosion des Waffenschmugglers in irgendeiner Form mitgewirkt zu haben. Nicht auszudenken, welchen Weltenbrand die Nachricht ausgelöst hätte, wenn man hätte bekennen müssen, ein Calvinist habe für die Ermordung seines Vaters ausgerechnet lutheranische Waffenhändler, Frauen und Kinder mit dem Leben bezahlen lassen! Das hätte unsere Bemühungen um einen Glaubensfrieden sehr weit zurückgeworfen.«

Mein erster Weg führte mich zum Zippelhaus, um meine Anna, die treue Anna, zu umarmen.

WER WIRFT DEN LETZTEN STEIN?

Freitag, 15. Juli 1622

DEN TRAUERGOTTESDIENST IN ST. NIKOLAI zu besuchen, hatte ich mir versagt. Zur gleichen Stunde trieb es mich nach Neumühlen hinaus. Bei Niedrigwasser schlenderte ich über den trocken gefallenen Strand, ließ mich auf einem von Sand und Wasser blank gescheuerten Granitblock nieder und richtete den Blick auf die Elbe. Nicht weit von hier war der Waffenschmuggler in die Luft geflogen. Das Inferno, die Phasen der Explosion standen mir wieder vor Augen. Ich dachte an das grauenvolle Massensterben, das so viele Unschuldige, Kinder, Männer und Frauen, da drüben dahingerafft hatte. Und ich suchte Trost in der Gewissheit, dass – gegen meine ursprünglichen Befürchtungen – weder Riecke noch Václav diesen Totentanz ausgelöst hatten. So musste auch ich kein schlechtes Gewissen mehr wegen meiner heimlichen, Gott sei Dank missglückten Privatrache haben.

Ich blieb eine Weile dort hocken und lauschte dem glucksenden Wellenschlag. Irgendwann hörte ich Schritte, die von hinten auf mich zukamen. Ich erschrak nicht, denn ich kannte ja den beschwingten Rhythmus dieser Schritte, wie behände Füße das Laub streichelten und trockene Ästchen brachen, dass eine Melodie daraus wurde.

»Dreh dich bitte nicht um – eine Überraschung für dich! Warte noch fünf Minuten und dann schau nach, was ich dir aus der Kapitänsmesse des HILLIGHEN GEORG mitgebracht habe! Eh ich's vergesse, sei so freundlich, mich in deinem Artikel für die *Wöchentliche* gebührend zu erwähnen.«

Danach trat Stille ein. Als die Zeit vergangen war und ich mich umdrehte, war Václav verschwunden. Wie gerne hätte ich mich von ihm, den ich zu Unrecht verdächtigt hatte, verabschiedet! Wie gerne ihn umarmt! Nun lehnte da, welch billiger Trost, ein altes Brett an einem Baumstumpf. Enttäuscht bückte ich mich und drehte es um. Jetzt entdeckte ich, dass dieses Brett von dem Beginn meines Lebens erzählen und das Wunder vom Gammerdeich bezeugen konnte. Es war das oval ausgeschnittene Relief mit dem Heiligen Georg, für Václav, den gläubigen Calvinisten, ein wirkungsloses Stück Holz, das er, der Herzlose, leicht zu entbehren vermochte. Hatte Riecke es aus seinem Zimmer geraubt und als Eintrittskarte für das Abschiedsfest auf dem HILLIGHEN GEORG missbraucht? Ein makabrer Gedanke – und eine plausible Erklärung!

Dass Václav daran gedacht hatte, es mir zurückzugeben, bildete für ihn wohl nur den Schlusspunkt unserer großen Liebe! Warum ließ er mich jetzt allein? Vielleicht hätte ich doch, wenn er es erlaubt hätte, mit ihm gehen sollen. Am Ende wäre ich ihm bis Den Haag gefolgt! Wie immer – um Václav und den Zustand seiner Seele brauchte ich mir keine Gedanken mehr zu machen.

Ich zog Schuhe und Strümpfe aus und lief ein paar Schritte ins Wasser hinein. Schiffe zogen vorbei, und ich fantasierte von glücklicheren Zeiten ohne Krieg und ohne Geschäftemacherei mit dem Tod. Mit dem großen Zeh stieß ich gegen einen harten, scharfkantigen Gegenstand, der mir Schmerzen und eine kleine Schnittwunde verursachte. Meine Hände gruben sich durch den Schlamm und förderten ein merkwürdiges Metallstück zutage.

Ich trug den Gegenstand an Land, säuberte ihn und stellte fest, dass es sich um eine ornamentierte Rosette, den abgesprengten Kragenbeschlag von der Mündung einer Signalkanone handelte.

Welch grausige Überraschung! Die Signalkanone war explodiert und die Mündung abgesprengt worden! Ein absichtlich verursachter Rohrkrepierer, der nicht nur die Kanone zerrissen hatte! Er hatte die Zerstörung des Batteriedecks und die Entzündung der im Schiffsbauch verborgenen Pulverfässer ausgelöst!

Dies war das Fanal, von dem Václav geträumt hatte. Für diese Tat kam nur er in Frage. Nach sorgfältiger Vorbereitung des Rohrkrepierers hatte er sich nicht einmal in der Nähe der Explosion aufhalten müssen. Eine raffiniert überlegte Tat, die jetzt mich selbst, Jonas, heimlicher Komplize des Verbrechens, und mein Gewissen belastete! Václav hingegen durfte sich befreit fühlen, befreit von dem seelischen Druck, den die Presbyter auf ihn ausgeübt hatten. Und weil er nach Einlösung des Gelübdes in seinem Glauben gerechtfertigt und mit Gott im Reinen war. Worum hatte Václav mich soeben gebeten? Ihn in dem Bericht über die Verabschiedung des HILLIGHEN GEORG gebührend zu erwähnen? Würde ich das in aller Deutlichkeit darstellen, auch niederschreiben und Václav einen gläubigen calvinistischen Kämpfer nennen, ohne einen blutigen Streit zwischen den Hamburger Lutheranern und den Calvinisten zu riskieren?

Stille ringsum. Nur das Glucksen des Wellenschlages am Ufer war zu vernehmen. Ich legte das alte Relief, den letzten

Gruß an unsere Liebe, aufs Wasser und ließ es elbabwärts treiben.

Ich griff nach einem flachen Stein, legte ihn auf die flache Hand und ketscherte ihn übers Wasser. Er ditschte, sprang dreimal auf und versank.

Mehr blieb mir nicht.

E N D E

Wahr oder wahrscheinlich

Am 2. Juli 2022 wird so mancher Spaziergänger mit unserem Buch in der Hand auf einer der Bänke neben dem Övelgönner Museumshafen Platz nehmen. Der dort abgebildete Kupferstich gibt ein grausiges Geschehen wieder, das blutigste, das sich je in einem Vorhafen westlich Hamburgs ereignet hat – auf den Tag genau vor 400 Jahren.

Es wäre wohl nie dazu gekommen, wenn nicht der Fenstersturz in Prag, jener spektakuläre Rausschmiss der katholischen Königsherrschaft, einen religiösen Rachefeldzug ohnegleichen in Gang gesetzt hätte, den Böhmischen Krieg, der später zum sogenannten Dreißigjährigen ausartete. Der passend für Böhmen neu gewählte König, Friedrich V. von Böhmen, ein Calvinist, verlor die erste, seine einzige Schlacht am Weißen Berg bei Prag und floh in Richtung Hamburg. Weiterer Pulverdampf verbreitete dunstige Luft, als unerwartet ein konfessioneller Scharfmacher den spanischen Thron bestieg und sofort den seit neun Jahren mit den Niederlanden bestehenden Waffenstillstand ohne Not aufkündigte. Die Ausweitung kriegerischer Unternehmungen nach Norden ließ neue Anforderungen an den größten Waffenhandelsplatz der bekannten Welt, den Waffenmarkt in Hamburg, entstehen. Hier begegneten sich die Einkäufer aller miteinander verfeindeten Nationen und Religionen – nicht nur ehrliche Schiffskaufleute, sondern auch Waffen schmuggelnde Reeder. Ein solcher, namentlich bekannter Reeder gab am Abend des 2. Juli 1622 ein rauschendes Fest für Freunde und Bekannte zur Verabschiedung eines mit Kanonen, Hieb- und Stichwaffen sowie mit großen Mengen Schwarzpulver beladenen Schiffs, das auf der Reede vor Neumühlen bereit lag, um nach dem spanischen Kriegshafen Malaga auszulaufen.

Der von allen Kriegen erzeugte Ungeist, die rigorose Gier und die Sucht, am Krieg eines jeden gegen jeden noch Geld zu verdienen, machte auch nicht vor den Toren unserer Stadt halt. Im Gegenteil! Der Wahnsinn ließ den Waffenhandelsplatz Hamburg noch wachsen und korrumpierte die Gesinnung der mit solchen dunklen Geschäften befassten Kaufleute und ihrer Helfershelfer in Politik und Verwaltung. Diese Entwicklung mit ihren Verästelungen bis zu der folgerichtig mit ihr verbundenen Schiffskatastrophe vom 2. Juli 1622 zu erklären, versucht der vorliegende Roman.

Ein stabiles Gerüst bildete das Geflecht aus feststehenden historischen Fakten und in der Geschichte handelnden Personen, beispielsweise der Feldzug des Tollen Herzogs Christian von Lüneburg so gut wie die Gegenwehr des in Hamburg beschäftigten Festungsbaumeisters, Oberst Johan van Valckenburgh, die vorübergehende Anwesenheit des Winterkönigs Friedrich und seiner Gemahlin Elisabeth Stuart. Ferner authentisch: der anfangs erwähnte Kupferstich, sodann zeitgenössische Gemälde und allererste Karikaturen zum Fenstersturz sowie die Flucht König Friedrichs von Prag nach Hamburg. Das Original der 32 Druckseiten umfassenden Trauerpredigt des Hauptpastors der Nikolai-Kirche, Nicolaus Hardenkopf fügte authentische Beobachtungen hinzu.

Besondere Aussagekraft kommt den bei Baggerarbeiten in den frühen achtziger Jahren des letzten Jahrhunderts zutage geförderten archäologischen Bodenfunden zu. Der Autor und weitere Mitarbeiter des Museums für Hamburgische Geschichte begannen unmittelbar nach Einlieferung der Bodenfunde in unsere Magazine damit, das Material wissenschaftlich zu bearbeiten. Sehr schnell erkannten wir, dass der Kupferstich mit Darstellung des bei Neumühlen explodierenden Schmugglerschiffs inhaltlich in engster Verbindung mit den Bodenfunden gesehen werden musste. Der dem Kupferstich hinzugefügte Text stellt fest, dass die schwere Explosion, bei der das Schiff in die Luft flog, beim Auslösen eines der Signalgeschütze geschehen sei.

Die beim Beladen des kleinen Frachters und beim Salutschießen tätige Schiffsmannschaft hatte offensichtlich keine Veranlassung, damit zu rechnen, dass ein fehlerhaft geladenes Rohr beim Salutschießen krepieren könnte. So kann nicht ausgeschlossen werden, dass eine tags zuvor durchgeführte Manipulation an diesem Rohr als Ursache und die Schiffsexplosion als solche sehr wahrscheinlich aus kriminellen Gründen herbeigeführt worden sind, zumal andere Begründungen bisher nicht ausfindig gemacht werden konnten.

Bei dem explodierten Schiff handelte es sich um eine in die Jahre gekommene bauchige, kräftig gebaute und absolut seetüchtige Kraweel von höchstens 30 Metern Länge und einer Breite von mindestens 6,50 Meter, die nach dendrochronologischen Befunden frühestens um 1585 gebaut und später mehrfach repariert worden war.

Jörgen Bracker bei der Konservierung der auf dem Kiel sitzenden Bauchstücke, die, nach oben hinauf, zu Spanten verlängert, gedacht werden müssen. (Fotografien S. 233–237: Archiv Jörgen Bracker und Museum Hamburgische Geschichte)

Pastor Hardkopf hat in seiner Trauerrede, die er am Schluss durch Erläuterungen über das Wenige, das Zuschauer vom Ufer gesehen hatten, vertiefte, den Leichtsinn des ebenfalls getöteten Schiffseigners gegeißelt. Peter Jansen hatte die Salutschüsse zu vertreten.

Zum tatsächlichen Geschehen am 2. Juli 1622 konnte die Entdeckung und Untersuchung von Teilen des Wracks sowie der mit diesem Schiff nach Cadiz – oder Malaga? – teils richtig, teils falsch einklarierten Waren inzwischen etwas mehr beitragen. Neben Gegenständen des alltäglichen Bedarfs zur Befriedigung privater Nachfrage – Stapeln von Messingschüsseln und 160 Haushaltsmessern, wurden auch 22 Luntenschloss-Musketen neuester Produktion, sogenannte Arkebusen, leichte, von der Kavallerie benötigte Gewehre und großkalibrige Kanonenrohre gefunden. Technisch waren alle Exemplare ursprünglich gleich ausgerüstet, und zwar mit rechts am Lauf angebrachter und durch einen Schiebedeckel geschützter Zündkrautpfanne sowie mit Kimme und Korn. Einige Exemplare für Scharfschützen besitzen statt der Kimme ein Zielrohr. In den Mündungen der meisten Läufe saßen Laufreiniger, kleine Metallbürsten. Diese Waffen waren nicht gefechtsklar und gehörten nicht zur Ausrüstung, sondern waren eigens für den Verkauf am Ankunftsort präpariert.

Die Läufe der aus der Elbe geborgenen Luntenschlossgewehre. Darin stecken noch die »Mündungsschoner«, um die fabrikneuen Waffen gegen Eindringen von Feuchtigkeit zu schützen.

Der Waffenexport machte nach 1621 einen Riesensprung, wie die Statistiken ausweisen, weil nach Aufhebung eines seit 1609 andauernden Waffenstillstandes die kriegerischen Auseinandersetzungen zwischen dem Königreich Spanien und den niederländischen Generalstaaten in aller Heftigkeit neu entflammten. Das bescherte dem Hamburger Waffenmarkt die größte Hausse des Jahrhunderts! Die niederländischen Polizeischiffe, aber auch die Schiffe der mit Oranien verbündeten Dänen, patrouillierten schärfer denn je auf der internationalen Wasserstraße Elbe. Darum der Versuch, auf diesem Schiff die wertvolle, deutlich der Kriegsführung dienende Fracht, hinter Haushaltswaren zu verstecken!

Hier das explodierte Signalgeschütz. Links fehlen die abgesprengten Ringe, unter denen die Stäbe zum Vorschein treten. Statt der Kugel war die Ladung bis an die Rosette im Rohr vorangeschoben worden.

So nimmt es nicht wunder, dass unser Schmugglerschiff mit geladenen Abwehrkanonen auf die gefahrvolle Reise Richtung Spanien gehen wollte. Einige von ihnen waren noch mit Lehmkugeln und darin verbackenen zwölfzölligen Nägeln munitioniert. Es handelte sich um die altertümlichsten Stabringgeschütze größeren Kalibers, die gegen Ende des 16. Jahrhunderts und bis in die dreißiger Jahre des 17. Jahrhunderts auf älteren Schiffen Verwendung fanden. Die Schrapnellwirkung der übrigen Geschütze hätte genügt, die Segel der auf der Elbe vom dänischen König nahe Glückstadt eingesetzten Patrouillenschiffe zu zerstören.

Christian IV., Verbündeter der Niederlande, war bemüht, den Waffenhandel von Hamburg nach Spanien zu unterbinden und damit dem großen Krieg die Nahrung zu entziehen.

Eines der Stabringgeschütze – allerdings kleineren Kalibers, wie man sie zum Salut-Schießen benutzte – war abgeschossen worden. Es verrät uns genau, wie es zu der Explosion des Waffenschmugglerschiffs auf der Elbe kam. Man erkennt leicht, dass nur die hintere Hälfte des aus Bandeisenstücken, den »Stäben«, aneinandergefügten Rohrs von den darübergezogenen Stabringen zusammengehalten wird. Als der Schuss ausgelöst wurde, blieb die nicht exakt dem Kaliber entsprechend gewählte Kugel im Rohr stecken. Die Stäbe wurden durch den Druck der Explosion weit auseinandergesprengt und haben die Ringe einschließlich der Mündungsrosette zerrissen.

Ausschnitt des Kupferstichs von 1622 mit der Explosion und der Heckansicht mit dem hervortretenden Signalgeschütz.

Genau dieses Rohr, das den Unfall verursachte, hat der Autor des Romans identifizieren können, weil man wohl kaum annehmen möchte, dass der Schiffseigner, ohne an die Verringerung kostbaren Laderaums zu denken, unmittelbar vor der Ausfahrt nach Spanien massenhaft Müll und Schrott an Bord geduldet hätte.

Warum aber gab es auf diesem Schiff noch die altertümlichen Stabringgeschütze? Über das Alter der Kraweel ist das Notwendige schon gesagt. Sie wurde immer wieder repariert und erneut abgedichtet, zuletzt sogar noch von innen mit schmalen Kalfat-Latten, die von Spant zu Spant hinter die zwischen den Planken liegenden, oftmals schon beim Nach-Kalfatern ausgebrochenen Nähte mit viel Schmatze eingepicht

Innenansicht des rekonstruierten Geschützdecks, der Bordwand und der Stückpforten (Museum für Hamburgische Geschichte)

Das aus einer Stückpforte herauslugende Geschützrohr mit Rosette. Von Dieter Meyer, Hamburg, rekonstruierte Bordwand des Waffenschmugglers im Museum für Hamburgische Geschichte.

wurden. Das ist ein durchaus übliches, sogar noch im 20. Jahrhundert angewendetes Verfahren, um ein allmählich undicht werdendes Schiff möglichst lange über Wasser zu halten. Genauso lange blieben auch die von Anfang an installierten Geschütze an Bord.

Man hätte sie nie durch die um 1600 aufkommenden neumodischen Vorderlader ersetzen können, weil deren Einbau den doppelten Platz im Schiff beansprucht hätte. Zum Laden wäre es jedes Mal nötig gewesen, sie ganz ins Schiff zurückzuholen, da diese nur durch die Rohrmündungen mit Pulver und Munition beschickt werden konnten.

Eine letzte Frage wird einzig durch die vom Autor vorgegebenen Schicksale der Protagonisten entschieden, ob nämlich der nachgewiesene Rohrkrepierer einem bloßen Unfall oder einer mutwilligen Manipulation zuzuschreiben ist. Der Weg durch den Roman lässt nur die hier beschriebene Lösung zu.

Jörgen Bracker

Weiterführende Literatur

Adelungk, Wolffgang Heinrich – Historische Beschreibung der Stadt Hamburg. Hamburg 1696.

Baasch, Ernst – Der Kampf des Hauses Braunschweig-Lüneburg mit Hamburg um die Elbe vom 16. bis 18. Jh. (Quellen u. Darst. z. Gesch. Niedersachsens 21, 1905, bes. 78-88.

Baasch, Ernst – Der Verkehr mit Kriegsmaterialien aus und nach den Hansestädten vom Ende des 16. bis Mitte des 17. Jahrhunderts, in: Jahrbücher für Nationalökonomie u. Statistik, Bd. 137, 1932, S. 538–543.

Beneke, Otto – Der Winterkönig in Hamburg. Geschichten und Sagen. Hamburg 1854, 2. Auflage, S. 271–74. Siehe auch Buek etc.

Bolland, Jürgen – Senat und Bürgerschaft: Über das Verhältnis zwischen Bürger und Stadtregiment im alten Hamburg. Hamburg 1977.

Böttcher, Diethelm – Propaganda und öffentliche Meinung im protestantischen Deutschland 1628–1636.

Bracker, Jörgen – Ein Wrackfund aus der Elbe bei Wittenbergen. In: See- und Flusshäfen vom Hochmittelalter bis zur Industrialisierung, hg. v. Heinz Stoob. Städteforschung A/24. Köln 1986, S. 229–260.

Bracker, Jörgen / Fahl, Andreas – Vorbericht von den Schiffsfunden von Wittenbergen, in: Beitr. z. dt. Volks- u. Altertumskde. 22, 1983, S. 42ff.

Bracker, Jörgen – Peter Janszen, der Waffenschmuggler von der Elbe. In: Jörgen Bracker, Gottes Freund – aller Welt Feind. Von Seeraub und Konvoyfahrt. Störtebeker und die Folgen. Hamburg 2001, S. 98–114.

Christern – Geschichte der freien Stadt Hamburg und ihrer Verfassung vom Anfang derselben bis auf den heutigen Tag. Hamburg 1843, S. 364f.

Christiansen, Theodor – Die Stellung König Christians IV. von Dänemark zu den Kriegsereignissen im Deutschen Reich und zu den Plänen einer evangelischen Allianz 1618–1625. (Diss. Kiel). Rendsburg 1937.

Damrath, Marc – Die Entwicklung Hamburgs im Dreißigjährigen Krieg. Hamburg 2014

Elsner, Tobias von – Tilly und die Zerstörung Magdeburgs 1631 – Erzählungen von Heldentum, Kriegsverbrechen und Opfertod. In: Ortwin Pelc (Hrsg.), Mythen der Vergangenheit. Realität und Fiktion in der Geschichte. Jörgen Bracker zum 75. Geburtstag. Göttingen 2012, S. 179f.

Feuß, Axel – Wasser-, Wind- und Industriemühlen in Hamburg. Hamburg-Inventar, Themen-Reihe, Bd. 9. Kulturbehörde Hamburg Denkmalschutzamt. S. 196.

Findeisen, Jörg Peter – Gustav Adolf von Schweden. Der Eroberer aus dem Norden. Gernsbach 2005.

Gallois, Johann Gustav – Geschichte der Stadt Hamburg. Hamburg 1867, vgl. bes. S. 385.

Hergemöller, Bernd-Ulrich – Sodom und Gomorrha. Zur Alltagswirklichkeit und Verfolgung Homosexueller im Mittelalter. Hamburg 2000. S. 77–96, vgl. auch dort Anm. S. 199.

Hildebrandt, R. – Augsburger und Nürnberger Kupferhandel 1500–1619, in: Hermann Kellenbenz (Hg.), Schwerpunkte der Kupferproduktion und des Kupferhandels in Europa 1500–1650. Kölner Kolloquien zur internationalen Sozial- und Wirtschaftsgeschichte, Bd. 3. Köln / Wien, 1977, S. 198ff.

Harringer, Günter – Der Streit des Hauses Braunschweig-Lüneburg mit den Hansestädten Hamburg und Lübeck um den Gammerdeich (1481–1620). ZHG 51, 1965, 1–48.

Hitzigrath, Heinrich – Die politischen Beziehungen zwischen Hamburg und England zur Zeit Jacobs I., Karls I. und der Republik 1611–1660. Hamburg 1907

Häberle, Hans – Hans Häberles Zeitregister 1618–1672. Stuttgart 1975.

Hüseler, Konrad – Hamburgische Hausmarken vom 14. bis zum 17. Jahrhundert. Hamburg 1925, pass.

Jaacks, Gisela – Kirchen, Kanonen und Kommerz. Hamburg 2003, S. 73–77.

Kampmann, Christoph – Europa und das Reich im Dreißigjährigen Krieg. Geschichte eines europäischen Konflikts. Stuttgart 2008

Kappelhoff, C. E. L. – Hamburgs Vergangenheit und Gegenwart, Bd. I. Hamburg 1896, Abb. S. 27 m. Bildunterschrift.

Kellenbenz, Hermann (Hg.) – Schwerpunkte der Kupferproduktion und des Kupferhandels in Europa 1500–1650. Kölner Kolloquien zur internationalen Sozial- und Wirtschaftsgeschichte, Bd. 3. Köln / Wien 1977, pass.

Lappenberg, Johann Martin – Thomas Young, Cappelan der Court der Merchant Adventurers, in: ZHG, Bd. 1, 1841, S. 309–312.

Loose, Hans-Dieter – Hamburg und Christian IV. von Dänemark während des Dreißigjährigen Krieges. Ein Beitrag zur Geschichte der hamburgischen Reichsunmittelbarkeit. Hamburg 1963, vgl. bes. S. 9f.

Mann, Golo – Wallenstein. Frankfurt/Main 1971.

Moller, Vinzent – »Wolmeinender, wahrhaffter Discurs« (Hamburg 1615). Zitiert nach: Alexander Schmidt, Vaterlandsliebe und Religionskonflikt, Politische Diskurse im Alten Reich. Leiden 2007, S. 323.

Overlack, Victoria – Das Bergedorfer Schloss, Eeen sloten Huß. Hamburg 2008, S. 62–64.

Prange, Carsten – Die Zeitungen und Zeitschriften des 17. Jahrhunderts in Hamburg und Altona. Ein Beitrag zur Publizistik der Frühaufklärung. Beiträge zur Geschichte Hamburgs, Bd. 13. Hamburg 1978.

Prange, Carsten – Auseinandersetzungen um den Elbstrom – Elbsicherung und Privilegien. In: Gisela, Jaacks (Hg.), Kirchen, Kanonen und Kommerz. Hamburg 2003, S. 78–81.

Reißmann, Martin – Die hamburgische Kaufmannschaft des 17. Jahrhunderts in sozialgeschichtlicher Sicht. Beiträge zur Geschichte Hamburgs, Bd. 4. Hamburg 1975.

Richert, Harald – Geschichte der Familie von Have. Erlangen 1998, S. 29.

Soenke, Jürgen – Johann van Rijswijk und Johan van Valckenburgh, in: Mitteilungen des Mindener Geschichtsvereins, Bd. 46. Minden 1974, S. 9–39.

Schmidt, Georg – Der Dreißigjährige Krieg. München, 7. Aufl. 2006.

Schroeder, Friedrich-Christian – Die peinliche Gerichtsordnung Kaiser Karls V. und des Heiligen Römischen Reichs von 1532. Stuttgart 2000.

Weber, Karl-Klaus – Johan van Valckenburgh. Das Wirken des niederländischen Festungsbaumeisters in Deutschland 1609–1625, Köln / Weimar / Wien 1995, Städteforschung Reihe A, Bd. 38, 41-51.

Weber, Karl-Klaus, s. v. – Valkenburgh, Johan von. In: Franklin Kopitzsch und Dirk Brietzke, Hamburgische Biografie, Personenlexikon, Bd. 1. Hamburg 2001, S. 324.

Wedgwood, Cicely Veronica – Der Dreißigjährige Krieg. Hamburg 2011, S. 62–122.

Westermann, Ekkehard – Zeugen des Hamburger Kupfermarktes an der Wende vom 16. zum 17. Jahrhundert. Über die kupfernen Halbfabrikate aus dem Schiffsfund in der Elbe. In: Jörgen Bracker, Gottes Freund – aller Welt Feind. Von Seeraub und Konvoyfahrt. Störtebeker und die Folgen. Hamburg 2001, S. 98–114.

Whaley, Joachim – Das Heilige Römische Reich Deutscher Nation, Bd. I 1493–1648. Darmstadt 2014, S. 685-700.

Wiechmann, Ralf – Kupferhandel und Kanonendonner – der Schiffsfund von Wittenbergen. In: Gisela Jaacks, Kirchen, Kanonen und Kommerz. Hamburg 2003

Wurm, Christian Friedrich – Studien über die Lebensschicksale des Foppius van Aitzema und über den Nachlass des Leo van Aitzema. Hamburg 1854.

Zunckel, Julia – Rüstungsgeschäfte im Dreißigjährigen Krieg, Unternehmerkräfte, Militärgüter und Marktstrategien im Handel zwischen Genua, Amsterdam und Hamburg. Schriften zur Wirtschafts- und Sozialgeschichte, Bd. 49. Berlin 1997.

Allgemeiner Index zu Personen, Örtlichkeiten und Ereignissen

Alkoven, norddeutsche Bezeichnung für eine Schrankwand mit eingebautem Bett, das tagsüber hinter den Schranktüren verschwindet.

Anna, oder Klein-Anna, frei ergänzte Tochter einer Großmagd vom Nachbarhof. Spielkameradin des gleichaltrigen Jonas von Have.

Bille, Nebenfluss der Elbe, der Bergedorf durchquert und am Nordrand der Vierlande der Elbe zufließt.

Billwerder, eine der Inseln, die zu den Vierlanden gehörte und mit Bergedorf als Zentrum beiderstädtisch von Hamburg und Lübeck aus verwaltet wurde.

CAROLINA, genaue Bezeichnung: CONSTITUTIO CRIMINALIS CAROLINA – Peinliche Gerichts- oder Halsgerichtsordnung. 1532 durch Kaiser Karl V. geschaffen.

Dodo von Innhausen und Knyphausen (1583–1636), militärische Ausbildung bei Moritz von Oranien, ab 1615 gewerbsmäßiger Söldnerführer und Kriegsunternehmer, als solcher auch gleichzeitig tätig für Hamburg und den Tollen Christian, Herzog von Braunschweig-Lüneburg. Er fiel 1636 in einer Schlacht im Emsland.

Christian Herzog von Braunschweig-Wolfenbüttel, nominell Herzog von Braunschweig und Lüneburg (1599–1626), genannt der Tolle Christian, der Wilde Herzog oder der Tolle Halberstädter. Sein Leben lang im Kampf für die Protestantische Union und gegen die katholischen Majestäten, Kaiser Ferdinand II., König Philipp IV. von Spanien und die Katholische Liga. Zeigt sich oft als Bannerträger Königin Elisabeths von Böhmen. Er stirbt 1626 an einer kurzen, schweren Krankheit.

Döns, norddeutsche Bezeichnung für die ›gute Stube‹ in Bauernhäusern

Dowland, John, Komponist, Lautenspieler und Sänger (1563–1626). Er diente

dem Herzog von Braunschweig, dem Landgraf von Hessen, arbeitete in Venedig und Florenz. Gegen Ende des 16. Jahrhunderts gelangte er an den Königshof nach Kopenhagen, 1603 kehrte er in seine Heimat zurück und widmete eines seiner Hefte mit Kompositionen für Viola oder Violine der Gattin des Königs von Großbritannien, Anna von Dänemark, zugleich Mutter der böhmischen Königin Elisabeth Stuart. Eines seiner Liederhefte widmete er im gleichen Jahr Christian IV., König von Dänemark.

Exer, frei ergänzter Anführer eines von auswärtigen Mächten beauftragten, in Hamburg tätigen Mordkommandos.

Ferdinand II. Kaiser des Heiligen Römischen Reiches Deutscher Nation (1578–1637), ab 1596 als König von Böhmen scharf für die Durchsetzung der Gegenreformation tätig, wurde er 1619 als Feind der böhmischen Freiheit von den Landesständen gestürzt und durch Wahl eines neuen Königs, den Kurfürsten Friedrich V. von der Pfalz, ersetzt. Nach seiner Bestimmung zum Kaiser 1619 verjagte und verfolgte er den Calvinisten Friedrich.

Friedrich V. Kurfürst von der Pfalz, König von Böhmen, genannt »der Winterkönig« (1596–1632). Wird als Calvinist und Anführer der Protestantischen Union 1619 zum König von Böhmen (1619–1620) erwählt und am 4. November 1619 im Veits-Dom zu Prag gekrönt. Lässt die von Karl IV. im Veits-Dom eingebauten Reliquien beseitigen und den Marienaltar von Lucas Cranach zerstören. Flieht nach der Niederlage am Weißen Berg bei

SERENISS. POTENT. PRIN. FRIDERICVS D. PALATINVS. RHI . S.R.I.

Prag nach Hamburg und geht 1621 ins Exil nach Den Haag. Er stirbt 1632, ohne das Land und die Würde eines Kurfürsten von der Pfalz zurückerlangt zu haben.

Homunculus, künstlich erschaffener kleiner Mensch, den Paracelsus (1493–1541) – eigentlicher Name: Philippus Theophrastus Bombastus von Hohenheim – erdachte. Er gibt sich aus als Arzt, Alchemist, Astrologe und Philosoph.

Jansen, Peter (voller Name Peter Jansen Weyer), stirbt bei der Schiffsexplosion am 1. Juli 2022. Wohlhabender Hamburger Schiffskaufmann und Waffenschmuggler, dessen Schiff am Abend des 2. Juli 1622 zwischen sechs und sieben Uhr bei Neumühlen mit 37 Gästen, die zur Verabschiedung eingeladen waren, in die Luft fliegt. Das Schiff soll Haushaltswaren und größere Mengen eines Amidam genannten Stärkeprodukts nach Malaga exportieren. Anstelle des Amidam wird das massenweise an Bord genommene Schwarzpulver falsch einklariert. Tief unten im Schiff liegen Handfeuerwaffen und ausgeschmiedetes Kupfer, verborgen unter einigen Fässern kleiner Messer für den Haushalt und als Stapelware hergestellter Messingschüsseln.

Jessenius, Jan (1566–1621), geboren in Breslau, Mediziner und Philosoph. Rektor der Universität Prag. Bereits dem hussitischen Gedankengut verpflichtet, unterstützte er die durch den ›Fenstersturz‹ 1618 ausgelöste Revolution und die Wahl des Calvinisten Friedrichs V. zum König von Böhmen als Ersatz des erbberechtigten, aber abgelehnten Katholiken Ferdinand, des nachmaligen Kaisers Ferdinand II. Er starb, nachdem man ihm wie den anderen die Zunge herausgerissen hatte, auf Wunsch des Kaisers gemeinsam mit den Vertretern des böhmischen Generallandtages einen qualvollen Tod unter dem Fallbeil vor dem Alten Rathaus in Prag.

Johannes, Evangelium, Kap. 13, V. 21–25; 34–35.

Kleinhanns, Hans Jakob, ab 1616 Postmeister in Hamburg. Erst 1630 gelingt es ihm, die ›Postzeitung‹, ein Konkurrenzblatt zur seit 1620 bestehenden Zeitung des Johann Meyer in Hamburg zu etablieren.

Liechtenstein, Prinz Karl von, zum Dank für seinen Einsatz in der Schlacht am Weißen Berg, die zur schnellen Vertreibung des protestantischen Königs Friedrich V. führt, ernennt Kaiser Ferdinand II. ihn zum ›Proconsul und Viceregent‹ Böhmens. Die fürchterliche Hinrichtung der Mitglieder des Böhmischen Landtages wird mit seinem Namen auf immer verbunden bleiben.

Meyer, Johann, Zeitungsherausgeber und -verleger. Gibt ab 1618 die erste Hamburger Zeitung heraus, die »Wöchentliche Zeitung«. Im September 1618 erwirbt er das Gasthaus *Zum weißen Schwan* in unmittelbarer Nähe zu Börse, Kran und Waage am Ness. Er stirbt 1634.

Merchant Adventurers, ursprünglich Gilde der Londoner Tuchhändler, schließen 1611 unter juristischer Mitwirkung von Vinzent Moller einen Vertrag, der sie im Hinblick auf den Einfuhrzoll begünstigt. Sie erhalten ein großes Gebäude in der Gröninger Straße in Hamburg, das English House. Um 1620 lebten an die 100 englische Kaufleute in Hamburg.

Moller, Vinzent, Doktor beider Rechte, 1601 zum Syndicus der Stadt ernannt. Er kommentiert u. a. Passagen des Hamburger Strafrechts, vertritt Hamburg als Gesandter in den Generalstaaten und in anderen Missionen, so auch bei der Aufnahme der Merchant Adventurers in Hamburg. Am Speersort in Hamburg ließ er sich einen aufwendigen Wohnpalast errichten. 1613 wird er von Kaiser Matthias in den Adelsstand erhoben

Olivares, Conde Duque de, Gasper de Guzman (1587–1645), wird nach dem Tode König Philipps III. von dessen Nachfolger Philipp IV. als Ministerpräsident eingesetzt. Seine ehrgeizigen außenpolitischen und innenpolitischen Ziele, besonders die Wiederaufnahme des Krieges gegen die aufständischen Niederlande, führten Spanien in den wirtschaftlichen Ruin. Philipp IV. schickt ihn 1643, zwei Jahre vor seinem Tode, ins Exil.

Pegasus, ein Pferd, das hier benannt wird nach einem der griechischen Mythologie entsprungenen geflügelten Pferd, das an Schnelligkeit allen irdischen Lebewesen überlegen war.

Petri Stuhlfeier, in Anlehnung an das römische Kirchenfest ›Cathedra Petri‹ wird jährlich am 22. Februar im Hamburger Rathaus an einer opulenten Tafel das

Fest ›Petri Stuhlfeier‹ begangen, bei dem eine Umsetzung aller obrigkeitlichen Ämter vorgenommen wurde.

Riecke, hier frei ergänzt als eine zauberhafte, schnell alternde Geliebte Johan van Valckenburghs, eine liebeshungrige Holländerin mit verführerischer Ausstrahlung, aber leidenschaftlich in ihrer Eifersucht.

Schwarzer Reiter, als furchterregender, mythischer Kämpfer hier frei abgeleitet vom Erscheinungsbild der mit schwarzen Trabharnischen gewappneten, mit Schwert und Radschlosspistole ausgerüsteten, beweglichen Reiterkontingente im Schmalkaldischen Krieg (1546/47), die gern für den ›Kleinen Krieg‹ angeworben wurden und überall Angst und Schrecken verbreiteten.

Stadtpalais des Hamburger Bürgermeisters und Ratsherrn Vinzent Moller in der Straße Am Speersort nahe der Petrikirche.

Stuart, Elisabeth (1596–1662), Tochter des Königs Jakob I. von England und Schottland sowie Prinzessin Anna von Dänemark. Am 14. Februar 1613 Heirat mit dem calvinistischen Kurfürst Friedrich V. von Böhmen, dem sie 13 Kinder gebar. Nach Friedrichs Wahl und Krönung zum König von Böhmen wurde sie drei Tage nach ihm am 7. November 1619 zur Königin von Böhmen gekrönt. Sie ging nach Friedrichs Niederlage am Weißen Berg bei Prag (8. November 1620) mit ihm 1621 ins Exil nach Den Haag.

Václav, der frei erfundene Sohn des Rektors der Universität Prag, Jan Jessenius. Ein junger Spielmann, um 1620 etwa 17 Jahre, der gemeinsam mit König Friedrich aus Prag flieht und nach Hamburg gelangt.

Tilly, abgekürzter Name des berüchtigten Feldherrn Johann T'Serclaes Graf von Tilly (1559–1632). Oberster Heerführer der Katholischen Liga unter Maximilian I. von Bayern. Seine Grausamkeit stellte er in besonderer Weise bei der Einnahme Magdeburgs (20. Mai 1631) unter Beweis, die als ›Magdeburger Hochzeit‹ bezeichnet wurde. Alle ähnlichen Unternehmungen Tillys wurden mit dem Tätigkeitswort ›Magdeburgisieren‹ entsprechend gewürdigt. Er starb nach schwerer Verwundung 1632.

Valckenburgh, Johan van (um 1575–1625), als Festungsbaumeister für zahlreiche protestantische Städte im Auftrag des Prinzen Moritz von Oranien tätig, so auch für Hamburg. Ausgebildet im Kriegshandwerk durch den Prinzen selbst, unterstützt er als Truppenkommandeur Hamburg im Kampf gegen den Tollen Christian, Herzog von Braunschweig-Lüneburg.

Über den Autor
(Von ihm selbst)

© romanus fuhrmann

Jörgen Bracker, geboren in Braunschweig am 19. Dezember 1936. Kindheit erlebt in Hannover, evakuiert nach Altenau im Harz, ein zweites Mal evakuiert nach Voldagsen, »Rittergut Hermann Göring«. Zu Kriegsende 1945 aus Voldagsen politisch »entfernt« – Vater war Nazi – und umgesiedelt nach Salzhemmendorf; für ihn beginnt die Volksschule neu und erstmals sinnvoll. Vaters Rückkehr 1947.

Vaters neue Beschäftigung ab 1948 als Chefarzt des Krankenhauses für psychisch kranke Frauen in der Diakonissenanstalt Kropp-Bethanien. Für den Heranwachsenden ein großes Erlebnis: Volksschule Kropp – fünfte und sechste Klasse bei dem besten Lehrer, der alles konnte und wusste, Unterricht in Deutsch und Plattdeutsch, Englisch, Geschichte, insbesondere Museumsbesuche und Begehung der Bodendenkmale aus der Wikingerzeit.

Ab 1950: Besuch des altsprachlichen Gymnasiums Domschule Schleswig. Mitglied des Schulorchesters und der Domkantorei. Abitur 1958. Studium: Klassische Archäologie, Vor- und Frühgeschichte, Alte Geschichte in Marburg, Kiel und Münster. Promotion in Münster 1965.

Dissertation: Die Bestimmung der Bildnisse Kaiser Gordians III. nach einer neuen ikonographischen Methode.

Berufliche Tätigkeit

1965–1976: Köln, Römisch-Germanisches Museum Köln – Kustos/Oberkustos – Ausgrabungen, Konservierung von Bodendenkmälern, Ausstellungen wie RÖMER AM RHEIN, RÖMER IN RUMÄNIEN sowie wissenschaftliche Fundbearbeitung und Führungen.

1976–2001: Hamburg, Museum für Hamburgische Geschichte – Direktor und Professor, Beseitigung von Bombenschäden am Gebäude und am Vorplatz. Zugänglichkeit für Behinderte mit Rampen und Aufzüge zum Ausgleich von Höhenunterschieden der Ausstellungsflächen. Einbau eines Restaurants und Schaffung eines Glasdachs über dem Innenhof zum Schutz der Steindenkmäler. Ca. 20 Sonderausstellungen, u. a. DER GROSSE BRAND 1842; ARBEITERBEWEGUNG ZUR JAHRHUNDERTWENDE VOM 19. ZUM 20. JAHRHUNDERT; GESCHICHTE UND VERFOLGUNG DER JUDEN; 1. WELTKRIEG; 2. WELTKRIEG; DER FEUERSTURM; GOETHE, FRIEDEN FÜR DAS WELTTHEATER; LESSING, DAVON IST KEINE NOTIZ ZU NEHMEN; DIE HANSE – LEBENSWIRKLICHKEIT UND MYTHOS. Hinzugefügt mit großem Dank: Ohne die machtvolle Unterstützung durch bedeutende Repräsentanten der Hamburger Wirtschaft wären die genannten Aktivitäten nicht verwirklicht worden.

Schriftstellerei im Ruhestand

Im Rahmen meiner Dienstzeit habe ich – wie einer Auflistung der von Ortwin Pelc besorgten Festschrift MYTHEN DER VERGANGENEIT. REALITÄT UND FIKTION IN DER GESCHICHTE 2012 zu entnehmen – wissenschaftliche Arbeiten, Aufsätze und Beiträge zu Katalogen und in Eigenveröffentlichungen zu Papier gebracht. Nach Eintritt in den Ruhestand fand ich mich berechtigt – einer alten Leidenschaft geschuldet –, dem historischen Roman mit vorwiegend norddeutschen und nordeuropäischen Themen den Rest meiner Lebenszeit zu widmen. Sie schließen meistens mit einem Kapitel unter der Überschrift »Wahr oder wahrscheinlich«.

Je weiter man sich auf diesem Felde der Bearbeitung bestimmter Herrscherbilder oder der Darstellung politischer Führungsgruppen des Mittelalters, in unserem Fall der Hansezeit, nähert, gerät man mit einer Historiographie in Konflikt, die sich in seltenen Fällen mit einer Wiederholung höfischer Berichterstattung begnügt, weil zu kritischerer Bearbeitung die Primärquellen angeblich zu wenig hergeben. Der historische Roman darf sich in Richtung auf historische Wirklichkeiten einige Schritte weiter voran wagen, wenn er z. B. gegnerische Auseinandersetzungen – in den Hanserezessen diplomatisch geglättet – aufspürt, nicht einfach übergeht, sondern mit Anwendung mentalitätsgeschichtlicher Methoden erneut untersucht und Widersprüche aufdeckt.

Ich beginne nunmehr, vor ähnliche Probleme gestellt, einen neuen Weg für den historischen Roman zu entwickeln, der noch näher an vergangene Wirklichkeiten heranrücken darf und den Leser die Geschehnisse miterleben lassen möchte. Dafür suche ich nach historisch involvierten Persönlichkeiten, nach Zeitgenossen also, die aufgrund ihrer erkennbar kritischen Grundeinstellung mehr über einige Vorfälle berichten könnten als überliefert ist. Sie werden zu Ich-Erzählern, die sich zu bestimmten tatsächlichen Geschehnissen aufgrund bedrohlicher Verhältnisse zu Lebzeiten nicht kritisch äußern konnten. Was würden sie erzählen, wenn sie über alle Zeitschranken hinweg den Lesern von heute ihr Herz öffnen könnten! Es versteht sich, dass ich in meinem jeweiligen Schlusskapitel »Wahr oder wahrscheinlich« den Lesern über derartige »Ersatzvornahmen« Aufschluss gebe! Ich bezeichne ein solches Werk fürderhin als *Historischen Zeitroman.*

Ausschnitt der Elbkarte von
1569 (Staatsarchiv Hannover):
Mit dem Gammerwerk hin-
derte Hamburg rechtswidrig
den Abfluss der im Frühjahr
sich stauenden Elb-Wasser-
mengen über die Gose-Elbe.
Sie ergossen sich jetzt im Früh-
jahr gegenüber ins Lüneburger
Tiefland. Der Tolle Christian
versuchte, ein kürzlich im
Sinne Lüneburgs gegen Ham-
burg am 19. April 1619 gespro-
chenes Reichskammer-
Gerichtsurteil durch Beseiti-
gung des Sperrwerks im nächt-
lichen Handstreich sofort
umzusetzen.

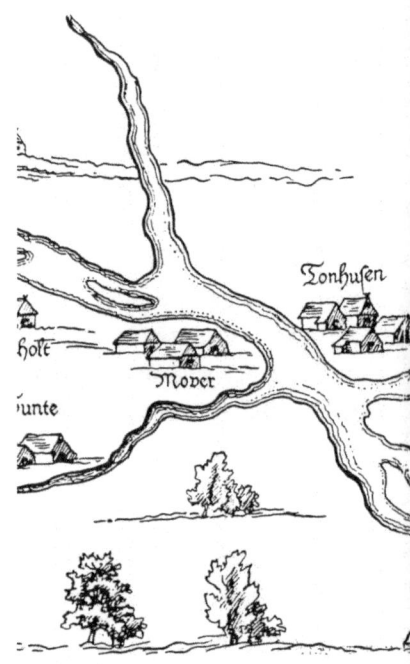

Winsen

Der New Diek

Stella

New Sandt Brack

New Brack

Brote Brack

Bredewater Brack

Brucgk

Stockmer Brack

Eußben Brack

Stockem

Papen Brack

New Brack

Die Lühe

Rote Brack

Heine= beken Brack

Treuhe brack

Zum Howe

Zum hove

Jilep Brack

Rahronne

Hopen Sandt

Flegenberger Brack

Flegenberg

Noch 2 Bracke

Die Seure

enow ür waldt

Wullenborch

Flegenberger Brack

Das Newe Landt

Elbe

Kirchwerder Sandt

Zollenspiker

Ripenborg

Krowell

Kirchwerder Kirch

Der Schwarte busch

✠

Die Dove Elbe

Im Kirchwerder

Die Newe Gamme

⅛ ¼ ½ 1

Elbkarte vom Jahre 1569. (Ausschnitt aus der Karte im Staatsarchive in Hannover.)

253

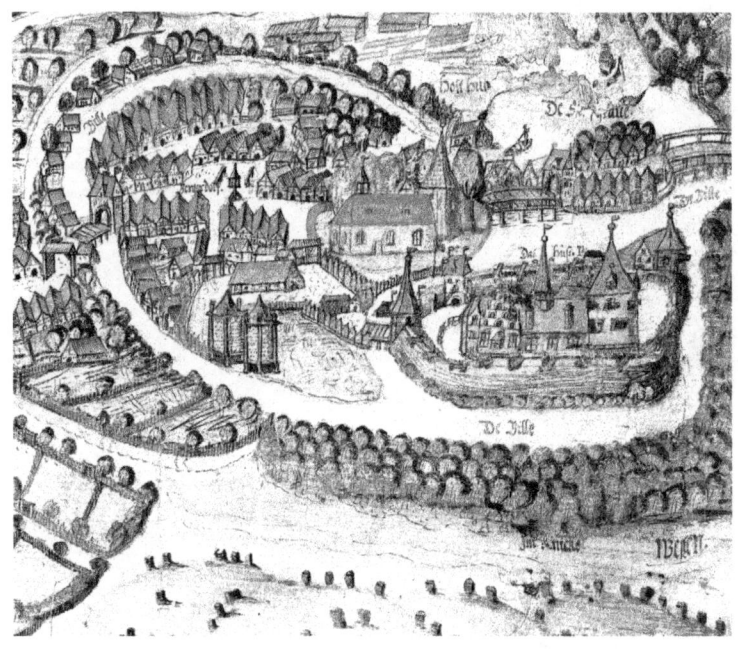

Ausschnitt von sommerlichen Bergedorf mit dem Schloss und seinen Zuwegen. Holzschnitt 1598, Freese, Archiv Uphoff

Stadtansicht Hamburgs von 1622, Unbekannt, Archiv Christian Ter-stegge

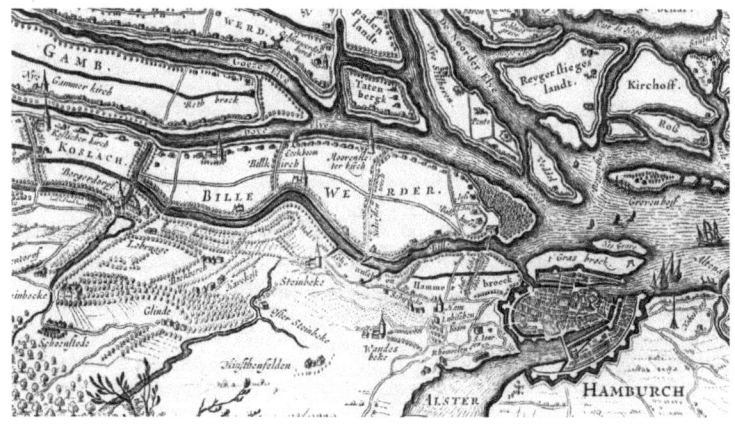

Hamburg mit Alster und Elbe und den Vorländereien (1632), Ausschnitt Elbkarte 1632, Johannes Janssonius van Waesberghe, Archiv Christian Terstegge

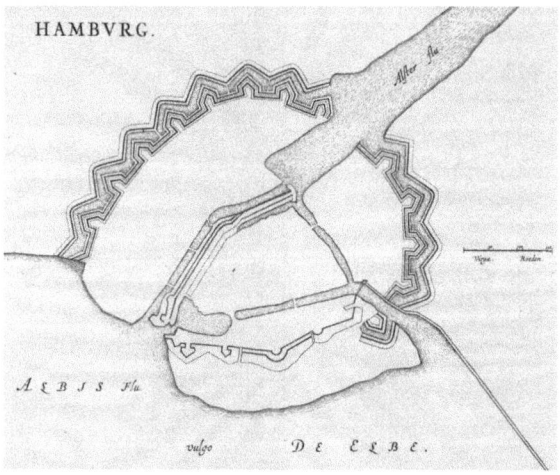

Festungsplan Hamburgs von 1625, aus: Mathias Dögen: Architectura militaris moderna, Amsterdam 1647, Archiv Christian Terstegge

Ausschnitt aus Johannes Meyers Stormarn-Karte von 1650 mit Darstellung der Gose- und der Dove-Elbe, Bergedorf, Wynsen, BillwärderBillwerder, Ochsenwärder und der von Lübeck und Hamburg gemeinsam verwalteten Vierländer.

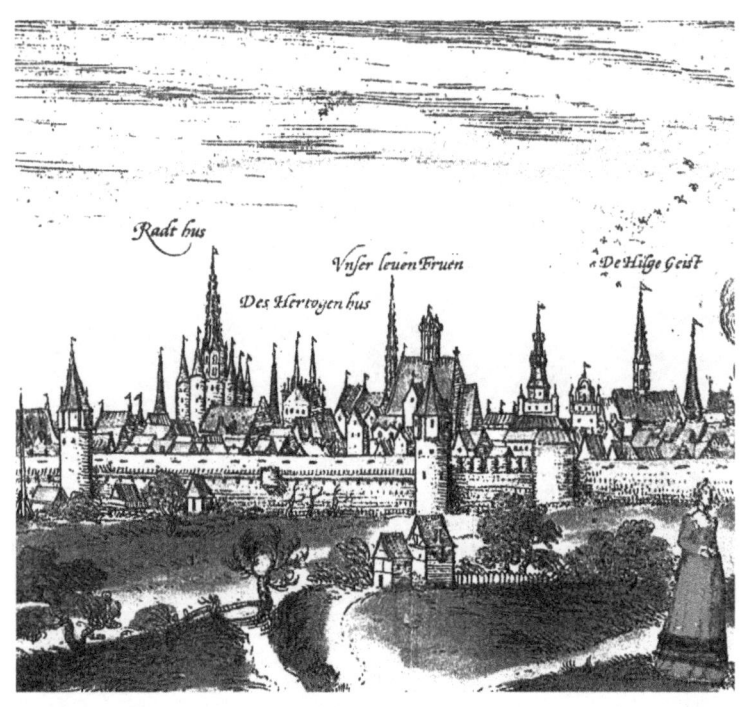

Stadtansicht Lüneburg mit dem Rathaus, Braun-Hogenberg 1598

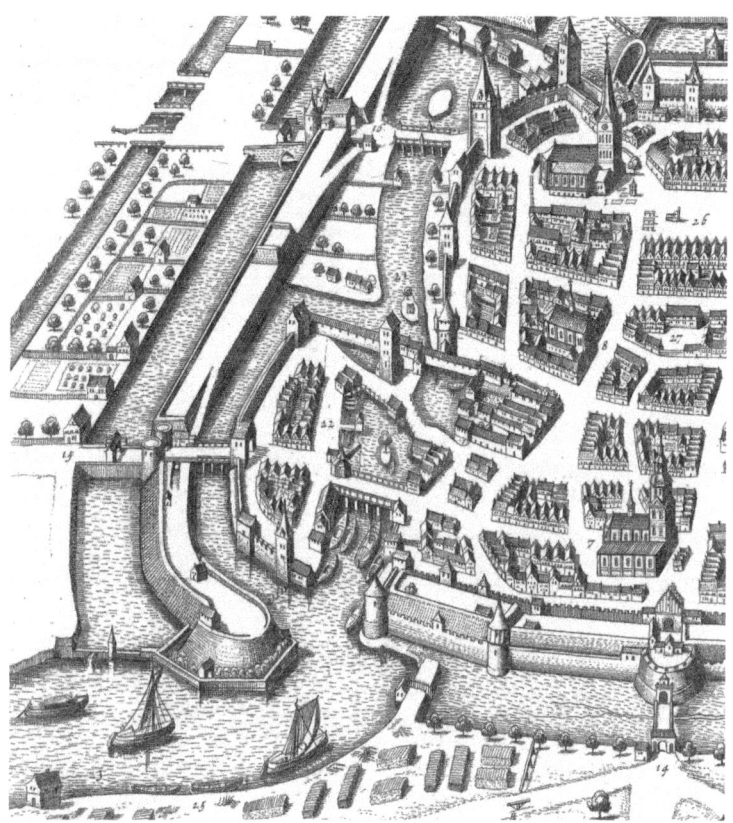

Der durch van Valckenburgh 1615 befestigte Lüneburger Hafen, Ausschnitt Kupferstich Lvnaebvrgvm um 1682, Joannes Janssonius van Waesberghe

Jörgen Bracker
Norbert Klugmann
Meister Zeelander
Ein Schiffbaumeister zwischen Himmelsgold
und Richtplatz
Roman
376 Seiten, großformatiges Paperback
16,00 €
ISBN 978-3-96194-093-6

*Die Zeit der Hanse in einem
fulminanten Roman*

Jörgen Bracker
Die Reliquien von Lissabon
Störtebekers Vermächtnis
Roman
312 Seiten, großformatiges Paperback
16,00 €
ISBN 978-3-96194-115-5

Seefahrt, Geschichte, Hansezeit – wissend
und seherisch

Jörgen Bracker
Ein Wunderhorn für die
Königin
Goldenes Symbol eines Triumphs
56 Seiten,
großformatiges Paperback
mit vielen Abbildungen
8,50 €
ISBN 978-3-945465-32-5

Eine geschichtliche Sensation
und ein Stück kriminalistischer
Deutungskunst

Jörgen Bracker
Ein politisches Bild
Die große Kalkmalerei im
Wismarer Ratskeller und
ihre Bedeutung
36 Seiten,
großformatiges Paperback
mit vielen Abbildugen
7,50 €
ISBN 978-3-96194-132-2

Ein neues Detail der
norddeutschen und skandina-
vischen Geschichtsschreibung –
erstmals ausgelegt
und gedeutet

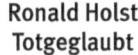

Ronald Holst
Totgeglaubt
Die mörderische Reise der COMET
1862–1867
Novelle
192 Seiten, mit Abb.
geb. mit Schutzumschl.
17,00 €
ISBN 978-3-945465-11-0

*Vom Leben und Sterben auf
einerm Windjammer – die erste
Reise des Viet von Appen*

Ronald Holst
Gerettet
Die abenteuerliche Weltreise der
CERES 1868–1871
Novelle
240 Seiten, mit Abb.
geb. mit Schutzumschl.
17,00 €
ISBN 978-3-945465-33-2

*Die großen Fahrten eines
jungen Seefahrers – diesmal
heuert Viet von Appen
an Bod des
Auswandererschiffes
CERES an*

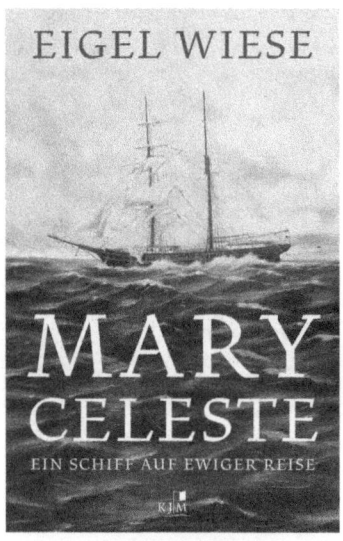

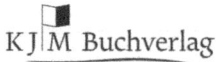